KARTOFFELLIED

Kartoffellied
Pasteten hin, Pasteten her, was kümmern uns Pasteten?
Die Kumme hier ist auch nicht leer
und schmeckt so gut als bonne chere
von Fröschen und von Kröten.

Und viel Pastet und Leckerbrot
verdirbt nur Blut und Magen.
Die Köche kochen lauter Not,
sie kochen uns viel eher tot;
Ihr Herren, laßt Euch sagen!

Schön rötlich die Kartoffeln sind
und weiß wie Alabaster!
Sie däun sich lieblich und geschwind
und sind für Mann und Frau und Kind
ein rechtes Magenpflaster.

Matthias Claudius, 1740–1815

HAUPTSACHE GEMÜSE

Where are all the veggies gone?
In der Bibliothek unserer Edition befinden sich Kataloge von Saatgutlieferanten, die Ende des 19. Jahrhunderts wundervoll illustriert auf Lithosteinen gedruckt wurden. In Form von Tafeln wird das Gemüse- und Salatsortiment noch ästhetisch präsentiert. Die Art der Darstellung hat uns auch bei der Gestaltung dieses Buches inspiriert. Das eigentlich Faszinierende an diesen opulenten Werken ist aber nicht die Grafik, sondern die Vielzahl der Arten und Varietäten einer Gattung, die wiederum von Anbieter zu Anbieter recht unterschiedlich aussehen. 30 verschiedene Rüben, 20 Beten oder 10 Radieschensorten entdeckt man beim Blättern. Wo ist dieser Reichtum geblieben? Zählen Sie mal die einzelnen Sorten einer Gattung bei Ihrem Gemüsehändler oder in Ihrem Supermarkt. Die Gattung Kohl wird sich noch recht reichhaltig präsentieren, aber dann wird es mager. Sehr mager. Einige Gattungen sind sogar ganz verschwunden. Zumindest in diesen Angebotsformen. Im Zuge der Industrialisierung der Landwirtschaft im 20. Jahrhundert ging EU-gefördert eine Artenverarmung einher. Landwirtschaftliche Produkte werden in Bezug auf Menge, Haltbarkeit und Aussehen gezüchtet. Konzerne liefern den Landwirten ganze Systeme – Saatgut, Dünger, Pestizide und Maschinen. In erster Linie muss das Gemüse nun systemkonform sein, sich gut be- und verarbeiten lassen. Sortenvielfalt ist hier hinderlich. Dass der Geschmack dabei auf der Strecke bleibt, braucht eigentlich hier nicht gesondert erwähnt zu werden. Die Folge ist: Ob in Hamburg, München oder Köln – in jedem Supermarkt schmecken die Radieschen gleich. Vorbei ist die Zeit, in der man von Bauernhof zu Bauernhof wandern konnte, und in jedem schmeckte ein Rübchen ein wenig anders. Und in einigen Gegenden traf man auf ganz besondere Sorten, die nur dort wuchsen. Ist sie wirklich vorbei, diese Zeit? Ich hoffe, sie kehrt wieder zurück. Schließlich sind wir mündige Bürger, die sich nicht von einer Saatgut-Mafia bestimmen lassen. Die Bauernschaft hat die Selbstvermarktung entdeckt, und der Verbraucher liebt sie dafür. In zahlreichen Bauerngärten und Kleingärtnereien gedeihen sie wieder – die Sorten, die ursprünglich schmecken, die Terroir haben. Arten, die dem Boden und den jeweiligen klimatischen Bedingungen angepasst sind und so ihre vollen Aromen entwickeln können. Hier vollzieht sich eine Abkehr von der landwirtschaftlichen, industriellen Großproduktion und eine Hinwendung zu individuellen, bäuerlichen Produkten. Gleichzeitig entstehen in den Städten Containergärten, die teilweise Selbstversorgung anbieten. Schrebergärten ohne Gartenzwergmentalität. Und der Trend zum eigenen Garten in der Top-Gastronomie ist längst eine Massenbewegung. Es ist einigen wenigen „Gemüse-Noahs" zu verdanken, dass „alte" Gemüsearten überlebt haben. Ihre Gärten wurden zur Arche. Seltenes Saatgut handelte und handelt man noch immer „unter der Hand", denn ohne EU-Zulassung ist diesen Produkten eine breite Vermarktung verwehrt. Als Nischenprodukte finden sie ihren Weg zum ambitionierten Hobbykoch und in die Restaurants zu den Küchenchefs.
Im Lexikonteil dieses Buches lernen Sie einige dieser Gemüsesorten kennen, und ich hoffe, Sie entdecken auch das ein oder andere Neue. Ebenso führen wir Sie in die Welt der Spitzengastronomie, die auf die Verwendung gehaltvoller Gemüse besonderen Wert legt.

Von der Beilage zur Hauptkomponente
Dies ist kein vegetarisches Buch. In den Rezepten finden neben Produkten von lebenden Tieren, die auch für den Vegetarier Bestandteil eines Gerichts sind, Nahrungsmittel von geschlachteten Tieren ihren Platz.
Was jedoch anders ist: Gemüse spielt immer die Hauptrolle oder wird zumindest gleichwertig zu Fisch und Fleisch behandelt. Gemüse rückt damit von der Beilage in die Pole-Position auf dem Teller. Es wird zum Ausgangspunkt der Komposition. Die Frage ist nicht mehr, welche Beilage passt zu Fleisch oder Fisch, sondern was passt zu Rote-Bete-Saibling? Oder zu Steckrüben-Ibérico? Gemüse den Stellenwert zu geben, der ihm zusteht, ist die tragende Idee der Gerichte in diesem Buch.
Historisch ist das eigentlich nichts Neues. Bevor wir lernten, Vieh wie Massenware zu behandeln, ihm zusätzliche Rippen anzuzüchten und mit Junkfood der Turbomast zu unterwerfen, damit es so preiswert wird, dass man es jeden Tag in Mengen vertilgen kann, war Fleisch ein seltener Gast auf dem Teller. Geschmackvoll und gerne gesehen, begrüßte man es sonntags oder zu festlichen Anlässen. Ansonsten aß man Gemüse. Dieses Verhältnis der Nahrung – viel Gemüse und Obst, wenig Fleisch – entspricht bekanntermaßen unserem Bedarf als Allesfresser.
Gut zu wissen, dass viele private Küchen zu diesem System zurückkehren. Fleisch und Fisch ja, aber weniger und wenn, dann gut. Ansonsten Veggies, die man, wie wir zeigen, ungeahnt variantenreich zubereiten kann.

The Dawn of the Age of Green Stuff
In den Top-Restaurants ist diese Einstellung noch recht neu. Als René Redzepi, Chef des legendären Restaurants noma, 2010 auf der Bühne unseres Kongresses CHEF-SACHE über seine „shitty carrots", zwei Jahre alte Wurzeln, referierte, saßen vor ihm 1500 Köche mit staunenden Gesichtern. Erzählte der Däne doch, dass

er die schrumpeligen Möhren genauso sorgsam behandele wie ein Stück gutes Fleisch. Im letzten Jahr dokumentierten wir ein komplettes Menü aus dem noma, in dem kein einziges Fleischgericht gereicht wurde.

Vorreiter der rein vegetarischen Küche in der Top-Gastronomie war Alain Passard. Sicher gab es schon vor ihm vegetarische Restaurants, ihr Angebot in puncto Geschmack war jedoch bescheiden. Die Klientel dieses Genres setzte sich in erster Linie aus Menschen zusammen, die aus Angst um ihre Gesundheit in die Öko-Bewegung drifteten, und Müttern, die aus Sorge um ihre Kinder anfingen, über die Herkunft und den Sinn von Nahrungsmitteln nachzudenken. Ihnen verdanken wir letztlich das Bio-Produkt.

Zurück zur Top-Gastronomie: 1986 erwarb Alain Passard ein Pariser Restaurant, das er L'ARPEGE nannte. 1996 bekam er dort seinen dritten Michelin-Stern. Dann folgte eine Sensation, die weltweit für Rumoren in der Gastronomie sorgte. Passard gab bekannt, dass er sich in seiner Küche ganz auf Gemüse konzentrieren wolle, dabei durchaus das Risiko eingehend, seine Auszeichnungen zu verlieren. Im November 2000, in der Zeit des ausklingenden BSE-Skandals, erschien seine erste vegetarische Karte. Viele Chefs wie Michael Hoffmann in Berlin oder Andree Köthe aus Nürnberg folgten ihm, wenn auch nicht ganz so konsequent.

Da war ja noch Bio

Bio schmeckt einfach besser – hört man überall. Das stimmt so nicht ganz. Bio ist lediglich eine bestimmte Art, ein Lebensmittel zu produzieren. Die Richtlinien der EU sind dafür butterweich und öffnen Geschäftemachern, die sich wie ein Wurm im satt wachsenden Bio-Apfel laben wollen, alle Tore. Die Richtlinien der Verbände Bioland und Demeter sind wesentlich strenger als die EU-Öko-Verordnung. Bei den Verbänden trifft man noch auf die Bio-Bauern der ersten Generation. Landwirte, die auf der Suche nach dem ursprünglichen Produkt wie selbstverständlich zum biologischen Anbau gekommen sind. Und nicht auf solche, die lediglich vom boomenden Bio-Markt profitieren wollen. Der echte Bio-Bauer greift im Normalfall auf alte lokale Sorten zurück. Die wachsen langsamer, haben meist weniger Wasser und sind nicht so übersüßt wie die neuen Hybridzüchtungen im Supermarkt. Äpfel haben noch Säure, Salate noch Bitterstoffe und Paprika eine wunderbare Schärfe – dann schmeckt Bio wirklich besser.

Steckrübe (Brassica napus subsp. rapifera)
Die Steckrübe gehört der Familie der Kreuzblütengewächse an und ist eine Unterart des Rapses. Das Speicherorgan der Pflanze hat eine relativ runde Form. Die Rüben, die bis zu 1,5 Kilo wiegen, finden Verwendung in der Küche. Das Fleisch ist weiß bis gelb, und die robuste Außenhaut ist grünlich, gelblich oder auch rötlich-violett. Ihr Geschmack hat süß-kohlige Noten.

INHALT

2	Hauptsache Gemüse
6	Die Entstehung der Arten
8	Artenentstehung in Zuchtkultur
10	Die Wilden zähmen
12	Das Ende der Saatgut-Mafia?
14	Unfruchtbare Nachkömmlinge
16	Im Arche-Noah-Garten – Marko Seibold
18	Im Boden sind die Wurzeln los
20	Uralte Neuigkeiten

Lexikon

21	Kleine Pflanzenkunde
24	**Wen der Kohldampf packt – Kohlgewächse**
26	Kohlgewächse
30	**Kein unbeschriebenes Blatt – Blattgemüse**
32	Blattgemüse
34	Goldener Monarch – Mangold
36	Mangold
38	**Kulinarische Wurzeln ziehen – Wurzelgemüse und Rhizome**
40	Wurzelgemüse
42	Klettenwurzel
44	Pastinake
46	Karotten
50	Viele, viele bunte Rüben – Beten
52	Beten
54	Eine tolle Knolle – Kartoffeln
56	Kartoffeln
58	Eine produktive Knolle – Topinambur
60	Topinambur
62	Kohlrüben
64	Echte Perlzwiebel
66	**Eine gigantische Beere – Kürbisgewächse**
68	Kürbisgewächse
70	Zucchini
74	Gurken
76	**In allen möglichen Kulturen – Tomaten**
78	Tomaten
80	**In Schale geworfen – Hülsenfrüchte**
82	Hülsenfrüchte

Grundrezepte

84	Vom Hobeln und Schnitzen
86	Von Formen und Schalen
88	Das Einreißen von Zellfestigungen
90	Gemüse unter Druck
92	Konzentration auf innere Werte
94	Für ausgekochte Gemüseliebhaber
96	Heiß geliebte Techniken
98	Aus Topf und Ofen
100	Auf heißen Kohlen
102	Gemüse in guter Form
104	Weich und voller Geschmack
106	Von Fritten und Chips
108	Von Teigen und Mänteln
110	Was lange währt
112	Aufgeweckt
114	Convenience mit Qualität
116	**Hüpf ins Glas mein Süsser – Mike Süsser**
118	Rettich-Avocado-Salat Grüne Tomaten
120	Das Gemüse wird sauer
122	Winzige Helferlein
124	Richtig anmachen

Rezepte von Starköchen

126	Die Entstehung eines Gartens
128	**Selbstbedienung im Küchengarten – Thomas Bühner**
130	Rote Bete und Artischocken mit Filet vom Rehrücken, geräuchertem Rindermark, Boudin Noir
134	**Ein Königreich für einen Koch – Johannes King**
136	Maria, die Kräuterfee
138	Alter vor Schönheit
140	Salzkartoffel und Morsumer Gartenspargel mit Ziegenbutter-Hollandaise
142	Eingelegte Rübchen mit gegrillten Zwiebeln, Aal grün und geraucht, Bratbirne und Senferde
144	Radieschen mit Frischkäse

146	**Entscheidende Wechselwirkung – Christian Scharrer**	208	**Ökologischer Mikrokosmos – Eneko Atxa**
148	Portulak und Rote Bete, Aal mit Rote-Bete-Struktur und Krabben	210	Gemüsegarten
150	Topinambur mit Petersilie und Gänsestopfleber	212	**Herzhaft süße Kombinationen – Christian Hümbs**
152	Kerbelrübchen mit Steinbutt und Mark	214	Ofenkartoffel
154	Wilder Spargel mit Poltinger Lammrücken		
156	Tomate, Melone und Schinken mit Estragon	216	**Goldene Zeiten im Schwarzwald – Jörg Sackmann**
		218	Topinambur mit Kürbiskernkrokant, Mangaliza Schweinebacke und Birnenessiggelee
158	**Bekenne dich zu deinen Wurzeln – Volker Drkosch**		
160	Von Kohl, Rindern und Schnecken	220	**Herzblut in der Gemüseküche – Kobe Desramaults**
162	„Down under" – alles, was Wurzeln können	222	Kürbis und Sanddorn
164	Der Angebeteten …		
166	After hour mit Casanova	224	**Kulinarische Doppelbesetzung – Eric Werner & Erik Arnecke**
168	Neuigkeiten vom Bauernhof		
170	All about orange …	226	Hokkaido-Kürbis mit Mandarine, Kernöl und Safran-Zauber-Balsam
172	**Gemüseküche auf engstem Raum – Andree Köthe & Yves Ollech**		
		228	**Rock around the clock – Jonnie Boer**
174	Rosenkohlblatt mit Einkorncreme	230	Reduzierte Tomaten – süß-saure Rote Bete, Zimt und gereifter Käse
176	Romanesco mit Brotcreme		
178	Rotkohl mit Mohn	232	Weiße Bohnen und schwarze Oliven in Tomatenbouillon mit etwas Zimt
180	Petersilienwurzel und Taube		
182	Zuckerrüben mit Quitten	234	**Von der Brasserie zum Sterne-Koch – Gert de Mangeleer**
184	**Revolutionäre Ökologie – René Redzepi**	236	Geräucherte Rote Bete mit Gänseleber, Oosterschelde-Aal, Kirschen und Vanille
186	Kartoffeln, geröstete Graupen und Tang		
188	Kohlrabi – Nordische Kokosnuss	238	**Ganz natürliche Avantgarde – Sergio Herman**
190	Blumenkohl und Pinie	240	Junges Bio-Gemüse, Ceviche von Oosterschelde-Hummer, Jalapeño und Kreuzdorn
192	**Bestechendes Farbenspiel – Tanja Grandits**		
194	Gurke, Brennnesselknospen, wilde Kresse, Wasabi, Zander-„Sushi"	242	**Zeitgenössischer Küchenkünstler – Massimo Bottura**
196	Rote Bete, Szechuanpfeffer, Bulgur-Granola, Kirschblütensalz, Rind	244	Think green – Herbstversion
198	Karotten-Safrantee, Mangosenf mit Saibling	246	**Ehemaliges Paralleluniversum – Daniel Lindeberg & Björn Frantzén**
200	**Einsatz im Familienbetrieb – Thomas Dorfer**	248	Satio Tempestas – 47 Zutaten
202	Geschmorter Romanasalat – geröstetes Mandel-Pinienkern-Püree, Bergamotte, Leindotteröl & marinierter Wasserbüffelricotta		
		250	**Erste Hauptstadtliga – Matthias Diether**
		252	Spinat mit Rochen und Parmesan
204	**Der Kronprinz vom Wienerwald – Heinz Hanner**		
206	Süßes Spargelfeld mit Erdbeere und Rhabarber	254	Index
		256	Impressum

DIE ENTSTEHUNG DER ARTEN

Ein Wunder der Selektion

Die Max-Planck-Gesellschaft besteht aus 80 Instituten. Eines davon ist das in Köln befindliche Max-Planck-Institut für Züchtungsforschung. Gegründet wurde es 1928 in Müncheberg unter dem Namen Kaiser-Wilhelm-Institut, um die knappe Versorgungslage der Bevölkerung aufgrund der Industrialisierung zu ergründen. Die Forschung war anwendungsbezogen und breit gefächert. 1948 wurde die Forschungsstätte von der Max-Planck-Gesellschaft fortgeführt und 1955 am Standort Köln, aufgrund der Nähe zur Universität und durch das riesige Areal des Gutes Vogelsang, welches für Freilandversuche genutzt werden konnte, neu aufgebaut. Hier fand eine praxisorientierte Züchtung vorwiegend mit Getreide, aber auch mit einigen Obstsorten statt. Manche davon sind bis heute noch in den Lebensmittelmärkten zu finden, wie zum Beispiel die Jostabeere, eine Mischung aus der schwarzen Johannisbeere und der Stachelbeere. Immer mehr wurde die Grundlagenforschung zum Dreh- und Angelpunkt des Instituts, und die praxisorientierten Züchtungen wurden ausgegliedert. Die Zuchtziele kristallisierten sich durch die Kooperationen und Zusammenarbeit mit Züchtern sowie der deutschen Landwirtschaftsgesellschaft heraus. Im Laufe der 1980er-Jahre kam die Molekularforschung, die molekulare Phytopathologie, hinzu. Die Erkenntnisse des pflanzlichen Immunsystems stehen dabei im Zentrum. Ein weiterer Forschungsbereich des Instituts ist die Entwicklungsbiologie, die die Ursachen und Hintergründe für beispielsweise die Blütenbildung von Pflanzen beleuchtet. Die dritte große Abteilung des Max-Planck-Instituts beschäftigt sich mit Genetik und Pflanzenzüchtung. Die Analyse von Eigenschaften, die für die Züchtung relevant sind, wie zum Beispiel die Resistenz gegen Knollenfäule bei Kartoffeln, wird hier erforscht.

Auf dem weitläufigen Gelände des Gutes Vogelsang wurde der Landschaftspark Belvedere angelegt, zu dem auch der Lehrgarten und die Wissenschaftsscheune zählen. Diese wurden speziell für Besucher eingerichtet, um dort die Arbeit des Instituts, im Speziellen die Domestikation bzw. die Entstehung unserer heutigen Nutzpflanzen, zu veranschaulichen. Anhand von über 100 landwirtschaftlichen Kulturpflanzen erklärt Dr. Wolfgang Schuchert – aus dem Fachgebiet der Agrarwissenschaften, verantwortlich für das Außen- und Freilandgelände und seit 20 Jahren Mitarbeiter des Max-Planck-Instituts in Köln – Besuchern die Entstehung unserer Kulturpflanzen aus Wildformen. „Die Früchte der Wildpflanzen sind in der Regel sehr klein, und die Pflanzen treiben möglichst schnell Blüten und Samen aus, um sich zu verbreiten. Der Mensch hat seinen Ansprüchen entsprechend angefangen, Pflanzen mit größeren Früchten zu selektieren und nur diese gezielt vermehrt", so Dr. Schuchert. Bereits die Indianer haben durch diese Selektion vor Hunderten von Jahren Pflanzen mit größeren Früchten gezüchtet und das ohne die Kenntnisse der Mendelschen Vererbungslehre. Die klassische Züchtung neuer Sorten ist ein sehr langwieriger Prozess. So begann vor über 10 000 Jahren die Domestikation von Getreide im Vorderen Orient.

Vererbungslehre nach Mendel

Johann Gregor Mendel war nicht wie vielleicht vermutet ein Biologe oder Naturwissenschaftler, sondern Augustinerpater in Böhmen. Er experimentierte im Klostergarten mit Erbsen, um etwas über zu vererbende Merkmale herauszufinden. Hierbei nahm er leicht wiederzuerkennende Eigenschaften wie die Blütenfarbe und kreuzte reinerbig weißblütige Pflanzen mit reinerbig rotblühenden. Die Tochtergeneration trug rote Blüten. Das bedeutete, dass zwar von jedem Elternteil ein Charakter weitergegeben wurde und die Erbanlage somit heterozygot, sprich mischerbig, war, sich das rote Merkmal aber durchsetzte, also dominant und das weiße demnach rezessiv war. Hierbei handelt es sich um das erste Mendelsche Gesetz. Es ist sehr leicht auf Form und Größe von Früchten zu übertragen und zeigt, dass für eine konstante Weiterzüchtung die dominante Eigenschaft bei allen Elternpaaren reinerbig vorliegen muss. Werden nun Elternpaare mit großen Fruchtkörpern miteinander verpaart, tragen die nachkommenden Generationen ebenfalls große Früchte, und so können reinerbige Merkmale für große Fruchtkörper oder Fruchtformen und -farben gezüchtet werden.

Dr. Wolfgang Schuchert

Wie eine Art entsteht

Die Kreuzung zweier pflanzlicher Elternteile erfolgt prinzipiell heute noch genauso wie vor Hunderten von Jahren. Die Züchtung von Gemüse ist auch unter Anwendung aktueller Technologien ein langwieriges und von vielen Faktoren bedingtes Vorhaben. Die Zusammenstellung eines vielversprechenden Genmix ist dabei nur der Anfang mit zumeist ungewissem Ausgang. Erkenntnisse über DNA-Strukturen ermöglichen immerhin eine vorausschauende und

Blätterkohle und Rosenkohl aus Gemüsekatalog von 1876
1. Hoher grüner feingekrauster Winterkohl
2. Hoher brauner feingekrauster Winterkohl
3. Niedriger grüner feingekrauster Winterkohl
4. Niedriger brauner feingekrauster Winterkohl
5. Schnittkohl, zarter gelber Butterkohl
6. Brüsseler oder hoher Rosenkohl

Kraute oder Kopfkohle aus Gemüsekatalog von 1882
1. blaurandiges Schlitzer
2. Griechisches Centerkraut
3. mittelfrühes dunkelrothes Berliner
4. großes frühes Bleichfelder
5. spitzes weißes Filder

ARTENENTSTEHUNG IN ZUCHTKULTUR

sichere Aussage über Erbeigenschaften, die es wert sind, vererbt und ausgebaut zu werden, und der Züchter muss sich nicht nur auf offensichtliche Anzeichen verlassen. Für einen Gemüsebauern ist die Resistenz gegen Schädlinge und Krankheiten bei der Auswahl von Gemüsesamen ein entscheidender Faktor. Die Bestäubung erfolgt dann durch Wind, Wasser, Tiere oder ganz gezielt durch den Züchter selbst. Nichts dem Zufall überlassend, ahmt beispielsweise ein Pinsel an richtiger Stelle die Natur nach und überträgt ausgewählte Pollenkörner auf empfängliche Blütenteile. Die darauffolgende Befruchtung, die Vereinigung männlicher und weiblicher Zellen, lässt aus dem Fruchtknoten eine Frucht mit Samen entstehen. Mehrere Male werden die Samen der Nachkommenschaft ausgesät und selektiert, bis sich bestimmte Charakteristika wie gewünscht ausgebildet haben.

Dass neue Arten entstehen, ist allerdings keine Erfindung der Gemüsezüchter. Die natürliche Artenentstehung ordnen wir heute der Evolution zu. Über mehrere Generationen hinweg verändern sich Merkmale einer Art, die einer Population angehören. Zumeist passen sich Pflanzen an veränderte Umweltbedingungen an. Mit der Zeit entwickelt sich daraus eine neue Art, die aufgrund zu großer genetischer Unterschiede mit ihren Vorfahren keine Nachfahren mehr zeugen kann.

Doch innerhalb eines Genpools ist fast nichts unmöglich, schließlich erhält sich jede Art durch den ständigen Austausch von Genmaterial. Mutationen, die durch Rekombination entstanden sind, unterstützen das Vorkommen neuer Erbinformationen, die etwa von wandernden Insekten aus anderen Populationen eingetragen werden. Die Merkmalskombinationen, die am günstigsten an die Umwelt angepasst sind, versprechen die besten Überlebenschancen; weniger begünstigte Arten verschwinden wieder. Das nennt man natürliche Selektion, der die Arten mit hoher genetischer Variabilität, ihrer guten Anpassungsfähigkeit wegen, seltener zum Opfer fallen. Geringfügigen Änderungen der Basenabfolge eines Gens verdanken wir Varietäten in Farbe, Form und Geschmack vieler verschiedener Gemüsearten.

Christopher Kolumbus sei Dank
Vor der Entdeckung Amerikas sah der Speisezettel der Europäer gänzlich anders aus und enthielt nicht so abwechslungsreiches Gemüse wie Mais, Tomate, Kartoffel oder die Gartenbohne. Erst im Laufe des 16. Jahrhunderts und mit häufigeren Reisen zum entfernten Kontinent brachten die Seeleute immer mehr neuartige Früchte nach Europa; darunter auch Mais aus Mexiko und Mittelamerika.

Bei der Wildform Teosinte, die auch heute noch wildwachsend in Mexiko vorkommt, sieht man die Verwandtschaft zum heutigen Kulturmais kaum. Aus buschartig wachsenden Wildformen mit kleinen, leicht brüchigen und verholzt wachsenden Samen, die bei der Reife herunterfallen, konnte dank der Kreuzung, Mutation und Auslese durch die Indianer ein genießbarer Kulturmais gezüchtet werden. Die ältesten Maiskolbenfunde in Südamerika sind auf ca. 3 500 v. Chr. zurückzudatieren.

Ebenso verhält es sich mit den zur Familie der Nachtschattengewächse gehörenden Kartoffel, Paprika und Tomate. Allesamt wurden sie von indianischen Völkern kultiviert und gezüchtet. 1570 kam die bereits vor 4 000 Jahren kultivierte Kartoffelpflanze nach Europa. Sie konnte aber erst im 18. Jahrhundert wirtschaftliche Bedeutung erlangen. Lange Zeit galt sie nur als Zierpflanze, da die Wildformen der Kartoffel sehr viele Blüten austreiben.

Jünger hingegen ist die Domestikation von der Tomate. Diese fand ungefähr zwischen 200 v. Chr. und 700 n. Chr. statt. In Europa tauchte sie erstmals in Italien im Laufe des 16. Jahrhunderts auf. Eine noch ältere Nutzpflanze als die Kartoffel ist die Paprika. Indianische Funde weisen auf ihre Verwendung bereits 7 000 v. Chr. hin. Mit dem Ziel, Venedigs Monopol auf Pfeffer- und Gewürzhandel zu brechen, trat Kolumbus 1492 seine vermeintliche Indienreise an. In Amerika gelandet, lernte er die Paprika, eine von den Einwohnern genutzte scharfe Frucht, kennen und benannte sie nach dem Schwarzen Pfeffer Pimienta. Ob er dies absichtlich tat, um deren Verwendung als Gewürz hervorzuheben, oder ob er glaubte, eine Sorte des Pfeffers gefunden zu haben, ist ungeklärt.

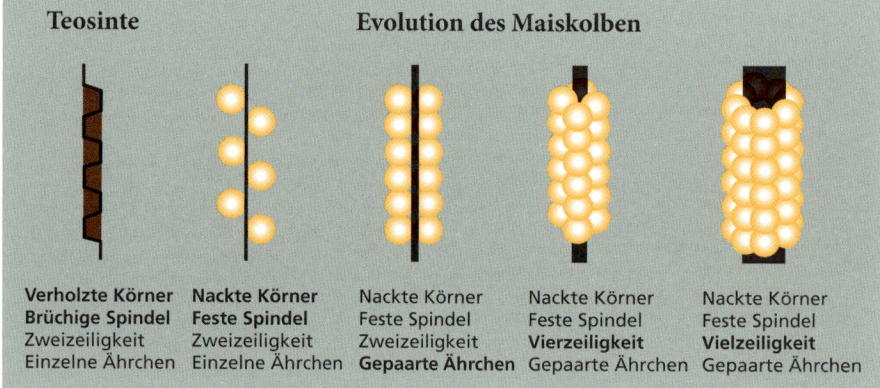

Teosinte — **Evolution des Maiskolben**

Verholzte Körner	Nackte Körner	Nackte Körner	Nackte Körner	Nackte Körner
Brüchige Spindel	Feste Spindel	Feste Spindel	Feste Spindel	Feste Spindel
Zweizeiligkeit	Zweizeiligkeit	Zweizeiligkeit	**Vierzeiligkeit**	**Vielzeiligkeit**
Einzelne Ährchen	Einzelne Ährchen	**Gepaarte Ährchen**	Gepaarte Ährchen	Gepaarte Ährchen

Mais (Zea mays)
Der Mais ist eine Pflanzenart innerhalb der Familie der Süßgräser (Poaceae), die ursprünglich aus Mexiko stammt. Die einjährige, krautige Pflanze erreicht Wuchshöhen zwischen 1–3 Metern. Der Halm ist nicht oder nur selten verzweigt.

Mit 50 verschiedenen Sorten hat Peru weltweit die größte Maisartenvielfalt. Sie unterscheiden sich unter anderem in ihren Verbreitungsgebieten. Die zahlreichen Züchtungen kennen in Größe, Form und Farbe keine Grenzen. Manche Maiskörner sind daumennagelgroß, andere kommen nur im Miniaturformat vor. Mais ist schneeweiß, grau, braun, blau, schwarz, rot, rosa, orange und natürlich gelb. An Variationen gibt es fast nichts, was es nicht gibt. Auf einem Kolben können Körner in unterschiedlichen Farben sitzen oder aber das einzelne Korn ist mehrfarbig. Manche Kolben sind mit kreisrunden Körnern besetzt, andere sind lang, eckig oder spitz. Darüber hinaus unterscheiden sich Maissorten aber auch in ihren Inhaltsstoffen, ihren Konsistenzen und in ihren Kocheigenschaften.

MAIS (ZEA MAYS)

DIE WILDEN ZÄHMEN

Ganz und gar europäisch

Wirklich europäisch sind die aus dem Wildkohl entstandenen Kohlarten wie Kohlrabi, Brokkoli, Blumenkohl und viele andere mehr. Ursprünglich an den europäischen Küsten, dem Mittelmeer und auf Helgoland beheimatet, entwickelten sich die verschiedenen Kohlsorten durch die Ausbildung unterschiedlicher Pflanzenorgane wie den Blättern, den Sprossachsen oder den Blüten. Der Mensch las auch hier wieder Pflanzen mit entsprechenden Merkmalen aus und vermehrte diese gezielt.

Weitere typisch europäische Gemüse- und Nutzpflanzen sind Karotten, Rote Bete, Mangold, Rüben und Radieschen. Wobei hier zwischen den weißen, gelben sowie rot-violetten Karottensorten unterschieden werden muss, denn nur die weißen stammen aus dem Mittelmeerraum. Gelbe und rote wurden in Afghanistan kultiviert, und aus Kreuzungen der verschiedenen Sorten entwickelte sich unsere klassisch orange Karotte.

Auch die gemeine Rübe fand ihre Ursprünge in Europa. Die ältesten archäologischen Funde stammen aus einer Siedlung in Holland aus der Jungsteinzeit. Nachweise für den Anbau gibt es aus dieser Zeit nicht, aber vermutlich wurden die Blätter der Rübe verzehrt, wie es bis zum 16. Jahrhundert üblich war. Erst danach wurden stärker ausgeprägte Wurzeln gezüchtet und verzehrt. Zu den Kulturformen der gemeinen Rübe zählen Mangold und Rote Bete, deren Ursprünge sich bis in die Antike zurückverfolgen lassen. Echter Meerkohl kann an den Stränden von Nord- und Ostsee geerntet werden, wo er immer noch ganz natürlich wächst.

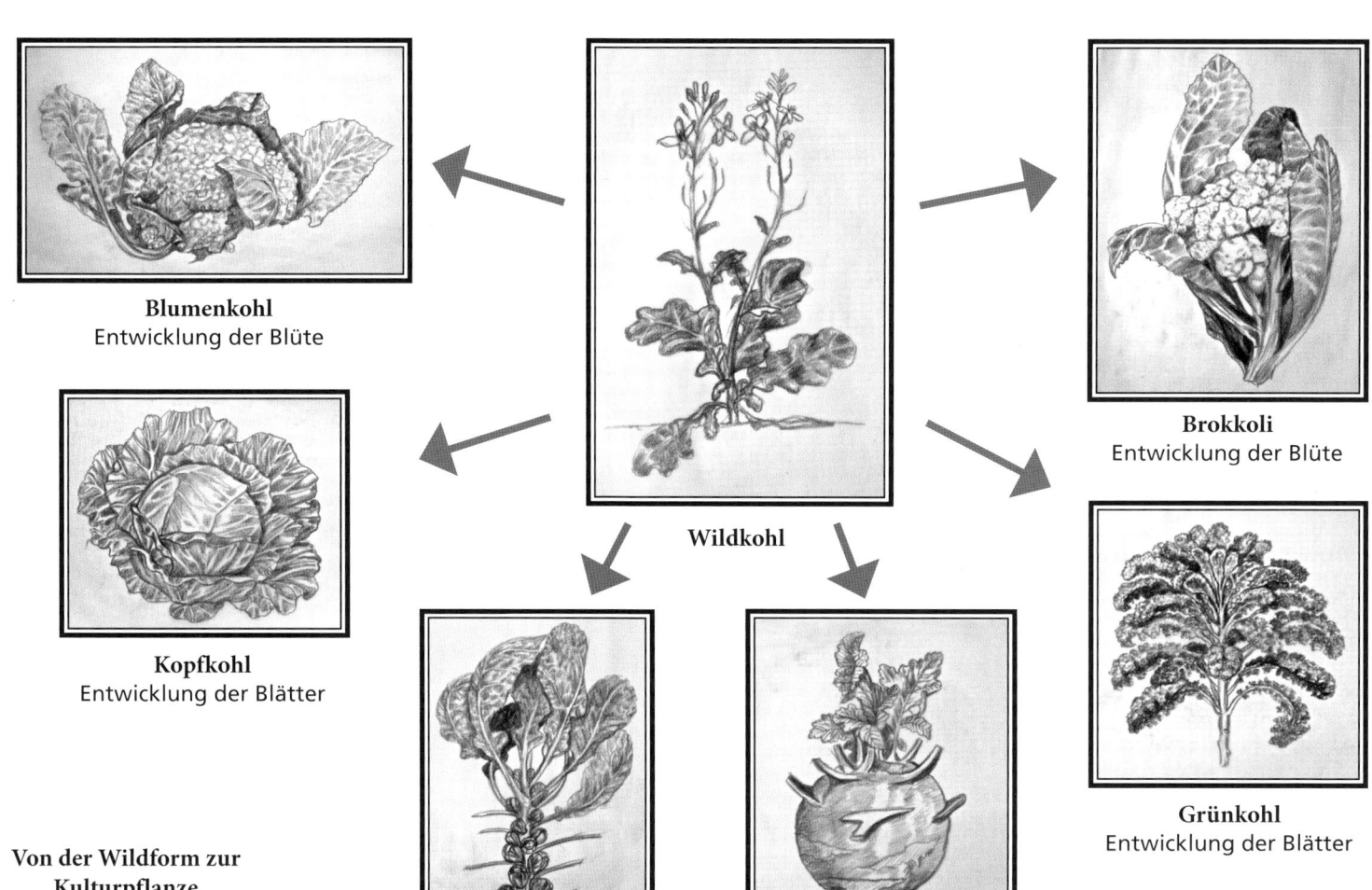

Blumenkohl — Entwicklung der Blüte

Brokkoli — Entwicklung der Blüte

Kopfkohl — Entwicklung der Blätter

Wildkohl

Grünkohl — Entwicklung der Blätter

Rosenkohl — Entwicklung der Sprossachse

Kohlrabi — Entwicklung der Sprossachse

Von der Wildform zur Kulturpflanze
Unterschiedliche Pflanzenorgane wurden selektiv gegenüber der Wildform entwickelt.

Echter Meerkohl

Der Meerkohl (Crambe maritima) ist mit rund 20 Arten in den Küstenregionen des Nordatlantiks, der Nord- und Ostsee und des Schwarzen Meeres beheimatet. Er zählt zu der Familie der Kreuzblütengewächse (Brassicaceae). Aufgrund des gefährdeten Wildbestandes steht diese Kohlart in Deutschland und einigen anderen europäischen Ländern unter Naturschutz. Die Staude erreicht eine Höhe von 30 bis 60 Zentimetern, die großen fleischigen Blätter sind blaugrün, und im Sommer bildet die Masse an kleinen weißen Blüten einen Schleier über das Meerkohlbeet. Vornehmlich werden die jungen, gebleichten Sprossen zubereitet, doch auch die Blätter eignen sich gut zum Verzehr. Sein Geschmack ist mit dem von Brokkoli oder Blumenkohl zu vergleichen. Mit dem Spargel haben die Stangen die Saison und die Zubereitungsart gemein.

Wildkohl

Der Wildkohl (Brassica oleracea) ist die Urform jeder Kohlsorte.

DAS ENDE DER SAATGUT-MAFIA?

Saatgut generell

Jedes Jahr erscheint in Deutschland eine beschreibende Sortenliste der Kartoffel. Herausgeber des Katalogs ist das deutsche Bundessortenamt, das als Bundesbehörde im Geschäftsbereich des Bundesministeriums für Ernährung, Landwirtschaft und Verbraucherschutz tätig ist. 2013 enthielt diese Liste genau 202 verschiedene Kartoffelsorten – im Jahr zuvor waren es noch 206 Sorten. Sie lässt damit das Saatgut dieser Knollen, die nur noch in den Ansätzen etwas mit der Wildkartoffel gemein haben, nach offiziellen EU-Bestimmungen des Saatgutverkehrsgesetzes und des Sortenschutzgesetzes zum Verkauf zu. Die Genehmigung setzt positive Abschlüsse voraus, was die Unterscheidbarkeit, die Homogenität, die Beständigkeit, den landeskulturellen Wert und die eintragbare Sortenbezeichnung betrifft. Auf den Katalogseiten verteilen sich Aufstellungen, Erläuterungen, Übersichten, Koch- und Speiseeigenschaften, Verarbeitungseignungen, Knollen- und Staudeneigenschaften und viele weitere wahnsinnig aufschlussreiche Informationen über die „erlaubten" Formen der Kartoffel. Wie sich jeder vorstellen kann, sind durch diese Verordnungen sehr enge und strenge Grenzen gezogen, und so ergibt sich, dass die Liste nur eine winzige Auswahl aller bestehenden Kartoffelsorten beinhaltet. Das rührt daher, dass die Untersuchungen, die schließlich zu der Aufnahme in die Liste führen, langwierig und kostspielig sind, weshalb sich das Verfahren nur große Unternehmen leisten können, die Kartoffelsamen äußerst gewinnträchtig vermarkten. Alte Landsorten, die naturgemäß nur einen geringen Ertrag erbringen, sind weit abgeschlagen. Ihre große genetische Bandbreite und somit auch ihre Abweichungen im Erscheinungsbild widersprechen dem Zulassungskriterium der Homogenität.

Solche Register gibt es nicht nur für die Kartoffel, sondern für alle Pflanzenarten, die im Saatguthandel der EU angeboten werden. Bauern, die auf Saatgut der Großindustrie verzichten wollen, insbesondere Öko-Bauern, die ganz bewusst auf alte Gemüse- und Obstsorten setzen, sind in diesem Spiel die klaren Verlierer, denn kaum eine dieser alten Gemüsesorten wird in den offiziellen Listen geführt.

Kartoffel Rote Emmalie

Saatgut aktuell

Nachdem der Europäische Gerichtshof am 12. Juli 2012 entschied, dass die beschriebenen EU-Kriterien von alten Pflanzensorten zwar nicht erfüllt werden, der Verkauf aber gegen kein Gesetz verstößt, waren die nicht zugelassenen Samen in eine äußerst graue Zone abgerutscht, wo sie sich bis heute befinden. Dieser Darstellung vorausgegangen war eine Klage des französischen industriellen Saatgut-Herstellers Graines Baumax, der gegen ein bäuerliches Saatgut-Netzwerk prozessierte. Der Kläger verlangte 50 000 Euro Schadenersatz und ein generelles Vermarktungsverbot aller nicht zugelassenen Sorten. Am Ende gab der Europäische Gerichtshof den alternativen Bauern zwar recht, der Status quo der alten Samen war aber im Prinzip unverändert. Die Bildung eines Parallelmarktes sei nicht vorgesehen, so die EuGH-Generalanwältin.

Jetzt sind die alten Sorten erneut in ihrer Existenz bedroht. Eine Offensive aus Brüssel, mit der die EU-Kommission den Einsatz von Saatgut einheitlich regeln will, brachte im November 2012 Kleinzüchter, verschiedene Verbände und Umweltschützer erneut auf die Barrikaden. Nur noch registrierte Händler sollten speziell zertifizierte Sorten vertreiben dürfen. Der Vorschlag aus dem Verbraucherkommissariat ließ leicht die Interpretation zu, dass schon bald auch Hobbygärtnern beispielsweise selbst erzeugtes oder zufällig entdecktes Saatgut verboten sein würde und sie sich genau wie große landwirtschaftliche Betriebe an offiziellen Samen halten müssten. Resistenzpotenziale, Geschmack, Formen und Farben von Gemüsesorten würden schnell und für immer verloren sein. Die Proteste zum Erhalt der Vielfalt konnten vorerst in Brüssel nicht ignoriert werden.

Am 6. Mai 2013 wurde ein Entwurf vorgelegt, der bekannt gab, dass Hobbygärtner und kleine Zuchtbetriebe mit bis zu zehn Mitarbeitern und einem Jahresumsatz von bis zu zwei Millionen Euro auf nicht registrierte Produkte zugreifen dürfen. Diese können dann unter der Überschrift „Nischenprodukt" deutlich einfacher zugelassen werden, sind aber als Sonderlinge zu behandeln. Die unkonventionellen Sortenliebhaber sehen die Artenvielfalt nicht ohne Grund bedroht und wehren sich massiv gegen den einschränkenden Entwurf der EU-Kommission. Die Vermutung einer drohenden Vereinheitlichung und des gezielten Lobbyismus liegt nahe. Gerade weil das nicht zur Fortpflanzung geeignete Einheitssaatgut der Großindustrie von den entsprechenden Firmen im Rundum-glücklich-Paket mit zugehörigem Kunstdünger und Pestiziden verkauft wird. Hinzu kommt, dass es gut sein kann, dass diese Industrie künftig selbst für die Überprüfung des eigenen Saatgutes und dessen Qualität verantwortlich ist.

Am 16. Januar 2014 einigten sich die Abgeordneten im EU-Agrar-Ausschuss darauf, die Verordnung abzulehnen und an die Kommission zurückzuweisen. In welcher Form die Verordnung in Kraft

Wildkartoffel
In Peru, dem vermutlichen Ursprungsland der Kartoffel (Solanum tuberosum), wachsen mehr als 3000 endemische Arten. Ihre Früchte sind ähnlich der Tomate, einer nahe verwandten Art.

Wilder Weinberglauch; Blüte mit Brutknollen
Der Weinberglauch (Allium vineale) ist noch kein Fall für die beschreibende Sortenliste. Er wächst wild in Weinbergen und anderen milden Gegenden. Runde hohle Blätter erinnern zwar an Zwiebeln, doch der Geschmack von Zwiebel und Brutknolle gibt knoblauchähnliche Aromen preis. Der doldige Blütenstand bringt meist nur wenige Blüten hervor. Dafür aber viele kleine Brutzwiebeln, die sich kugelig anordnen.

UNFRUCHTBARE NACHKÖMMLINGE

treten wird, bleibt abzuwarten. Noch werden die alten Sorten geduldet, sie dürfen angebaut und verkauft werden. Doch das kann, so absurd es auch klingen mag, schnell in eine Illegalität abrutschen, die alten Sorten nun wirklich nicht zustünde. Alte Beten, Kartoffeln und Karotten würden im Untergrund verschwinden, und engagierte Züchter müssten sich aus diesem herausarbeiten.

Saatgut ist auch Kulturgut
Dass das Saatgut überhaupt zu einem dermaßen lukrativen Geschäft heranwachsen konnte, ist nicht ganz einleuchtend, wo doch eigentlich jede Pflanze die nötigen Eigenschaften zur Fortpflanzung mit sich bringt. Unter dem fadenscheinigen Ziel, die Qualität und Sicherheit der Landwirtschaft zu garantieren, setzte die EU voll auf Homogenität. Davon ist – so wie fast alle Gemüsearten – auch die Gartenbohne in ihrer samenechten Vielfalt betroffen.

Dieser Uniformität gängiger Sorten verdankt der Endverbraucher heute die Züchtung von „F1"-Hybriden. Dabei wird eine Muttersorte mit einer Vatersorte gekreuzt, woraus hoch optimiertes, jedoch genetisch einförmiges Saatgut hervorgeht. Die daraus entstandenen „F2"-Pflanzen sind weder erbrein noch eigenschaftsfest, und sie können nicht mit den Samen des Vorjahrs vermehrt werden. Das teure Saatgut muss stets neu gekauft werden, und da die Hochleistungssorten in verschiedenen Regionen ein wiederum gleiches Ertragsergebnis leisten sollen, werden sie mit Pestiziden, chemischen Düngern, Hormonen und Herbiziden ihrem Standort angepasst, was die perfide Haltung der Industrie nur unterstreicht. Es wachsen Ergebnisse heran, die perfekt an die Gemüse- und Obstregale im Handel angepasst sind. Das entscheidende Kriterium von Sellerie ist zum Beispiel nicht der Geschmack, sondern seine sichere Matschfestigkeit, muss er sich schließlich im Suppengrünbund verbraucherfreundlich verschnüren und so eine möglichst lange Lagerung über sich ergehen lassen. Angeschnittene Äpfel werden neuerdings nicht mehr braun. Sie behalten ihre lupenreine, helle Farbe an der Luft, ohne die braun färbende Oxidation erkennen zu lassen. Liegt das daran, dass durch gezielte Züchtung die Reaktion abgeschwächt ist, oder werden die Sorten, die zur schnellen Verfärbung neigen, nicht mehr angeboten?

Küsten Meerkohl (Crambe maritima)

Unzählige Obst- und Gemüsesorten fielen der genetischen Erosion schon zum Opfer. Bei vielen liegt der Sortenverlust bei 90 Prozent; und das alles im Auftrag der größtmöglichen Ausbeute. Um den Ertrag immer weiter zu steigern, werden Arbeitsschritte in der Landwirtschaft aufgeteilt, intensiviert und genau auf jeweilige Sorten abgestimmt. Und auch die Pflanzen werden den Ernteumständen angepasst. Die Rosenkohlröschen reifen neuerdings nicht mehr küchenfreundlich nach und nach auf dem Feld, sondern alle auf einmal, um sie dann im großen Stil von riesigen Maschinen abernten zu können. Das manipulierte Saatgut, die Düngung sowie Ernte und Vertrieb sind bestmöglich aufeinander abgestimmt und von ganz oben abgesegnet.

Mit der Vernachlässigung der alten Landsorten gehen aber nicht nur geschmackliche Variationen, sondern auch ihr genetisches Erbe verloren. Ebenso ist die kostbare genetische Widerstandsfähigkeit, die in verzüchteten Pflanzen nicht mehr vorhanden ist, in großer Gefahr. Was diese Resistenzen angeht, können moderne Früchte nicht mithalten. Da aber der Verkauf von Saatgut und Düngemitteln eng miteinander zusammenhängt und sehr lukrative Geschäfte dahinterstecken, wird sich daran wohl eher nicht viel ändern. Davon abgesehen ist die Züchtung an sich natürlich nicht zu verurteilen, denn auch das geschmacksintensive „alte" Obst und Gemüse beruht auf gezielter Zucht.

Mit dem schwindenden Angebot passten sich auch die Küchen immer mehr der Eintönigkeit an. Nur selten erscheint etwas auf den Tellern, was der essende Großteil oder „der Bauer nicht kennt", und die künstliche und negierende Selektion schreitet stetig voran. Zu Beginn des vorigen Jahrhunderts verarbeiteten die Köche der Provence an die 250 Pflanzenarten. Bis heute wird dem Landstrich der positive Umgang mit einer Fülle an Lebensmitteln nachgesagt, obwohl sich der derzeitige lokale Verbrauch der Gegend lediglich auf 30 Kulturen beschränkt.

Um Varietäten zu erhalten, müssen bedrohte Obst- und Gemüsesorten gerettet werden. In Gärten und auf Feldern werden sie von Liebhabern mit viel Geduld und Toleranz gegenüber ihren natürlichen Wuchsformen angepflanzt. Glücklicherweise engagieren sich noch Retter, die dem Retro-Obst und -Gemüse eine Chance einräumen und nach Noahs Vorbild Archen arrangieren und ihren Ernteerfolg mit anderen teilen. Darauf ist in letzter Zeit die gehobene Gastronomie aufmerksam geworden, die sich besonders über die fast vergessenen Aromen von Wurzeln, Blättern und Früchten freut.

Gartenbohne

Die Gartenbohne (Phaseolus vulgaris) gehört der Unterfamilie der Schmetterlingsblütler (Fabiodeae) an, die wiederum der Familie der Hülsenfrüchtler (Fabaceae) angehören. Botanisch zählen sie zu den Körnerleguminosen. Das sind landwirtschaftlich genutzte Eiweißpflanzen. An den Enden ihrer feinen Seitenwurzeln sitzen Wurzelknöllchen mit stickstofffixierenden, symbiotischen Knöllchenbakterien. Vereinfacht binden diese Bakterien in einer Symbiose mit der Bohnenpflanze Stickstoff, der dann biologisch verfügbar wird. Die Gartenbohne hat sich in zwei Varietäten ausgebildet: Es gibt die Buschbohne und die Stangenbohne.

Wildwachsendes Eiskraut

Das Eiskraut (Mesembryanthemum crystallinum) ist eine Pflanze aus der Familie der Mittagsblumengewächse (Aizoaceae). Sie bildet durch zahlreiche Verzweigungen mattenartige Bestände, die sich bis zu 1 Meter weit ausbreiten. Der Geschmack erinnert an Spinat, ist jedoch salzig-säuerlich und frischer.

IM ARCHE-NOAH-GARTEN

Eine Arche für Gemüse

Einer dieser „Guerilla-Gärtner", der unter anderem die Gastronomie mit außergewöhnlichem Gemüse beliefert, ist Marko Seibold. Seine Arbeit soll als gutes Beispiel für diese Kämpfer gegen das Vergessen gelten. Auf seinem Demeter-Hof in Syke bei Bremen geht Marko Seibold aktiv gegen die Verengung des pflanzlichen Genpools vor. Er pflanzt in seinem Garten, der an einen alten Bauernhof grenzt, alte Gemüsesorten an und bringt sie als Händler unter die Menschen, von denen die meisten nicht wussten, dass es früher ein solches Gemüsespektrum gegeben hat.

Vor 400 Jahren lebten zwei Familien und ihre Knechtschaft auf diesem Hof im Landkreis Diepholz in Niedersachsen. Aus dieser Zeit blieben das Wohnhaus und zwei Scheunen erhalten. Das Haupthaus, eine alte Scheune und der große Garten mit angrenzender Wiese befinden sich heute im Besitz der Familie Seibold. Lediglich einige Knollen und Rüben, die beizeiten geerntet werden müssen, werden in einem feuchten und kühlen Keller eingelagert, was keinesfalls zu Qualitätseinschränkungen führt. Sonst wird das gesamte Gemüse feldfrisch zu den Kunden in ganz Deutschland verschickt.

Ein Lieferservice für alte Gemüsesorten

Köche wie Volker Drkosch, Karlheinz Hauser, Nils Henkel, Eric Menchon, Jens Rittmeyer, Christian Scharrer oder Joachim Wissler schwören auf die Erzeugnisse von Marko Seibold. Sie entscheiden sich ganz bewusst für jeden ihrer Lieferanten. Und was das Gemüse angeht, kann kaum ein anderer alte Gemüsesorten liefern wie Marko Seibold. Sein Angebot ist jahreszeitlich bestimmt und überschaubar, doch in seiner Gesamtheit vielfältig. Sogar innerhalb der Nische von alten Gemüsesorten birgt sein Sortiment ganz besondere Außergewöhnlichkeiten. Der Bremer Scheerkohl zum Beispiel ist schon lange aus den meisten Gärten verdrängt. Der ist zwar hübsch anzusehen, doch nicht die auffälligsten Farben oder die aufsehenerregenden Formen stehen als Kriterien im Vordergrund, sondern nur der Geschmack. Die

Kundschaft von Marko Seibold dankt es ihm. Sein Angebot ist aber letztendlich „nur" ein Resultat seiner Vorgehensweise. Schon während seines Zivildienstes in einer sozialtherapeutischen Gärtnerei wagte er erste Versuche in den Beeten und bot die Gemüseerfolge in umliegenden Restaurants an, die sich schnell zu erfreuten Abnehmern entwickelten. Der spätere Umzug nach Syke gab dann den Startschuss für eine ausführliche und weitreichende Auseinandersetzung mit betagten Gemüsesorten. Marko Seibold ist kein Gemüsebauer, er ist ein Feingemüsegärtner und ein Fachmann für alte Gemüsesorten.

Ein natürliches Hofkonzept

Die Beete auf dem Seibold-Hof, in denen seltene, nahezu ausgestorbene Gemüsesorten wachsen, liegen grätenförmig und etwas wild inmitten der umliegenden Felder und Wälder. In seiner Gemüsemission gehört Marko Seibold dem Demeter e. V. an und erwirtschaftet sein Gemüse auf biologisch-dynamische Weise. Das bedeutet nicht nur einfach, biologisch zu produzieren und bestehende Richtlinien einzuhalten. Die Erzeugung unbehandelter Nahrungsmittel ist bei Demeter nicht das Ziel, sondern die Konsequenz der verantwortungsbewussten Behandlung von Mensch, Tier und Pflanze. Außerdem ist jedes Mitglied dazu angehalten, Verantwortung für sein gesamtes Handeln zu übernehmen und aktiv und individuell Lebensprozesse zu gestalten. Die Zucht und die Vermehrung von Hybriden ist untersagt, im Getreideanbau verstößt sogar die Aussaat von Hybriden gegen die Demeter-Regeln. So versteht es sich fast von selbst, dass eine gentechnisch veränderte Saat generell verboten ist. Marko Seibold soll es recht sein, er verzichtet ohnehin auf beides. Er verwendet ungebeiztes Saatgut – Samen, die nicht mit Mitteln gegen Schadorganismen (z. B. Pilze) oder mit den Keimling stärkenden Präparaten behandelt sind. Das bezieht er von biologisch-dynamischen Saatgutzüchtern. Manchmal hat er sogar das Glück und stößt auf die Samen einer alten Gemüsesorte, die es über die Jahre hinweg und oft nur zufällig geschafft haben, nicht auszusterben. Solche Samen stammen zumeist aus privaten Händen und werden von keinem Saatguthersteller vertrieben. Diese Sorten entsprechen niemals den EU-Ansprüchen auf Einheitlichkeit, die es den alten Gemüsesorten so schwer machen, in den allgemeinen Speiseplan aufgenommen zu werden, und sie stehen auch auf keiner beschreibenden Sortenliste. Am allerliebsten erntet Marko Seibold allerdings Früchte, die er nicht selbst anpflanzt, sondern solche, die ganz natürlich gewachsen sind. Diese Schätze werden von Mutter Natur gezogen und bereitgestellt. In dieser freien Form befindet sich eine riesige Hecke wilder Brombeeren auf seinem Grundstück und bietet die herrlichsten Beeren zur Ernte an. Marko Seibold ist sehr gespannt, welchen Koch er mit den unkultivierten Früchten beliefern darf oder welchen Geschmack eine Brombeermarmelade treffen wird.

MARKO SEIBOLD

Arche-Noah-Garten kontra Saatgut-Industrie
Bislang durften Samen alter Kulturpflanzen nur unter der Hand weitergegeben und nicht gehandelt werden.

Bremer Scheerkohl
Vom Bremer Scheerkohl (Brassica napus var. pabularia) werden besser nur zarte Stängel und Blätter verwendet, denn sonst enthält er, genau wie der einfache Raps, Erucasäure, die für Mensch und Tier nicht unbedenklich ist. Die Blätter können wie Feldsalat kurz über dem Boden abgeerntet werden. Sie wachsen ständig nach. Der Kohl sollte in einem sonnigen, gut gedüngten Beet ausgesät werden. Er ist eine leicht nussig und fein schmeckende Variante des Blattkohls und gleichzeitig ein Verwandter des Rapses. Anfang des 20. Jahrhunderts war er bei der deutschen Bevölkerung sehr beliebt, geriet aber in den 1950er-Jahren in Vergessenheit. Vor allem in Bremen wurde er zu Kassler, Kochwurst und zu geräuchertem Speck serviert.

IM BODEN SIND DIE WURZELN LOS

Wild im Geschmack

Der Vorteil an wilden Formen ist in erster Linie ihr ursprünglicher Geschmack, der meist eine Intensität vorlegt, an der viele Zuchtformen nur ganz leicht kratzen können. Obwohl dieses wilde Glück so wünschenswert ist, ist es natürlich nicht zu beeinflussen. Doch der findige Gemüsegärtner weiß sich zu helfen. Er baut beispielsweise eine Wildform von Grünem Spargel an und erzielt so eine Kombination aus Wildform und Zuchtkultur. Wenn überhaupt wird dieser Spargel nur noch vereinzelt in Spanien und Italien in der freien Natur zu finden sein. Der Geschmack der Spitzen ist dermaßen konzentriert, dass er sich kaum als Gemüsebeilage eignet, sondern eher in der gehobenen Gastronomie zum wohlüberlegten Einsatz kommt. Dort aber umso lieber.

Das Raumangebot, das der Garten von Marko Seibold für den Anbau von Gemüse bereithält, ist sehr begrenzt, und trotzdem reichen die Beete aus, um ein beachtliches Sortiment an außergewöhnlichen Knollen, Wurzeln und Rüben anbieten zu können. In einem Teil der Beete hat Marko Seibold kleine Dämme aufgeschüttet. Ähnlich wie beim Spargel kann durch diese Wälle das Wachstum von Großen Kletten (Arctium lappa var. Edule) unterstützt werden. Die Wurzel der Pflanze dürfte wohl das längste Gemüse der Welt sein. In Asien, vor allem in Japan, wird sie in großen Mengen kultiviert. Unter Umständen wird sie bis zu 150 Zentimeter lang, wobei sie sehr schmal bleibt. Die fleischige Wurzel wird zäh, sobald die krautartige Pflanze blüht, weshalb die Ernte vor der Blüte erfolgen sollte. Der kantige Stängel ist zwischen 80 und 150 Zentimeter hoch. Ihre großen Blätter sind herzförmig und etwa 50 Zentimeter lang und ebenfalls zum Verzehr geeignet. 2013 erntete Marko Seibold die Wurzeln zum ersten Mal, ohne genau zu wissen, welche Resultate sich daraus ergeben. Das gehört eben auch dazu, wenn man sich den alten Gemüsesorten verschrieben hat. Ausprobieren und gespannt auf gute Ergebnisse hoffen. Vielfach getestet und für gut befunden, haben es Marko Seibold besonders die heimischen Rüben angetan. Seine Begeisterung baut stark auf der Tatsache auf, dass diese Rüben in den mitteleuropäischen Gefilden offensichtlich zu Hause sind

und sich dort deshalb besonders gut kultivieren und aufbewahren lassen. Wo Karotten, die ursprünglich aus eher wärmeren Klimazonen stammen, nach einer gewissen Lagerzeit zu faulen beginnen, fühlt sich die Rübe in einem feuchten und kühlen Keller pudelwohl und hält sich, genau wie die Kartoffel, bei richtiger Lagerung über Monate taufrisch.

Aus der Wilden Rübe (Beta vulgaris subsp. maritima) entwickelten sich über die Jahrhunderte hinweg die heute gängigen Kulturformen. Zu diesen zählen Mangold, Zuckerrübe, Futterrübe und Rote Bete. Während sich manche Züchter auf die Förderung des Blattwuchses konzentrierten und sich daraufhin der heutige Mangold entwickelte, arbeiteten viele auf die Ausprägung des Speicherorgans des Fuchsschwanzgewächses hin, das zumeist unter der Erde immer neue Formen annahm. So bildete sich die Rübe aus der Verdickung der Hauptwurzel einschließlich des untersten Sprossabschnitts.

Rote Bete (Beta vulgaris subsp. vulgaris) kommt heute in unzähligen Variationen vor, die nicht immer ihrem farbbeschreibenden Namen Ehre machen und deshalb auch Gelbe oder Weiße Bete genannt werden. Kaum ein anderes Gemüse weist größere Varietäten innerhalb der Art auf als die Beten. Im Garten von Marko Seibold wachsen etwa zehn verschiedene dieser Sorten. Das ist nur ein Bruchteil von dem, was die Natur an Beten zu bieten hat. Marko Seibold hat lediglich eine Auswahl getroffen und dabei beachtet, dass Farben, Formen und Aromen möglichst unterschiedlich sind. Viele von denen, die er anbaut, sind rot. Manche aber sind weiß, gelb oder kräftig orange. Manche Sorten sind so zart und süß, dass sie sogar roh geschmackliche Freuden versprechen und bei einer Blindverkostung verwirrende Vermutungen ausgesprochen werden, denn Salatgurke oder fruchtige Noten werden normalerweise nicht mit der Bete in Verbindung gebracht. Marko Seibold nimmt jede Sorte genau unter die Lupe. Einen klaren Vorteil, besonders in der Gastronomie, bieten Formen, die von der runden Norm abweichen. Ein langer Kochprozess, nach dem die Knolle außen zu weich und innen zu hart ist, kann bei einer länglichen Betenform fast ausgeschlossen werden. Für beste Ergebnisse sät er seine Rüben relativ spät im Jahr aus, so bleiben sie faserarm und fein im Geschmack. Dafür verzichtet er auf eine frühe Ernte und darauf, der Erste zu sein, der die kleinen Rüben anbietet. Solche Erkenntnisse erwirbt er einhergehend mit seiner täglichen Arbeit, die immer auch ein bisschen experimentell ist.

Viele Experimente bedeuten für den Feingemüsegärtner erst mal die Aufzucht von gesunden und starken Pflanzen. Aber auch den wirtschaftlichen Aspekt muss er natürlich immer bedenken und auch danach handeln, schließlich leben er und seine Familie von dem Verkauf der Hofwaren. Ein deutlicher Gewinn für Garten und Küche ist sicherlich die Haferwurzel (Tragopogon porrifolius), auch Habermark oder Austernpflanze ge-

Purple Golden Beet
Die Rüben der Gruppe Beta vulgaris sind sehr variantenreich: Zuckerrübe, Rote Bete und Mangold zählen dazu. Die Speiserüben, wie Teltower Rübchen, Mairübe oder Kohlrabi, gehören zur Gattung Brassica (Kohl).

Bunter Radieschen „Ostereier Mix"
Die Pflanze gehört zur Art der Gartenrettiche. Verzehrt wird die Speicherknolle, deren typisch scharfer Geschmack durch Senföle entsteht. Der Radieschenanbau erfordert Erfahrung, denn der kleine Rettich verträgt sich nicht mit allen Pflanzen, da er allelopathische Stoffe freisetzt, die andere Gemüse hemmen können.

URALTE NEUIGKEITEN

nannt. Der Korbblütler wurde schon in der Antike im Mittelmeerraum als Gemüse verwendet. Ab dem 16. Jahrhundert baute man sie auch gezielt in Mitteleuropa an, doch schon im 13. Jahrhundert fand sie in den Schriften des Albertus Magnus ihre Erwähnung. Die grünen Stängel, die mehrere Blüten tragen, reichen 60 bis 120 Zentimeter in die Höhe. Ihre lila Zungenblüten sind von grünen Hüllblättern umgeben. Die Samenstände erinnern an dicke Pusteblumen. Das Grün der Pflanze eignet sich als Salatzugabe und kann wie Spinat zubereitet werden. Die weiße Pfahlwurzel ragt ca. 30 Zentimeter tief in den Boden, schmeckt süßlich und erinnert gleichzeitig an Austern.

Erhaltung von Varietäten
Der Erhalt von alten Sorten bedeutet nicht immer unbedingt, dass sich eine geschmackliche Spezialität neben der anderen im Boden befinden muss. Das ist auch nicht auf dem Hof in Syke so. Nicht nur die Außergewöhnlichkeit gewinnt im Erhaltungskampf. Es geht vielmehr darum, möglichst viele verschiedene Sorten anzubauen, das erhält die Varietät, und Raritäten müssen keine bleiben. Viele Köche sind gegenwärtig auf der Suche nach Gemüsesorten, die schon lange nicht mehr auf den Feldern, in Beeten, Vorratskellern, Töpfen und auf Tellern zu finden sind. Die Suche nach exotischen Unbekannten war in den letzten Jahrzehnten so erfolgreich, dass der Markt langsam gesättigt ist. Gerade in der gehobenen Gastronomie ist der Gast aber immer an Neuigkeiten interessiert. Im Zeichen und im Trend der Regionalität gestaltet sich das schwierig, aber nicht unmöglich, denn kaum einer weiß um alle Gemüsesorten, die jemals regional angebaut wurden. Nur ein Bruchteil der jemals gezüchteten Masse ist heute im gängigen Gemüseangebot zu finden. Eine vergessene Rübenart ist das Kerbelrübchen, das Marko Seibold in seinem Garten anpflanzt. Die Kerbelrübe (Chaerophyllum bulbosum), auch Knolliger Kalbskopf oder Erdkastanie genannt, gehört zu den Gewächsen der Doldenblütler. Die Stängel wachsen zwischen ein und zwei Metern hoch, sie sind hohl, stielrund und glatt, wogegen sie am Grund zotig behaart sind. Die Laubblätter sehen dem Grün der Karotte ähnlich. Auch die Form der Rübe erinnert an kleine, dicke, bräunliche Karotten. Der Geschmack lässt Aromen der Esskastanien wiedererkennen. Die feinen Wurzeln, die vor dem ersten Bodenfrost nicht geerntet wurden, weisen ein süßes Aroma von Haselnüssen auf. Unterschiedliche Sorten der Kerbelrübe konnten sich kaum ergeben, da die Selektion durch Züchtung nur am Rande und vereinzelt vorkam. So ist die Rübe nicht nur ein gutes Beispiel für eine fast vergessene Gemüseart, sondern hält durch ihre rare Sortenvielfalt dazu an, dem Erinnern mit der Züchtung weiterer Sorten unter die Arme zu greifen. Marko Seibold tut sein Bestes für die Gemüsevarietät und gegen das Vergessen.

Kerbelrübe
Der Geschmack der Kerbelrübe (Chaerophyllum bulbosum) ist von Dezember bis März am besten, denn erst nach Einzug der Blätter Ende Herbst entwickelt die Knolle Geschmack. Das Knollenfleisch lässt sich nach dem Kochen leicht von der Wurzelhaut trennen.

KLEINE PFLANZENKUNDE

Was ist Gemüse?
Gemüse ist ein Sammelbegriff ohne scharfe Abgrenzung zu anderen Sammelbegriffen von essbaren Pflanzenteilen wie Obst, Getreide, Hülsenfrüchte oder Gewürze. Je nach Anwendung oder Kulturkreis werden Pflanzenteile der ein oder anderen Gruppe zugeordnet. Paprika als Gewürz oder Gemüse oder Linsen und Erbsen, die getrocknet als Hülsenfrüchte und frisch allgemein als Gemüse bezeichnet werden.
Ebenso unklar ist der Begriff Frucht. Als Feldfrüchte gelten alle Kulturpflanzen aus dem Ackerbau, auch Kartoffeln oder Getreide. Botanisch jedoch ist die Frucht ein Organ, das Samen umschließt. Also gehören eigentlich Tomaten, Kürbisse oder Zucchini in diese Kategorie.
Der Begriff Gemüse, der sich von Mus (aus Nahrungspflanzen) ableitet, umreißt allgemein essbare Pflanzenteile von Kultur- und wild wachsenden Spezies. Das Cluster umschließt Blätter, Stängel, Wurzeln, Knollen, Früchte und Rhizome. Sie liefern dem Körper Reservestoffe wie Fette, Eiweiße und Kohlehydrate, wertvolle Mineralstoffe und Vitamine. Damit bildet Gemüse die ideale Basisnahrung für den Menschen. Einige Begriffe werden im Folgenden erklärt.

Nutzpflanzen
In Abgrenzung zu Zierpflanzen steht dieser Oberbegriff für alle Kultur- und Wildpflanzen, die dem Menschen und seinem Vieh zur Nahrung oder zu anderen Verwertungen dienen – wie Baumwolle als Textilfaserlieferant oder der Färberwaid, der dieser Faser das wunderbare Indigo-Blau verleiht. Auch Ölpflanzen, deren Extrakte für Kraftstoffe verwendet werden, gehören in diese Kategorie.

Früchte
Diese Organe gehen aus Blüten hervor. Ihre Aufgabe ist es, die Samen der Pflanze bis zur Reife zu beherbergen und die Ausbreitung der Pflanze zu unterstützen. Diesen Job erfüllen Früchte auf unterschiedliche Art. Öffnungs- und Streufrüchte bilden Schoten, Kapseln oder Hülsen, die den Samen zum Zeitpunkt der optimalen Reife freigeben. Zu dieser Gruppe zählen Hülsenfrüchte oder Mohnkapseln.
Schließfrüchte schließen den Samen bis zur Verbreitung ein. Zu dieser Gruppe gehören die Beeren wie Gurke, Kürbis, Stachelbeere oder Tomate. Sie werden ihrer fleischigen, saftigen Hülle wegen verzehrt. Ebenso auch die Steinfrüchte wie Kirsche oder Pflaume.
Bei Nussfrüchten hingegen schätzt man den Samenkern innerhalb der holzig oder ledrig ausgebildeten Hülle wie bei der Haselnuss oder der Esskastanie.
Die Zerfallsfrüchte teilen sich nach der Reifung in mehrere samentragende Segmente. Als Nahrungspflanzen sind sie bedeutungslos.

Obst
Hierunter versteht man Früchte, die roh verzehrt werden können. Die Gruppe umfasst Schalenobst, Beeren, Steinfrüchte und Kernobst.

Samen und Keime
Saat, Saatgut oder Samen sind gehaltvolle Fortpflanzungseinheiten der Pflanzen. Der pflanzliche Embryo wird von einer Samenschale umschlossen. Dieses wird zumeist von einem Nährgewebe umschlossen. Voraussetzung für die Entstehung von Samen ist die Befruchtung der in der Samenanlage sitzenden Eizelle durch den Pollen. Bei den Bedecktsamern reifen die Fortpflanzungsorgane in einem Fruchtknoten. Bei den Nacktsamern reift die Saat hingegen frei. Nadelhölzer gehören in diese Gruppe. Getreidekörner hingegen sind einsamige Schließfrüchte. Sie fallen inklusive ihrer Hülle von der Pflanze ab. Sind die Bedingungen für ein mögliches Wachstum gegeben, keimt die Pflanze aus. Der erste Spross und die ersten beiden Keimblätter entstehen nur aus der Energie der Saat. Erst dann bilden sich Wurzeln, und das eigentliche Wachstum beginnt. Keime sind eine gehaltvolle Nahrung.

Blätter
Blätter und deren Stängel zählen zur Gruppe der Blattgemüse, entweder gemeinsam gekocht oder der unterschiedlichen Garzeiten wegen getrennt zubereitet. Beim Stielmus nutzt man nur die Stängel von Rüben, Karotten oder anderen Pflanzen. Blätter sind Grundorgane von höheren Pflanzen. Sie sorgen für die Photosynthese, die mithilfe von Licht hoch energetische Stoffe für den körpereigenen Bedarf aus einfachen, fremden Grundsubstanzen herstellt. Zudem sorgen sie für die gezielte Verdunstung von Wasser, was wiederum wichtig für den Transport von Nährstoffen aus dem Erdreich ist. Wasser bildet das Reduktionsmittel für den Assimilationsprozess der Pflanze, um aus simplem Kohlenstoff wertvolle Kohlehydrate zu produzieren.

Sprossachsen
Sie sind ein weiteres der Grundorgane von Pflanzen. Als Verbindung von Wurzel und Blatt übernimmt die Sprossachse die Auf-

gabe, Wasser, Nährstoffe und Assimilate zu transportieren. Dazu befindet sich im Inneren des Stängels ein komplexes Leitgewebe aus Zellsträngen und Leitbündeln. Es umschließt das Grundgewebe, das Mark der Pflanze. Ein wertvoller Energiespeicher, der von Menschen und Tieren gern verzehrt wird. Ein Beispiel sind Palmherzen.

Den äußeren Teil der Sprossachse bildet das Festigungsgewebe, das der Pflanze Halt gibt. Umschlossen wird es von der Epidermis der Pflanzenhaut. Neben der Skelett- und Leitfunktion übernimmt die Sprossachse die Aufgabe, das Blattwerk und die Blüten in die rechte Position zum Licht zu rücken. Als Gemüse werden von der Sprossachse besonders die Sprossrüben wie Rote Bete oder Rettich sowie Sprossknollen wie Kohlrabi oder Knollensellerie geschätzt. Sie sind durch ein gezielt gezüchtetes Breitenwachstum entstanden. Extrem dichte Knospen am Spross bildet der Rosenkohl. Auch Kartoffeln gehören zur Gruppe der Sprossknollen ebenso wie Rhizome – Überdauerungsorgane zur Speicherung von Reservestoffen zur vegetativen Vermehrung. Ingwer ist das wohl heute meist genutzte Rhizom. Auch Zwiebeln haben sich aus Sprossachse und Blatt entwickelt. Bei ihnen speichern die fleischigen Blattrosetten die Energie.

Rüben
Unter Rüben versteht man Speicherorgane von Pflanzen, die in einigen Fällen von der Sprossachse ausgebildet werden, in anderen – wie im Fall der Karotte – aber von Wurzeln.

Wurzeln
Dieses Grundorgan der Pflanze hat viele wichtige Aufgaben. Zum einen übernimmt es die Verankerung im Boden und sorgt für die Aufnahme von Wasser und mineralischen Nährstoffen. Dies erfolgt durch feinste Haarwurzeln, die am Ende des verzweigten Systems von Primär- und Seitenwurzeln zu finden sind. Haarwurzeln sind sehr begrenzt lebensfähig und nur an aktiv wachsenden Pflanzen zu finden. Sie treten bei vielen Pflanzen in großer Dichte und Zahl auf, sodass ihre Masse und Fläche die des oberirdischen Sprosses übersteigt. Interessant für die Küche sind die Metamorphosen der Wurzel. Wurzelknollen wie Maniok bilden wertvolle Nahrungsmittel. Ebenso wie Pfahlwurzeln, zu denen Schwarzwurzeln und Karotten zählen.

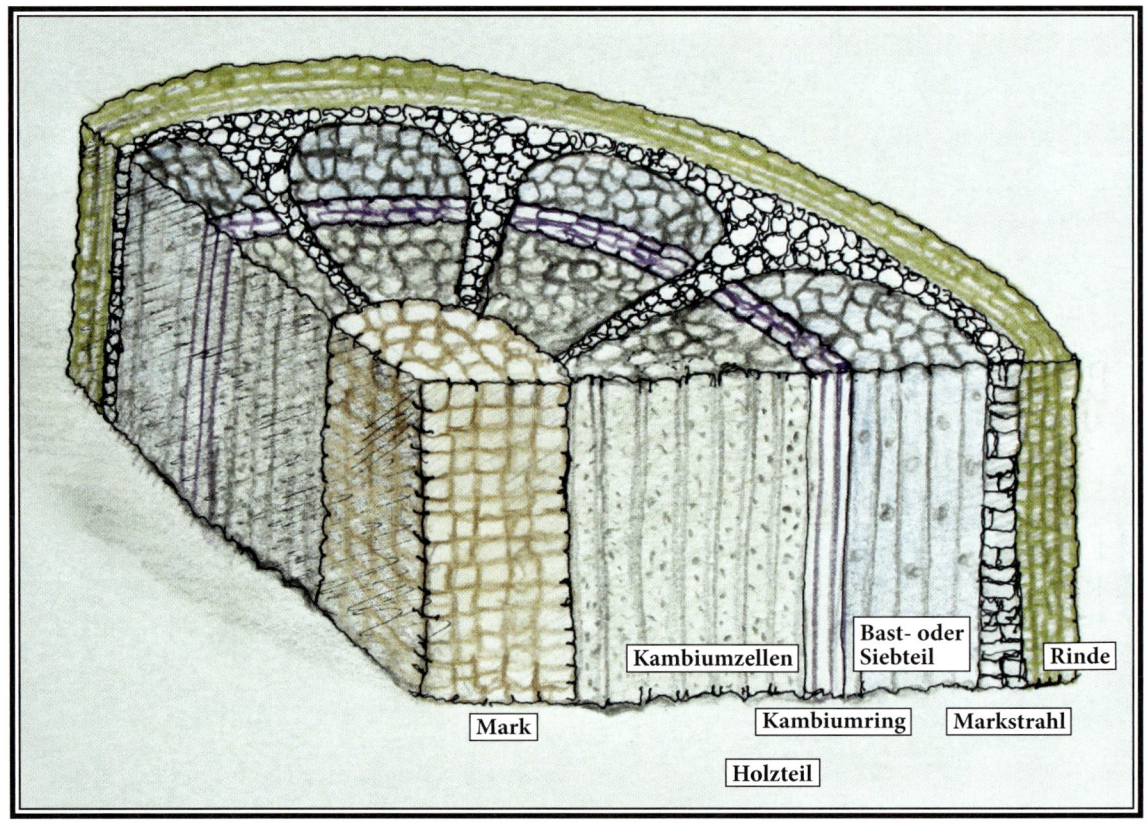

Komplexes Transportsystem in einem Pflanzenstängel (Sprossachse)
Langgestreckte Gefäßbündel übernehmen die Funktion der Leitung und Festigung. Der Holzteil transportiert Wasser mit darin gelösten organischen Stoffen von der Wurzel zum Blatt. Der Bast- oder Siebteil leitet Assimilate vom Blatt in Richtung Wurzel.

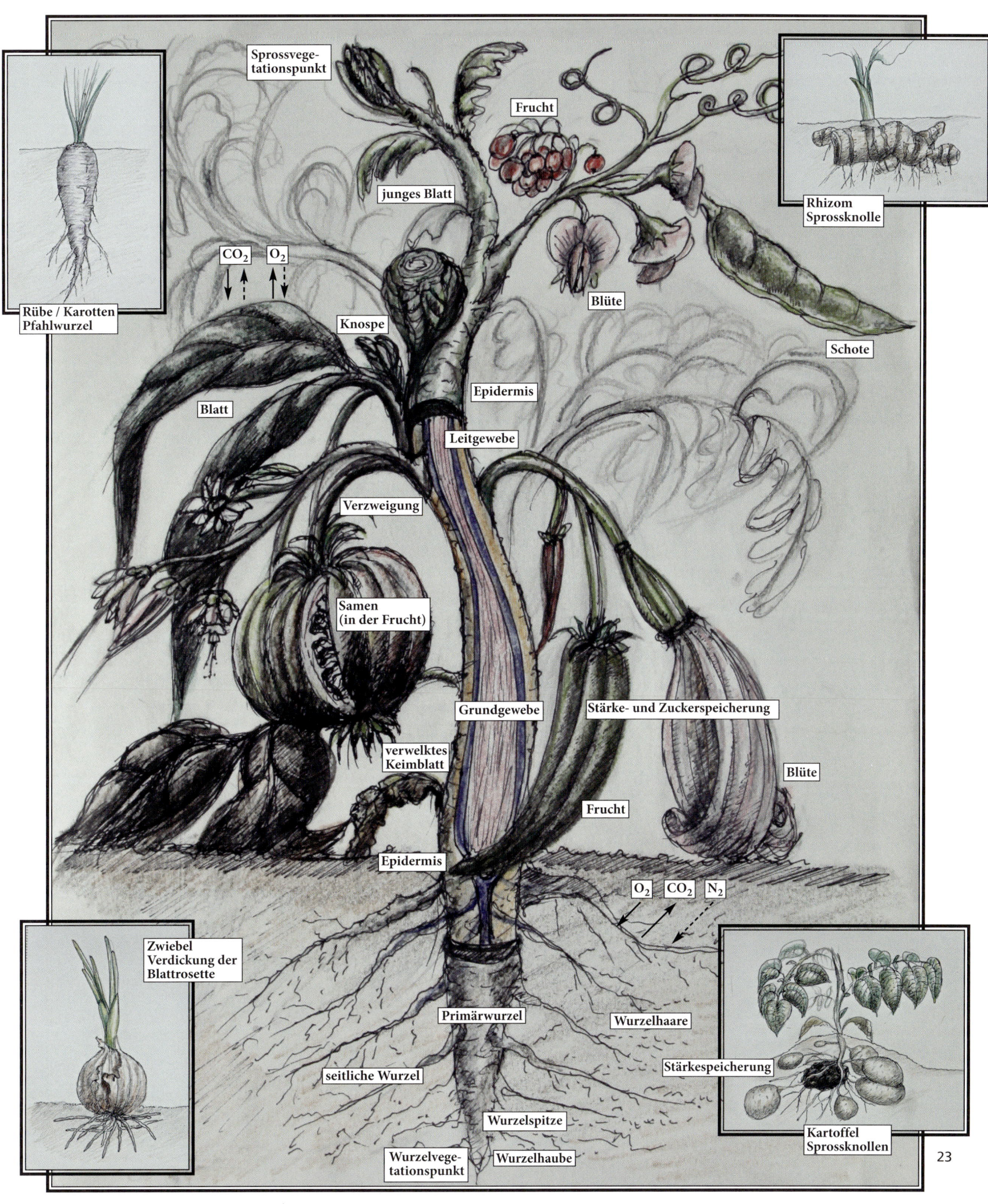

WEN DER KOHLDAMPF PACKT

Im Kreis Dithmarschen, in Schleswig-Holstein, widmet man sich sechs Tage im September dem Gemüsekohl und nennt das bezeichnend und treffend die Dithmarschener Kohltage. Hier werden nämlich auf einer Fläche von fast 3 000 Hektar jährlich rund 80 Millionen Kohlköpfe geerntet. Das Anbaugebiet ist Europas größtes geschlossenes, und so wundert es nicht, dass der Kohl stolz auf allen Dithmarschern Fahnen geschrieben steht. Die Kohlstraße führt von Brunsbüttel bis nach Büsum und schlängelt sich dabei durch viele Küstenorte in Schleswig-Holstein. Von hier aus wird der norddeutsche Kohl auch in andere Regionen verschickt. Einer der lokalen Exportschlager ist das Sauerkraut. Dem durch Milchsäuregärung konservierten Weiß- oder Spitzkohl haben die Deutschen ihren Spitznamen „Kraut" zu verdanken, der in den Wintermonaten des Zweiten Weltkriegs sehr oft auf den spärlichen Speisekarten stand. Der Gemüsekohl ist aber vielmehr ein internationaler Hit und gleich nach den Tomaten das am häufigsten angebaute Gemüse der Welt. In Portugal gehört er als Zutat in der Caldo verde zu einem Nationalgericht, die US-Amerikaner schwören auf ihren Weißkohlsalat mit reichlich Mayonnaise, in Asien verwendet man den Kohl in fast allen Formen und Gerichten, in Afrika wachsen Weißkohlköpfe in Hülle und Fülle, die Australier sind Blumenkohlfans, und in Südamerika ist der Brokkoli stark vertreten.

Der Kohl ist ein Kreuzblütengewächs (Brassicaceae) und bevorzugt vor allen Dingen Meeresklima und schwere, tiefgründige und kalkhaltige Böden. Da wächst er im nordseenahen Dithmarschen ganz nach seinem Geschmack. Die Liebe zur See gilt natürlich auch für seine Wildform, die in Deutschland nur auf der Nordseeinsel Helgoland zu finden ist und auch Klippenkohl genannt wird. Kohl (Brassica) bildet mit vier weiteren Arten die Gruppe der Wildkohlformen, die sich zwar in ihrem Aussehen und ihrem geografischen Vorkommen stark unterscheiden, doch erlauben, sich untereinander frei zu kreuzen. Diese Wildwuchsformen siedelten sich rund um den Mittelmeerraum an und kamen vorrangig in Griechenland, Italien, Frankreich und Spanien vor. Die Formen der Stängel, Blätter und Blüten variieren zwischen hoch oder niedrig, stark oder weniger stark verzweigt, fleischig oder dünn, behaart oder nicht, von grau bis grün und von gelb bis weiß. Irgendwann wurden diese Wildformen von hungrigen und klugen Leuten in Kultur genommen. So entstand der Gemüsekohl, der schnell die gesamte Welt für sich gewinnen konnte. Wann das genau war, lässt sich heute kaum mehr zurückverfolgen. Die Kohlforschung ist sich aber dahingehend sicher, dass die Griechen und Italiener des 3. Jahrhunderts v. Chr. über den Grünen Krauskohl verfügten. Im deutschen Raum taucht der Gemüsekohl erstmals im 16. Jahrhundert in Kräuterbüchern auf. Vermutungen zufolge fand er aber fünf Jahrhunderte zuvor den Weg auch in deutsche Küchen.

Kaum ein anderes Gemüse kommt in so vielen Varietäten vor. Sie unterscheiden sich oft in einem so hohen Maße, dass rein äußerlich keine Verbindung bestehen mag. Das liegt wohl daran, dass die verschiedenen Pflanzenteile des Kohls unterschiedlich stark gezüchtet sind und genutzt werden. Mal landen die Blätter, mal eine verdickte Sprossachse oder der Blütenstand in den Kochtöpfen dieser Welt.

Vom Rosenkohl werden zum Beispiel die Blätter des gestauchten Seitensprosses verzehrt. Der Newcomer unter allen Kohlgeschwistern kam erst im 18. Jahrhundert in Belgien auf. Die Röschen wachsen zwischen stiellangen Blättern direkt an der Sprossachse. Werden sie nicht abgeerntet, treiben sie im Frühjahr zu Sprossen aus. Viel länger als den Rosenkohl gibt es schon den Weißkohl, Rotkohl und Grünkohl. Weißkohl und Rotkohl sind sich in ihrer Form ähnlich. Sie gehören zu den Kopfkohlen, da ihre Laubblätter zu ungefährer Kopfform in Schichten übereinanderliegen. Der Grünkohl, den die Norddeutschen so lieben, wächst palmähnlich ungefähr 30 bis 40 Zentimeter hoch. Der Lippische Braunkohl, der zu den Grünkohlarten gehört, wird deshalb auch Lippische Palme genannt.

In jeder Form, die der Kohl über die Jahrhunderte ausgebildet hat, stecken Ballast- und Mineralstoffe sowie zahlreiche Vitamine, darunter besonders viel Folsäure. Dieses Vitamin aus dem B-Komplex ist sehr hitze- und lichtempfindlich. Ein Folsäuremangel schränkt die Produktion roter Blutkörperchen ein, sodass dieser Engpass im menschlichen Körper unbedingt vermieden werden sollte und Gemüsekohlbauern deshalb zum Kohlkonsum raten. Das Wort Kohldampf setzt sich übrigens aus den rotwelschen Begriffen Dampf und Kohler zusammen, die beide Hunger bedeuten und in ihrer Kombination auf den besonders großen Hunger hinweisen. Mit dem Gemüsekohl hat das Wort also nichts gemeinsam, könnte ihn aber zur Konsequenz haben.

Rosenkohl (Brassica oleracea var. gemmifera), Sorte: Rubine
Der Rosenkohl der Sorte Rubine ist eine alte Zuchtform aus Holland. Er bildet kleine Röschen mit nussigem Aroma. Alle Teile der Pflanze, auch die oberste Blattrosette, können genutzt werden, wobei sie im Herbst entspitzt werden sollten.

Rosenkohl (Brassica oleracea var. gemmifera), Sorte: Rubine

KOHLGEWÄCHSE (BRASSICACEAE)

KOHLGEWÄCHSE

1
Junger Seitenspross und Kopf vom spitzen Rotkohl (Brassica oleracea var. capitata rubra), Sorte: Vysoke

Eine von zwei bekannten spitzen Rotkohlsorten. Die feinen, süßen Seitentriebe sind äußerst knackig. Die Triebe bilden offene Rosetten, die durch ihre kurze Wachstumszeit sehr zarte Blättchen haben. Die feinsten Blätter machen sich roh sehr gut in Salaten. Auch der Strunk ist zart, erinnert ein bisschen an Kohlrabi. Beim Kochen kein typischer Kohlgeruch.

2
Junger Kohlspross vom Spitzkohl (Brassica oleracea var. capitata f. alba), Sorte: Chateau Renard

Die jungen, seitlich wachsenden Kohlsprossen vom Spitzkohl der Sorte Chateau Renard haben kleine knackige Rosetten, die eine extrem kurze Wachstumszeit aufweisen. Die kleinköpfige Sorte kann leicht gedämpft als feine Beilage oder als Salat gegessen werden.

3
Grünkohl (Brassica oleracea var. sabellica L.), Sorte: Russischer Blattkohl

Die gekräuselten, bläulich gefärbten Blätter sind mit roten Adern durchzogen. Er erreicht eine Höhe von etwa 60 Zentimetern. Mild im Geschmack, fast süßlich. Früh gepflanzt, kann er fast das ganze Jahr über geerntet werden. Sehr winterharte Sorte. Blätter sind nach dem Winter besonders fein und schmackhaft.

4
Grünkohl (Brassica oleracea var. sabellica L.), Sorte: Lerchenzungen

Diese Sorte Grünkohl hat fein gekrauste, lange, schmale, dunkelgrüne Blätter und ein frisches Aroma wie ganz junger Kohl. Man sollte sich bei der Zubereitung allerdings auf die oberen Spitzen beschränken, um diese Frische auch voll auskosten zu können.

5
Palmkohl (Brassica oleracea var. palmifolia DC.), Sorte: Nero di Toscana

Das nussige Aroma der langen, schmalen, genoppten Blätter erinnert an Kohlrabi, frischen Brokkoli und leicht an Rüben. Dieser frühe Kohl ist kälteempfindlicher als andere Sorten. Ein großer Vorteil ist, dass alle gekrausten Blätter zu nutzen sind.

6
Palmkohl (Brassica oleracea var. palmifolia DC.), Sorte: Lippische Palme

Der sogenannte Braunkohltyp dient als Futter und Speisekohl. Recht mild schmeckt der Lippische Braunkohl. Am feinsten sind die jungen Blatttriebe, die im Frühjahr am Stängel wachsen. Der Kohl ist geschmacklich nussig und die jungen Blätter gut zum Rohverzehr geeignet.

KOHLGEWÄCHSE

1
Brokkoli (Brassica oleracea var. italica), Sorte: Calabrese
Zurzeit wohl die einzige samenechte Sorte, die in Mitteleuropa erhältlich ist. Frühreif und ertragreich. Die mittlere bis große Hauptrose. Fleischige Sprossen mit relativ kleinen Rosen wachsen ständig nach.

2
Blattkohl (Brassica oleracea var. viridis L.), Sorte: Non Pomme
Dem Bremer Scheerkohl sehr ähnlich, nur etwas größer. Triebe ähnlich wie bei Russischem Blattkohl. Pflanze bildet keinen Kopf aus und schmeckt wenig kohlig, ein bisschen wie Kohlrabi. Blätter roh und gekocht zu genießen.

3
Grüner Blumenkohl (Brassica oleracea var. botrytis L.), Sorte: Pala Verde
Ursorte (kein Hybrid). Späte, hellgrüne Köpfe. Ernte von sehr feinen Blumenkohlröschen möglich. Breite Varietät innerhalb der Sorte, so bilden sich auch knospenartige Röschen mit feinen Blättchen und rötlichen Farbnuancen. Pflanzen erfrieren schnell, frühe Anzucht und Pflanzung von Vorteil.

4
Blattbrokkoli (Brassica oleracea var. italica), Sorte: A Getti Di Napoli
Kohlpflanze wie filigrane Palme. Dunkelgrüne, dünne, gekrauste Blätter bilden sich als Rosette am obersten Vegetationspunkt und rund um den kräftigen Strunk der Pflanze aus. Manchmal bilden sich Brokkoliröschen.

5
Blumenkohl (Brassica oleracea var. botrytis L.), Sorte: Palla di Neve (Schneeball)
Frühreife, samenfeste Sorte mit festen Köpfen. Die strahlend weiße Farbe verfärbt sich bei starkem Sonneneinfall rosa. Um das zu verhindern, werden die älteren Außenblätter nach innen über der Blume abgeknickt.

6
Butterkohl (Brassica oleracea convar. capitata var. sabauda convar. fimbriata), Sorte: Goldberg
Blätter wachsen sehr locker. Ernte, Vermarktung und Nutzung blattweise möglich. Verfärbt sich von einem kräftigen Grün in ein buttriges Gelb. Langer Erntezeitraum. Eignet sich für Kohlrouladen, als Wok-Gemüse, in Suppen oder Risotto.

7
Blumenkohl (Brassica oleracea var. botrytis L.), Sorte: Roter Sizilianischer
Späte Entwicklung der violett-roten Blumen. Eher lockere Köpfe. Empfindlich gegen Druck und Regen. Farbe der Blume bleicht beim Kochen etwas aus, kann mit einem Hauch Essig verhindert werden.

KEIN UNBESCHRIEBENES BLATT

Blattgemüse haben mehr zu bieten als immer nur Spinat. Die vielen Variationen geben Anlass, einmal genauer hinzuschauen. Schmackhafte Blätter gibt es in allen möglichen Größen, Formen und Farben. Manche von ihnen sind fast vollständig in Vergessenheit geraten, sodass sie mit keinem kulinarischen Genuss in Verbindung gebracht werden und eher wie Unkraut an einem beliebigen Wegesrand wirken. Eine Kategorisierung von Blattgemüse fällt schwer, denn eine botanische Systematisierung wird dem nicht gerecht. Die Bezeichnung Blattgemüse ist weder ein Begriff des Gartenbaus noch der Botanik, sondern bezieht sich eher auf die Art der Verwendung der Pflanzenteile. Mit an Sicherheit grenzender Wahrscheinlichkeit kann aber davon ausgegangen werden, dass es sich bei diesem um eine Gemüseform handelt, die doch etwas mit Blättern gemein hat.

Alle höheren Gefäßpflanzen, die man im Gegensatz zu Flechten und Algen anpflanzen kann, setzen sich aus drei Grundorganen zusammen: Wurzeln, Sprossachsen und Blätter. Blätter sind als seitliche Auswüchse zu verstehen, die sich an sogenannten Knoten der Sprossachse befinden. Blätter und Stängel mancher Pflanzen gehören, neben Früchten, Knollen oder Wurzeln, zu den Teilen, die der Mensch genießbar und offiziell für essbar erklärt hat. Mit der Zeit wurden immer mehr Pflanzen in Kultur genommen, um einzelne Merkmale in Form und Geschmack zu perfektionieren. Schon seit vielen Hundert Jahren züchtet der Mensch mittels Auslese und Einkreuzung Pflanzen mit für ihn besonders nützlichen Merkmalen. Die so entstandenen Arten kommen wiederum in Varietäten und vielen verschiedenen Sorten vor.

Blätter und Stiele von Pflanzen, die sich als besonders schmackhaft herausgestellt haben, wurden ausgeprägt beziehungsweise kulinarisch noch interessanter gezüchtet. So entstand der Sammelbegriff des Blattgemüses. Darunter fallen viele verschiedene Gemüsearten. In manchen Fällen kann das verwirren, denn viele haben offensichtlich keine Merkmale miteinander gemein und gehören auch nicht derselben Ordnung an. Zur Kategorie Blattgemüse gehören nur Pflanzen, deren Blätter und Stiele zum Verzehr geeignet sind. Manche Gemüsesorten werden wohl für immer aufgrund ihres ungewöhnlichen Geschmacks eine Liebhabersorte bleiben, andere befinden sich zu Unrecht im Schatten des berühmten Spinats, der unter dem Blattgemüse nicht alleine stark macht. Auch Kopfsalat, Schnittsalat, Feldsalat und Endivien zählen dazu. Genauso wie Chicorée, Mangold, Stielmus und Brennnessel, aber auch Spargel, Petersilie, Löwenzahn und einige andere Sorten mehr.

Blattgemüse kann im Einzelnen nach seiner Nutzung unterteilt werden. Der Bezeichnung entsprechend werden bei den meisten Sorten die Blätter gebraucht. Bei anderen, zu denen zählen Cardy (distelartige, kräftige Kulturpflanze; der Artischocke sehr ähnlich), Stangensellerie und Mangoldsorten, konzentriert sich die Züchtung auf die Stiele der Blätter, die sich im Verhältnis zu anderen Pflanzenteilen prächtig entwickeln. Es gibt auch Blattgemüse, deren Blätter sich zu einem Kopf ausbilden. Das passiert, wenn die Sprossachse stark gestaucht ist und die Blätter dicht an dicht am Stängel wachsen, übereinanderliegen und so gemeinsam eine runde Form bilden.

Viele sehr unterschiedliche Salatpflanzen werden ebenfalls den Blattgemüsen zugeordnet. Innerhalb der Begrifflichkeit erscheinen beispielsweise Sorten der Korbblütler (Asteraceae), Kreuzblütengewächse (Brassicaceae), Fuchsschwanzgewächse (Amaranthaceae), Gänsefußgewächse (Chenopodiaceae), Quellkrautgewächse (Montiaceae), Basellgewäche (Basellaceae) oder Mittagsblumengewächse (Aizoaceae). Unter dem Gesichtspunkt der spezifischen Verwendung einzelner Pflanzenteile zählen sogar viele Kulturpflanzen der botanischen Gattung Kohl (Brassica) zum Blattgemüse, einschließlich natürlich aller Kohlköpfe und Blattkohle, was demzufolge recht einleuchtend erscheint. Ob das Blattgemüse dann roh, mariniert, gekocht, gebraten, frittiert oder sogar getrocknet verwendet wird, bleibt jedem selbst überlassen.

Echter Erdbeerspinat (Chenopodium foliosum)
Die Pflanze kommt in Nordwestafrika und im westlichen Eurasien vor und stammt aus Zentralasien. In Deutschland ist das Gänsefußgewächs selten und nur in wärmebedingten, subatlantisch-getönten Regionen zu finden. Die einjährige Pflanze wird etwa 50 Zentimeter hoch. Die maulbeerartigen Früchte erinnern geschmacklich an süßliche Rote Bete, leider nicht an Erdbeeren. Die Rispen mit den Beeren werden im August bis September rot und fleischig, aber schnell überreif und weich. Wie der Name schon erahnen lässt, sind die Blätter der Pflanze wie Spinat zu verwenden. Dies ist aber nur im jungen Zustand des Erdbeerspinats sinnvoll, da hier zuerst junge Rosetten und später noch einzelne Blätter geerntet werden können. Die Blätter sind sehr klein und dreieckig.

Echter Erdbeerspinat
(Chenopodium foliosum)

BLATTGEMÜSE (ASTERACEAE)

BLATTGEMÜSE

1
Chinesische oder krause Gemüsemalve
(Malva verticillata var. crispa)

Ostasiatische Salat- und Blattgemüsepflanze. Junge grüne Blätter und Blütenknospen werden roh, aber auch gekocht verzehrt. Eine frühe Anzucht im Garten ist günstig, da sich im eher trockenen Sommer schnell Blüten bilden und der Blattwuchs weniger wird. Auf nährstoffreichem Boden, in der Sonne oder im Halbschatten fühlt sich die Malve wohl und kann durch Rückschnitt fast ganzjährig geerntet werden. Die Pflanze wird bis zu 180 Zentimeter hoch und ist sehr frostempfindlich.

2
Neuseeländer Spinat (Tetragonia tetragonioides)

Wächst wild an den Küsten Afrikas und Australiens. Er gehört zu den Eiskrautgewächsen, was an den Blüten und sukkulenten Blättern sichtbar wird. Die Triebe ranken am Boden und werden etwa 1 Meter lang. Die dickfleischigen Blätter und Triebspitzen können laufend geerntet werden. Zubereitung wie Spinat. Generell hoher Ertrag. Guter Bodendecker, zum Beispiel unter Tomatenpflanzen. Eine Besonderheit ist der Rote Neuseeländer Spinat, der mit seiner schönen Farbe dekorativ eingesetzt werden kann. Er hat meist rote Stängel und grüne Blätter mit rotem Rand.

3
Wilde Bete (Beta vulgaris subsp. maritima)

Wild vorkommende Urform der Rübe (Beta vulgaris) und gehört zu den Fuchsschwanzgewächsen (Amaranthaceae). Ausgangspflanze zur Züchtung von Zuckerrübe, Futterrübe, Roter Bete oder Mangold, wobei ihre kleine weiße Wurzel noch nicht verdickt ist. Die gänzlich grüne, krautige Pflanze erreicht eine Wuchshöhe von bis zu 1 Meter. Am Stängel können sich rötliche Streifen bilden. Oval-herzförmige Blätter mit flachen oder leicht gewellten Rändern, die Blattspitze spitz oder stumpf. In mediterranem Klima ausdauernde Staude. Der Oxalsäure-Gehalt verändert sich in der Kulturdauer, sodass eine Geschmacksprobe vor der Ernte anzuraten ist. Die Art steht auf der Roten Liste gefährdeter Arten und wird als extrem selten bewertet.

4
Portulak (Portulaca oleracea)

In allen gemäßigten Zonen verbreitet. Bei der grünen Art sind die Blätter schmal, dunkelgrün und eher flach, bei der gelben rundlich, dickfleischiger und hellgrün bis etwas gelblich. Kleine Samenkapseln an den Blattansätzen am Stängel. Sommerliche Salatblätter, die gut in Wärme gedeihen. Oft mit Gewöhnlichem Tellerkraut (Montia perfoliata) verwechselt, das teilweise als Winterportulak bezeichnet wird und im Gegensatz zum Portulak sehr frostfest ist.

5
Hirschhornwegerich (Plantago coronopus)

Dieser Wildsalat ist dem wilden Rucola im Aussehen sehr ähnlich, im Geschmack ist der Hirschhornwegerich aber milder und leicht nussig. Im Mittelalter wurde er vornehmlich an den Küsten gesammelt, verträgt auch salzhaltige Böden. Knackige Blätter mit herben, kräftigen Aromen.

GOLDENER MONARCH

Wer gesunden und schmackhaften Mangold (Beta vulgaris subsp. vulgaris) ernten möchte, tut gut daran, Hülsenfrüchte anderer Kohlarten, Karotten, Radieschen und Rettich in seiner Nähe zu pflanzen. Die Gemüsesorten beeinflussen sich nämlich gegenseitig sehr positiv. Denkbar schlechte Gesellschaft für Mangold ist dagegen der Spinat. Diese Unverträglichkeit scheint perfekt in die Geschichte der beiden Blattgemüse zu passen, denn nachdem der Mangold im 17. Jahrhundert seine höchste Aufmerksamkeit in Deutschland erleben durfte, wurde er vom Spinat verdrängt und geriet über die Zeit in Vergessenheit. Heute wird er wieder vermehrt angebaut und verwendet. Die Ähnlichkeit von Spinat und Mangold ist im Aussehen und Geschmack nicht zu leugnen, wobei der Mangold etwas nussiger schmeckt. Beide sind Fuchsschwanzgewächse (Amaranthaceae). Während der Spinat aber der Unterfamilie der Chenopodioideae angehört, ist der Mangold eine Rübenart (Beta vulgaris). Mangold prägt in seinem Wachstum aber kein wurzeliges Speicherorgan aus, sondern ist durch seine vergleichsweise großen Blätter und Stiele gekennzeichnet, die dann als sogenanntes Blattgemüse zubereitet werden. Größe, Farbe, Form und Geschmack weichen je nach Sorte voneinander ab. Die flächigen Pflanzenorgane sind bis zu 30 Zentimeter lang, gelb oder grün, glatt oder faltig. Je nachdem in welcher Größe sie im Verhältnis zum Stiel gewachsen sind, wird der Blattmangold vom Stielmangold unterschieden. Wie die Namen schon vermuten lassen, ist die Mittelrippe des Stielmangolds besonders stark. Die Stangen werden wie Spargel zubereitet, was dem Mangold seinen Beinamen „Spargel des armen Mannes" bescherte. Manche Sorten haben rote Stiele, manche gelbe, bei den meisten sind sie aber relativ bleich. Generell ist das Farbenspiel unerschöpflich, und die Stiele sollten vorsichtig behandelt werden, denn ihre Farbe verliert sich schnell bei zu langer Kochzeit. Diese möglichst kurz zu halten, empfiehlt sich auch im Hinblick auf die empfindlichen Inhaltsstoffe, die großer Hitze nicht lange Widerstand leisten können. Mangold ist reich an Eiweiß, Jod, verschiedenen Vitaminen, Eisen, Kalium und Oxalsäure. Besonders das Vitamin K, das Blutgerinnung und Knochenbildung unterstützt, ist im Mangold enthalten.

Obwohl das Blattgemüse auch in Deutschland angebaut wird, stammt der Großteil aus Spanien, Frankreich und Italien. Die Aussaat ist in südlicheren Gefilden früher möglich, ein Frostfan ist der Mangold in der Regel nämlich nicht. Um beim Anbau den Übergang von der vegetativen in die generative Phase zu verhindern, in der die Pflanze konzentriert Samen bildet und das Wachstum der Blätter (oder Rüben) vernachlässigt, ist es wichtig, zu kalte Temperaturen nach der Aussaat zu umgehen und frühestens im März auszusäen. Diese Änderung des Wachstums nennt man Schossen. Die rötlichen Sorten besser noch später gegen Ende April/Anfang Mai, denn diese neigen noch mehr zu diesem Wechsel. Dann geht alles ganz schnell. Schon drei Monate nach der Aussaat können erste Blätter geerntet werden. Dabei gilt: je jünger die Blätter, desto feiner sind sie im Geschmack. Unter der Voraussetzung, dass immer nur die äußeren Blätter entfernt werden, kann bis zum ersten Frost geerntet werden. Die Pflanze kann so von innen heraus weiter wachsen. Wenige Sorten halten auch frostige Temperaturen aus, wenn sie noch nicht ganz so groß sind. Im August ausgesät, sind sie bis zum Winter noch nicht allzu groß, sodass ihnen die Kälte nur wenig anhaben kann. Im zweiten Jahr nach der Aussaat bildet die Pflanze ihre Blüten und ihr knäuelartiges Saatgut. Als Tiefwurzler bevorzugt der Mangold einen humus- und nährstoffreichen, feucht gehaltenen Boden an einer sonnigen und geschützten Stelle. Krankheiten oder Schädlinge hat der Mangold kaum zu fürchten. Lediglich die Pilzerkrankung Mehltau kann ihn befallen, wenn die Abstände bei der Pflanzung zu gering gewählt wurden.

Gerade wegen dieser Vielfältigkeit mag sich nicht so recht erschließen, warum sich der Mangold nicht an der Seite des Spinats durchsetzen konnte und erst in den letzten Jahren wieder an Beliebtheit gewonnen hat. Das altdeutsche Wort Managolt, aus dem sich unser Wort Mangold entwickelte, hat die Bedeutung Vielherrscher, was schon auf den regen früheren Mangoldverzehr hindeutet.

Stielmangold (Beta vulgaris subsp. vulgaris), Sorte: Gelb adriger
Die eigenständige Sorte wurde vermutlich aus den bunten Sorten selektiert. Hat etwas ins orange gehende Blattstielfarben. In alten Saatgutkatalogen als Brasilianischer goldgelb geadert bezeichnet.

MANGOLD
(BETA VULGARIS SUBSP. VULGARIS)

Stielmangold
(Beta vulgaris subsp. vulgaris),
Sorte: Gelb adriger

MANGOLD

1
Stielmangold (Beta vulgaris subsp. vulgaris), Sorte: Magenta
Die kräftigen Blätter sind relativ stark mit rot-violetten Adern durchzogen. Je nach Züchtung unterscheiden sich die Blätter und Stiele in Farbe und Form. Mal sind die Stiele heller, mal dunkler, die Blätter mal kraus, meist aber ganz glatt.

2
Stielmangold (Beta vulgaris subsp. vulgaris), Sorte: Glatter Silber
Die Standardsorte hat große, grüne, glatte Blätter und breite, weiße Rippen. Die Sorte ist wenig schossempfindlich und besonders ertragreich auf sandigem Boden. Bei nicht zu engem Stand entwickeln sich mächtige Pflanzen.

3
Stielmangold (Beta vulgaris subsp. vulgaris), Sorte: Feurio
An den rubinroten Stielen wachsen gekrauste, blasige Blätter. Die Ränder der Blätter sind etwas eingerollt. Die Blatthaltung ist halb aufrecht bis aufrecht. Die Pflanzen selbst bleiben relativ schmal, wachsen aber recht hoch. Die roten Sorten sind schossempfindlich und sollten später gesät werden.

4
**Stielmangold (Beta vulgaris subsp. vulgaris),
Sorte: Bright Yellow**
Leuchtend gelbe Blattstiele mit grünen Blättern. Die Stiele sind relativ breit. Die Sorte ist besonders gut für den Freilandanbau geeignet.

5
**Stielmangold (Beta vulgaris subsp. vulgaris),
Sorte: Roter Vulkan**
Sorte mit roten Stielen und teils auch Blättern. Oft lassen schon Äußerlichkeiten auf den Geschmack schließen. Mangoldsorten von intensivem Rot sind eher mild, die grün-weißen sind kräftig im Geschmack, ähnlich der Sorte Feurio. Die jungen Stiele des Mangolds sind ideal in Rohkostsalaten, wobei sich fast alle jungen Spreite roh gut machen.

6
Stielmangold (Beta vulgaris subsp. vulgaris), Sorte: Pink
Die Stiele sind pink gefärbt, manchmal zieht sich die Farbe bis in die Adern. Die Blätter sind an den Rändern gekraust.

7
**Blatt- und Stielmangold (Beta vulgaris subsp. vulgaris),
Sorte: Lucullus**
Nach dem römischen Senator und Feldherr Lucius Licinius Lucullus (117 v. Chr.–56 v. Chr.) benannt, der für ausladende Festmähler bekannt war. Die Blätter sind gelbgrün, zart, stark gekraust und relativ groß. Gleichzeitig hat die Sorte breite Blattstiele und ist somit eine Kombination aus Blatt- und Stielmangold.

KULINARISCHE WURZELN ZIEHEN

Fast überall unter der Erdoberfläche auf der Welt befinden sich viele verschiedene, mal mehr, mal weniger verzweigte Organe. Vom althochdeutschen wurzala „das Gewundene" abstammend, zählt die Wurzel, neben Sprossachse und Blatt, zu den drei Grundorganen einer Pflanze. Von der Wurzel spricht man auch als Kopf der Pflanze. So wie jeder Teil passen sie sich auch an verschiedene ökologische Bedingungen ihrer Umwelt an. So verändern sie ihren Grundaufbau, und mit fortschreitender Evolution entstanden viele unterschiedliche Arten von Wurzeln, die Verwendung in vielen verschiedenen kulinarischen Bereichen von Mensch und Tier fanden. Genau wie die Beschreibung des Blattgemüses aufzeigt, handelt es sich aber auch beim Wurzelgemüse um keine botanische Bezeichnung, sondern um eine große Gruppe von spezifischen Arten, mit vielen Unterarten und Varietäten. Nicht zu verwechseln sind Wurzeln mit Rhizomen, die oft als Überwinterungsorgan dienen und als Sprossachsensystem zu verstehen sind. Über Rhizome können Pflanzen spielend vegetativ vermehrt werden. Bei allorhizen Typen wächst die Hauptwurzel senkrecht in den Boden hinein, und die Seitenwurzeln setzen waagerecht an dieser an. Der Mensch nahm als Züchter Einfluss auf ihre Spielarten. Bei manchen verdickt sich im Laufe des Wachstums die Pfahlwurzel selbst zu einem regelrechten Speicher- oder Reserveorgan der Pflanze. Erst danach verlängert sich die Sprossachse, und es entwickelt sich ein beblätterter, blütentragender Spross. Karotten (Daucus carota subsp. sativus) und Zuckerrüben (Beta vulgaris subsp. vulgaris) besitzen zum Beispiel diese reinen Wurzelrüben. Bei anderen, wie dem Rettich oder den Beten, bildet sich die Rübe nur aus dem oberen Stück der Sprossachse, der sich unmittelbar unter den Keimblättern befindet, sodass die Rübe unter Umständen aus dem Boden herausragen kann. Eine weitere Rübenart liegt stets halb über der Erdoberfläche, wie etwa der Sellerie (Apium) mit seinen Varietäten von Knollensellerie, Bleichsellerie und Schnittsellerie aus der Art des Echten Selleries (Apium graveolens).

Rüben unterscheidet man auch nach unterschiedlichen Stoffen, aus denen sich das Speicherorgan entwickelt. Die drei Möglichkeiten werden als Holzrübe, Bastrübe und Beta-Rübe bezeichnet. Die Rübe des Rettichs zählt zu den Holzrüben und formt sich aus Xylem. Das ist ein komplexes, holziges Gewebe, durch das Wasser und anorganische Salze in der Pflanze transportiert werden und das Pflanzenteile in ihrer Form stabil hält.

Bastrüben, denen die Karotten angehören, entwickeln sich aus Pholem, das innerhalb der Wurzel zwischen dem Xylem liegt und ebenfalls für den Transport von Wasser, aber auch für gelöste Stoffe und organische Substanzen verantwortlich ist. Xylem und Pholem ergeben zusammen ein Leitbündel, aus deren Kombination sich Beta-Rüben entwickeln, zu denen Kulturformen der Wilden Rübe gehören, wie Mangold, Zuckerrübe, Futterrübe und die Rote Bete. Auch Pflanzenknollen können als Wurzelgemüse verstanden werden, denn sie entwickelten sich in ihrer Evolution aus Sprossachse (Sprossknolle, wie bei der Kartoffel) oder Wurzel (Wurzelknolle, wie bei dem Maniok).

Wenn man bedenkt, dass Rüben Reservestoffe für ungünstige Wetterlagen speichern, ist es recht einleuchtend, dass sie viele Nährstoffe enthalten. Insofern sie genießbar sind, können mit ihrem Verzehr verhältnismäßig viele Mineralstoffe aufgenommen werden. Auch der Geschmack ist im Vergleich zu anderen Gemüsesorten sehr konzentriert. Kartoffel und Karotte sind unter dem Wurzelgemüse mit einigen Kulturformen sehr präsent auf dem Markt vertreten, wohingegen viele Sorten, aber auch ganze Arten, in Vergessenheit geraten sind. Kleine Pflanzenzuchtbetriebe und Hobbygärtner arbeiten gegen dieses Vergessen und sind stetig auf der Suche nach Samen alter Sorten. Manche Pläne von oberster Stelle wirken dagegen wenig sinnvoll. Anfang 2012 wurde bekannt, dass sich die Bundesregierung dazu entschlossen hatte, die Züchtungen von weißen, gelben, roten und violetten Bio-Karotten (Daucus carota subsp. sativus) zu subventionieren. In den folgenden drei Jahren sollen 230 000 Euro für die Entwicklung neuer Sorten ausgegeben werden. Dass sich die Bundesregierung um die Farbenvielfalt von Karotten sorgt und die satimex Züchtersaaten GmbH, das Julius-Kühn-Institut und die Landesanstalt für Landwirtschaft Sachsen-Anhalt an diesem Projekt teilhaben lässt, ist jedoch angesichts der seit Jahrhunderten bestehenden bunten Karotten-Existenz recht überflüssig und kostenintensiv.

Auch im Biomarkt sind die Hybriden schon gängig geworden, z. B. Purple Haze. Es gibt viele Karotten-Hybriden, die bunt sind.

Haferwurzel (Tragopogon porrifolius)
Der Name stammt wohl vom Aussehen der jungen Blätter der Pflanze, die wie die vom jungen Hafer aussehen.
Die Haferwurzel, auch Habermark oder Austernpflanze genannt, stammt ursprünglich aus dem Mittelmeerraum. Dort verwendete man sie schon in der Antike. Ab dem 16. Jahrhundert baute man sie auch in Mitteleuropa an. Im 19. Jahrhundert wurde sie aber weitgehend von der Schwarzwurzel verdrängt.
Die weiße Pfahlwurzel ragt ca. 30 Zentimeter weit in den Boden. Sie schmeckt süßlich und erinnert gleichzeitig an den Geschmack von Austern. Ihre Erntezeit beginnt im Oktober. Eine alte alemannische Redensart lautet: „Habermark macht d' Bube stark." Der folkloristische Hinweis bezieht sich eindeutig auf die reichhaltigen Inhaltsstoffe der Wurzel (oder aber auf den Wiesenbocksbart, der auf der Schwäbischen Alb ebenso genannt wird).

Haferwurzel
(Tragopogon porrifolius)

WURZELGEMÜSE UND RHIZOME

1
Erdkastanie oder Knollenkümmel (Bunium bulbocastanum)

Die Erdkastanie war im Mittelalter sehr beliebt, ist aber heute fast in Vergessenheit geraten. Die Pflanze bildet unterirdisch etwa haselnussgroße Knollen, die im November geerntet werden können. Sie schmecken roh ähnlich wie Nüsse, zubereitet werden sie süß wie Maronen.

2
Knolliger Sauerklee (Oxalis tuberosa)

Sauerkleeknollen sind die Speicherorgane der Oxalis-Arten. Genau wie der Sauerklee selbst weisen die recht großen Knollen bei dieser Art eine feine Säure auf. Die Farben der einzelnen Knollen variieren je nach Art von dunkelrot bis rosa, gelb oder weiß gestreift. Die jungen Triebe mit Blättern und Stängeln sind sehr gut in der Küche zu nutzen.

3
Knollenziest (Stachys affinis)

Der Knollenziest gehört zur Familie der Lippenblütler und stammt ursprünglich aus Nordchina. Aber auch in unseren Breiten wurden früher verwandte Arten gesammelt und verzehrt. Die perlmuttfarbenen Speicherwurzeln haben eine dünne Haut. Sie entstehen durch Rhizome, die sich am Wurzelende verdicken.

4
Gemeine Nachtkerze (Oenothera biennis)

Die Gemeine Nachtkerze gehört zur Familie der Nachtkerzen. Die zweijährige Pflanze, die aus Nordamerika stammt, bildet im ersten Jahr eine flache kräftige Blattrosette und eine fleischige Pfahlwurzel, die im Herbst bis ins Frühjahr geerntet wird. Beim Kochen verfärbt sie sich in ein zartes Rosa, das an Schinken erinnert, wobei sie würzig bis scharf schmeckt. Im 18. und 19. Jahrhundert wurde sie häufig in Fleischbrühe gegart. Die Blätter, die Blütenknospen und das weiche Stängelmark schmecken mild. Im zweiten Standjahr bildet die Pflanze den Blütenstängel aus. Die Wurzel verholzt, da sie die bis zu 1,80 m hohen Blütentriebe tragen muss. Die Blüten sind zitronengelb und schmecken lecker saftig. Abends öffnen sich einige Blüten, verströmen ihren feinen Duft und blühen 24 Stunden, bis sie sich schließen.

In dieser Zeit werden sie hauptsächlich von Nachtfaltern besucht. Dieser Umstand spielte wohl auch bei der Namensgebung eine Rolle. Noch heute wird aus dem Samen der Nachtkerze das Nachtkerzenöl gewonnen, das mit großem Erfolg insbesondere bei Neurodermitis und anderen entzündlichen Hauterkrankungen eingesetzt wird. Da die in den sehr kleinen Samenkörnchen enthaltene Linolsäure als essenzielle Fettsäure nicht vom Organismus selbst gebildet werden kann, ist eine regelmäßige und ausreichende Zufuhr unverzichtbar. Mängel führen unter anderem zu erhöhter Infektanfälligkeit und Allergieneigung, zu Bluthochdruck und Herz-Kreislauf-Störungen. Bei ausreichender Versorgung dagegen sind die Anti-Aging-Effekte nicht unerheblich.

KLETTENWURZEL

(ARCTIUM LAPPA VAR. EDULE)

Klettenwurzel (Arctium lappa var. edule)
Der Ausdruck „wie eine Klette" beschreibt die Eigenschaft eines gewissen Hangs zum Anhaften. Die Blütenköpfe der Großen Klette (Arctium lappa), in denen die Samenkapseln enthalten sind, verhaken sich im Fell von Tieren und dienen so der Fortpflanzung. Sie verbreiten sich also epizoochor, an die Tiere angepasst. Die Große Klette hat ihren Ursprung wahrscheinlich in China. Wie beim Spargelanbau wird das Wachstum der Klettenwurzel durch Wälle unterstützt. Ist der Boden zusätzlich feucht und hat eine lockere Struktur, ist ihr gesunder Wuchs fast schon garantiert. Dann bahnen sich die Wurzeln, bei einer Kulturdauer von drei bis vier Monaten, ihren Weg tief ins Erdreich. Sie erreichen dabei mitunter eine Länge von 150 Zentimetern, was sie wohl als eines der längsten Gemüse der Welt auszeichnet.

Gekocht erinnert der Geschmack an Schwarzwurzeln oder Topinambur. Roh schmecken sie nach Wilder Karotte (Daucus carota subsp. carota) und Artischocke (Cynara cardunculus). Die Klettenwurzel ist mit der Artischocke sehr eng verwandt, die wie so viele Kulturpflanzen auch zu den Korbblütlern (Asteraceae) zählt. Beide beinhalten den Stoff Cynarin, der für den bitteren Geschmack verantwortlich gemacht werden kann.

Die Wildform der Großen Klette hat vergleichsweise kleine Wurzeln, die nur 1 Zentimeter Durchmesser haben. Sie sind für den Anbau deshalb eher ungeeignet. Die Sorte, die Marko Seibold anbaut, ist eine Selektion aus verschiedenen Wildformen, nennt sich Takinogawa long und stammt aus Japan (deshalb auch japanische Gartenklettenwurzel genannt). Dort wird sie weitaus häufiger in den Küchen zubereitet. Idealerweise erntet man die Wurzeln nach dem ersten Frost, dann sind die Blätter der Klette erfroren und die Wurzel hat ihr Wachstum eingestellt. Im Grunde lässt sie sich aber auch noch im zeitigen Frühjahr einholen. Anschließend lagert sie sicher in feuchtem Sand. Haucht das Frühjahr allen Pflanzen neues Leben ein, bieten auch die Blatttriebe der Klette eine kleine kulinarische Köstlichkeit. Dann sollte man sich aber wirklich nur noch auf den oberen Teil konzentrieren, denn um den Stiel zu stabilisieren, verholzt die Wurzel der zweijährigen Pflanze und wird ungenießbar. Wird die Klettenwurzel mit ihrer dünnen Schale zubereitet, ist ihr Geschmack weitaus intensiver, und sie entwickelt beim Kochen eine gräuliche Farbe, in der sich eine hübsche Marmorierung bildet, ähnlich den Jahresringen eines Baumes.

PASTINAKE

(PASTINACA SATIVA)

Pastinake (Pastinaca sativa)

Die Pastinake ist dem mitteleuropäischen Klima perfekt angepasst und stellt keine besonderen Temperaturansprüche. Aus der Gattung der Pastinaken (Pastinaca) stammt sie aus der Familie der Doldenblütler (Apiaceae) und ist somit eine krautige Pflanze. Sie gehört zu den Mittelzehrern, womit sie zwar langsam, aber dafür von März bis Oktober stetig wächst. Weist der Boden einen hohen Humusanteil auf, benötigen die Pflanzen keine Düngung, was die Rübe der Pastinakenpflanze zu einem perfekten Bio-Gemüse macht. Sie ist wie beispielsweise die Karotte die zu einem Speicherorgan ausgeprägte Wurzel der Pflanze. Die Pastinake ist nitratarm und kann ohne Bedenken Babys und Kleinkindern angeboten werden. Dafür spricht auch der hohe Mineralstoffgehalt. Sie schmeckt aromatisch, ist gut lagerfähig und leicht zu kultivieren.

Schon die alten Römer wussten die Rübe zu schätzen, damals war sie eine der beliebtesten Gemüsesorten. Als sich Kartoffeln und Karotten im Deutschland des 18. Jahrhunderts immer weiter verbreiteten, wurde die Pastinake verdrängt. Was die Sortenvielfalt angeht, hält sie sich gegenüber anderen Gemüsesorten ein wenig zurück. Nach 1928 waren nicht alle der sechs angebauten Sorten zu Speisezwecken vorgesehen. Ein Teil diente auch als Mastfutter, was schon auf die reichen Inhaltsstoffe hindeutet. Die Sorten unterscheiden sich zunächst natürlich in ihrer Form, die im Allgemeinen in verschiedene Typen eingeteilt werden. Die Rüben der Pastinake können lang und weiß (bis 40 Zentimeter), lang und am Hals verdickt (ca. 40 Zentimeter, am Hals ca. 7 Zentimeter dick), halb lang und reich beblättert, halb lang, kurzlaubig und frühreif (bis 15 Zentimeter) und rund (ca. 7 Zentimeter, ca. 14 Zentimeter dick) sein. Dazwischen gibt es einige Übergangsformen. Die runden Sorten scheinen allerdings alle verloren gegangen. Die Sorte, die unter dem Namen „Runde" geführt wird, stellt sich im Anbau stets als längliche Form heraus. Ist der Boden nicht besonders tiefgründig, wachsen aber alle Sorten in die Breite und nicht in die Länge. Je breiter die Rübe ausgeprägt ist, desto weicher wird ihr Fleisch, das je nach Sorte in unterschiedlicher Färbung auftritt. Es kann weiß, creme- oder butterfarben und manchmal bräunlich sein. Der Geschmack ist ebenfalls etwas sortenabhängig. Abgesehen davon, dass sie sich im Grad ihrer Süße unterscheiden, sind manche Sorten nussig, schmecken ein bisschen nach Maronen, Kokosnuss, Karotte oder Wurzelpetersilie.

Es gibt viele Arten, die Pastinake zuzubereiten. Sie kann gebraten, als Einlage, als Eintopf oder als Suppe serviert werden. Auch ein schmackhaftes Püree aus Pastinaken-Rüben wird immer beliebter. Die einfachste Möglichkeit ist es aber, das Gemüse roh zu verspeisen.

So einfach, schmackhaft und gesund sich die Pastinake auch empfiehlt, bei einer Sache sollte Vorsicht geboten sein: Die Pflanze enthält Cumarinverbindungen, die Hautirritationen verursachen können, wenn sie mit Sonnenlicht in Verbindung kommen. Rötungen, Blasenbildung und Juckreiz sind dann eine unangenehme Reaktion auf den Pflanzenstoff. Bei der Ernte und dem Verzehr der Wurzeln kommt das aber nicht vor.

KAROTTEN

1
**Karotte (Daucus carota subsp. sativus),
Sorte: Lobbericher Gelbe**

Die Lobbericher Gelbe neigt zu einer grünen Kragenbildung. Sie macht sich außerordentlich gut in Suppen, kann aber auch roh verzehrt werden.

2
Maruschka (Daucus carota)

Die Maruschka bildet eine cremeweiße Rübe aus. Sie ist mittellang, relativ breit und konisch-spitz. Sie eignet sich besonders zum Kochen, denn dann bildet sie ihren warmen, karottentypischen Geschmack aus. Die Lagersorte mit stabilem Laub entwickelt sich durchschnittlich schnell. Bleibt auch als größere Rübe knackig und fest.

3
Karotte (Daucus carota subsp. sativus), Sorte: Jaune du doubs

Jaune du doubs ist so gelb, wie Karotten ursprünglich aussahen. Diese Sorte schmeckt roh trocken, etwas süßlich und leicht nussig. Unter der Schale sind ätherische Aromen auszumachen. Gekocht erinnert sie fast ein bisschen an Kartoffeln und ist leicht bitter.

4
Karotte (Daucus carota subsp. sativus), Sorte: Colorada

Die Colorada, deren Samen aus Deutschland stammen, ist eine Züchtung aus verschiedenen alten Karottensorten, die einen schönen bunten Mix ergibt. Die Sorte Colorada kommt in verschiedenen Farbvariationen vor, die sich auch in ihren Geschmäckern unterscheiden. Die Aromen reichen von mild bis würzig.

5
**Karotte (Daucus carota subsp. sativus),
Sorte: Gochsheimer Gelbe**

Die Gochsheimer Gelbe ist zitronengelb. Das passt zu ihrem süß-würzigen und frischen Geschmack.

KAROTTEN

1
Karotte (Daucus carota subsp. sativus), Sorte: Gniff

Gniff wächst sehr langsam. Sie ist außen violett und verfärbt sich innen weiß.

2
Karotte (Daucus carota subsp. sativus), Sorte: Colmar

Hier abgebildet ein junges Exemplar der Colmar. Gute Lagerfähigkeit, süßliches Aroma.

3
Karotte (Daucus carota subsp. sativus), Sorte: St. Valery

St. Valery ist besonders knackig und mild.

4
**Karotte (Daucus carota subsp. sativus),
Sorte: Rouge sang violette**

Nicht nur das Fleisch der Rouge sang violette ist rötlich, auch ihre Blattstängel. Sie schmeckt sehr fein und süß.

5
Karotte (Daucus carota subsp. sativus), Sorte: Pariser Markt

Die Pariser Markt ist eine kugelförmige Karotte. Sie hat ein intensives Orange und ist sehr süß im Geschmack. Schon früh im Jahr kann man sie ernten.

6
Karotte (Daucus carota subsp. sativus), Sorte: Ochsenherz

Das Ochsenherz ist ein historischer Karottentyp und stammt ursprünglich aus Europa. Die Rübe ist extrem kurz und breit und ähnelt so einem Ochsenherzen. Sie kann lange gelagert werden. Die Pflanze entwickelt vor der Ernte ein kräftiges hohes Laub.

7
Karotte (Daucus carota subsp. sativus), Sorte: Purple Dragon

Die Schale von Purple Dragon ist violett bis purpur, innen ist sie satt-orange. Sie schmeckt süß-aromatisch und kann spät im Jahr ausgesät werden, weil sie schnellwüchsig ist.

VIELE, VIELE BUNTE RÜBEN

Besonders unverständlich ist die große Anzahl der vergessenen Gemüsesorten beim Anblick der Roten Beten (Beta vulgaris subsp. vulgaris). Die Vielfältigkeit der kleinen Rüben in Form, Farbe und Geschmack ist nahezu unerschöpflich und lässt die eine Sorte der Roten Bete, die sich sehr konform durchgesetzt hat, geradezu langweilig erscheinen.

Rote Beten gehören der Familie der Fuchsschwanzgewächse (Amaranthaceae) an und müssen nicht immer rot sein. Sie mögen einen besonders sonnigen Standort und einen nährstoffreichen, lehmigen und durchlässigen Boden, der allerdings nicht frisch gedüngt sein sollte. Ab April können die gewässerten Samen bis in den Hochsommer hinein ausgesät werden. Die Samen sind allerdings nur optisch ein Samenkorn, in Wahrheit bestehen sie aus einem Knäuel von bis zu fünf Keimlingen. Deshalb müssen die Roten Rüben auf jeden Fall vereinzelt werden. Im zweiten Jahr nach der Aussaat haben sich die Rüben zu ihrer vollen Größe entwickelt und befinden sich dann halb in der Erde und halb über der Erdoberfläche. Die Wurzeln der Rüben wachsen bis zu 150 Zentimeter in die Tiefe. Das bedeutet für den Gemüsebauern, dass sie sich sehr gut selbst mit Wasser versorgen können. Lediglich auf Sandböden sollte in trockenen Jahren eine Bewässerung erfolgen, um Ertragsverluste zu vermeiden. Die zwittrigen, fünfzähligen Blüten der Pflanze bilden sich genau wie die Rüben erst im zweiten Jahr nach der Aussaat. Die Rote Bete zählt genau wie Karotte, Pastinake oder Schwarzwurzel zu den Mittelzehrern und hat daher nicht den größten Anspruch an die Bodenqualität. Frische Kompostzugaben oder Stallmist schaden eher, als dass sie düngen. Die Organe der Pflanze sind relativ frostempfindlich. Sie gedeihen in kühlen Regionen zwar langsamer, die Rüben haben dann allerdings sehr zartes Fleisch und sind ausgesprochen lagerfähig.

Beten können geerntet werden, sobald sie eine Größe von drei bis vier Zentimetern erreicht haben. Spätestens aber im Herbst sollten sie mit einer Grabgabel von unten aus der Erde gehebelt werden. Andererseits ist es aber auch möglich, die Beten mit Stroh abzudecken und sie erst bei Bedarf zu ernten. Nach der Ernte sollten schnellstmöglich die Blätter entfernt werden, denn die entziehen der Bete unnötig Wasser. Ohne Blätter und bei richtiger Lagerung halten sie sich problemlos über mehrere Wochen. Wie zu erwarten, unterscheiden sich die Sorten in Form und Farbe. Die Rüben können dunkelrot, rot, hellrot, rosa, gelb, orange oder auch weiß sein. Diese Färbungen hängen vom Anteil der Farbstoffe Betalaine ab, die nur in der Familie der Gänsefußgewächse, die innerhalb der Fuchsschwanzgewächse als eigene Familie abgetrennt wurde, vorkommen. Generell lässt sich erkennen, dass der Zuckergehalt der Rübe steigt, je tiefer sie in den Boden hineinwächst. Sie kann sortenabhängig flach-rund sein und am Boden aufsitzen, kugel-, kegel- oder walzenförmig zur Hälfte im Boden wachsen oder nahezu komplett im Boden kugelig-spitz zulaufen. Eine weitere Auffälligkeit, die einzelne Sorten von anderen unterscheidet, ist eine Ringelung, die einige der Rüben aufweisen. Diese entsteht durch abwechselnde Bildung eines Bast- und eines Holzmantels im Wachstum der Pflanze. Der Bastmantel ist zumeist dunkler gefärbt. Diese Ungleichmäßigkeit wurde bei der Züchtung vieler Sorten eliminiert.

Bei einem Rückblick auf die Geschichte der Bete stellt sich heraus, dass sie eine enge Verwandte der Runkelrübe, der Zuckerrübe und des Mangolds ist. Schon die alten Griechen schätzten Rote und Weiße Beten und verstreuten die Samen bis in den hohen Norden Europas. Derzeit ist die Rote Bete auf vielen Speisekarten der Top-Restaurants zu finden. Ihre erdigen Geschmackstöne harmonieren gut mit allen Lachsfischen, sie bestimmen aber auch immer wieder vegetarische Gerichte. Ihr Spektrum ist extrem breit gefächert, und nichts erinnert mehr an das traditionelle saure Einlegen. Außerordentlich viele Mineralien, Ballaststoffe und Vitamine machen die Bete sehr gesund. Ganz besonders berühmt ist sie aber für ihren vergleichsweise hohen Eisen- und Folsäuregehalt, der sie zu einem blutbildenden Gemüse macht. Um diese Inhaltsstoffe zu erhalten, sollte bei der Zubereitung auf zu starke Hitze verzichtet werden.

Ihr Vorfahre, die Wilde Rübe (Beta vulgaris subsp. maritima), ist eine zweijährige Pflanze, deren Wurzel noch nicht in Kultur verdickt ist. An den Mittelmeerküsten ist diese bis heute stark vertreten, und sie breitete sich sogar bis zur Ostseeküste in Polen und Finnland aus. Genauso wie der Wildkohl kommt auch die Wilde Rübe in Deutschland nur auf der Insel Helgoland vor.

Rote Bete (Beta vulgaris subsp. vulgaris), Sorte: Formanova
Ganz ähnlich ist die Formanova, diese ist etwas größer und bietet sich mit ihrem fruchtig-saftigen Aroma besonders gut für Rohkostsalate an. Das erdige Aroma ist bei ihr nur ganz wenig ausgeprägt, weshalb sie auch gerne Kinderbete genannt wird.

BETEN

(BETA VULGARIS SUBSP. VULGARIS)

Rote Bete (Beta vulgaris subsp. vulgaris), Sorte: Formanova

1
Rote Bete (Beta vulgaris subsp. vulgaris), Sorte: Tonda di Chioggia
Im Querschnitt zeigt sie rote Ringel auf weißem Untergrund. Ihr Geschmack ist sehr mild und süßlich.

2
Rote Bete (Beta vulgaris subsp. vulgaris), Sorte: Burpees Golden
Die Burpees Golden gehört zu den Gelben Beten. Sie schmeckt fruchtiger und süßer als ihre roten Verwandten.

3
Rote Bete (Beta vulgaris subsp. vulgaris),
Sorte: Ägyptische Plattrunde
Ober- und unterhalb etwas abgeflacht. Besonders aromatische alte Sorte, mit intensiv-roter Färbung mit leichter Ringelung. Gut in Salaten und zum Entsaften.

4
Rote Bete (Beta vulgaris subsp. vulgaris), Sorte: Mammut Rosa
Die Mammut Rosa besticht bei ihrer Verkostung durch einen stark würzigen und doch süßlichen Mix. Wird sie fein gehobelt, ergibt sich durch die rosa-weiße Musterung ein schöner Salat.

5
Rote Bete (Beta vulgaris subsp. vulgaris), Sorte: Albina Verdura
Weiße Beten wie die Albina Verdura zeichnen sich durch ihren außerordentlich milden Geschmack aus. Sie sind vergleichsweise groß, aber trotzdem sehr saftig und nicht holzig.

6
Rote Bete (Beta vulgaris subsp. vulgaris),
Sorte: Forono oder Cylindra
Die Forono oder Cylindra unterscheidet sich mit ihrer zylindrischen bis walzenähnlichen Form stark von den runden oder plattrunden Beten.

7
Rote Bete (Beta vulgaris subsp. vulgaris), Sorte: Ochsenhorn
Das Ochsenhorn ist gelb und weiß geringelt. Die länglich geformte Bete schmeckt recht süß und ist extrem saftig und knackig.

8
Rote Bete (Beta vulgaris subsp. vulgaris), Sorte: Wiener Schwarze
Die Wiener Schwarze ist tiefrot geringelt und im Geschmack sehr nussig. Die langen Formen garen alle gleichmäßig durch.

9
Rote Bete (Beta vulgaris subsp. vulgaris), Sorte: Bullenblut
Die Rote Bete Bullenblut ist eine Sorte, die es schon seit 1840 gibt. Die jungen Blätter können auch in Salaten oder wie Spinat verwendet werden.

10
Rote Bete (Beta vulgaris subsp. vulgaris), Sorte: Palla Rossa
Die Palla Rossa geht auf die Sorte Rote Kugel zurück, die es früher einmal gab. Sehr wüchsig mit kräftigem Laub. Sie ist glattschalig und gleichmäßig rund mit dunkelrotem Fleisch und leichter Ringelfärbung.

EINE TOLLE KNOLLE

Ursprünglich ist die Kartoffel eine Südamerikanerin aus der Andenregion. Dort wurde sie bereits von Inkas und vorherigen Völkern kultiviert. Schon deren Kartoffelkulturen waren weit entwickelt und glichen der Urform nur wenig. Über die Kanarischen Inseln und das spanische Festland eroberte die Knolle ab dem 16. Jahrhundert Europa und die ganze Welt. In Deutschland wird sie erst seit dem 18. Jahrhundert als Nahrungspflanze angebaut, wo sie zuvor zahlreiche Ziergärten schmückte.

Die Früchte der Kartoffelpflanze (Solanum tuberosum) sind kirschgroße und tomatenähnliche gelbgrüne Beeren, die aus zwei Samenkammern bestehen. Gemeinhin als Kartoffel bezeichnet werden aber die verdickten, unterirdischen Sprossknollen, die der Pflanze als Speicher dienen und die Kartoffel somit zu einem Wurzelgemüse machen. Die Knollen verbergen sich in einer durchschnittlichen Anzahl von 10 bis 25 Stück pro Pflanze im Boden. Die Nachtschattengewächse (Solanaceae) bevorzugen einen feinen, sandigen Boden, der luft-, wasser- und wärmedurchlässig ist. In Kultur werden die Samen in Erdhügelbahnen eingelegt. Dabei gilt: je größer der Abstand zwischen der einzelnen Saat, desto größer werden die Knollen. Meistens befinden sich 25 bis 40 Zentimeter zwischen den Pflanzräumen. In südlichen Gefilden ist die Kartoffelpflanze mehrjährig, in Deutschland aber kältebedingt einjährig. Von Ende Mai bis Mitte Oktober erfolgt die Rodung. Die bis zum 10. August geernteten Kartoffeln dürfen unter der Bezeichnung Frühkartoffeln verkauft werden. Ab Februar wird der deutsche Markt mit Frühkartoffeln aus Nordafrika und aus südlichen Ländern Europas bestückt. Ab Juni gibt es auch die aus heimischen Anbaugebieten. Beliebte Regionen sind darunter der Kaiserstuhl und die Pfalz. Die Haupterntezeit beginnt Anfang September. Danach hält sich die Kartoffel bei richtiger Lagerung ohne Probleme bis zur nächsten Saison und länger. Wichtig ist, dass sie zuerst bei etwa 15 Grad eingelagert und abgetrocknet werden. Dann wird die Temperatur ganz langsam, höchstens ein bis zwei Grad am Tag, bis auf fünf bis acht Grad heruntergekühlt. Der Lagerort sollte unbedingt dunkel sein, damit keine Keimung einsetzt, um die Bildung von giftigem Solanin zu verhindern. Kartoffelknollen enthalten Kohlenhydrate, Proteine, Eiweiße und viel Vitamin C. Das ist sicherlich auch ein Grund, weshalb sich die Knolle neben Reis, Weizen und Mais zu einem der wichtigsten Gemüse der Welt entwickelte.

Die über 5 000 verschiedenen Sorten unterscheiden sich in Geschmack, Farbe und Form. Auch die Reifezeit ist dabei ein Sortenindiz. Frühreife Zuchtformen benötigen nur 90 bis 110 Tage, andere sind mit 120 bis 140 Tagen mittelfrüh, und es gibt mittelspäte Sorten, die 140 bis 160 Tage im Boden zubringen.

Das heißt für den Kartoffelbauern, dass sich die Erntezeit nicht auf alle Sorten gleichzeitig konzentriert. Ein weiterer Unterscheidungsfaktor ist der jeweilige Verwendungszweck, der sich zwischen festkochend, vorwiegend festkochend und mehlig kochend bewegt. Festkochende Kartoffelsorten haben zumeist eine lang-ovale Knollenform und springen beim Kochen nicht auf. Sie sind von fester Konsistenz, feucht und schmecken angenehm saftig. Vorwiegend festkochende Kartoffelsorten springen beim Kochen nur wenig auf, sind mäßig feucht und mild bis angenehm kräftig im Geschmack. Mehlig kochende Speisekartoffeln springen häufig beim Kochen auf, wobei sie eine lockere Struktur erhalten. Geschmacklich sind sie angenehm kräftig.

Die meisten aller Kartoffeln tragen weibliche Vornamen. Das geht darauf zurück, dass viele Bauern einer neuen Kartoffelzüchtung den Namen ihrer Töchter oder Frauen gaben und geben. Heute sind aber auch Buchstaben- und Zahlenkombinationen üblich. Das Vorhaben, eine neue Kartoffelsorte zu züchten, sollte mit einer Dauer von 10, besser noch 15 Jahren eingeplant werden. Erst müssen Mutter und Vater nach ihren guten Eigenschaften bestimmt werden. Die Mutter wird dann mit den Pollen des Vaters bestäubt. Die Eigenschaften der Kinder in erster Generation verteilen sich noch unregelmäßig auf die kleinen Knollen. Nur die Nachfahren mit den besten Eigenschaften werden über die Jahre immer weiter miteinander verkreuzt, bis sich die gewünschten Merkmale bei allen Exemplaren durchgesetzt haben. Nach acht Jahren Kartoffelzucht darf eine neue Sorte dem Bundessortenamt vorgeschlagen werden, das dann entscheidet, ob ein Zusatznutzen für Verbraucher und Landwirt in der Knolle liegt, der sie von bestehenden abhebt. Dabei spielt der Geschmack oft nur eine untergeordnete Rolle, denn Lagerfestigkeit, Einheitlichkeit und Widerstandsfähigkeit sind in der Kartoffelindustrie wichtiger als Aromen. Die Tafel auf Seite 56 bildet verschiedene alte Kartoffelsorten ab. Die Kartoffeln sind alle recht jung, weshalb ihre Schale noch rau ist und an vielen Stellen die Farbe einer tiefer liegenden Haut zu erkennen ist. Diese Exemplare sind noch nicht dem Feintuning zum Opfer gefallen. Sie sind deshalb relativ fein und empfindlich, dafür aber besonders intensiv in ihrem Geschmack.

Kartoffel (Solanum tuberosum), Sorte: Viola
Die äußere Farbe der festkochenden Viola ist blaugrau bis violett, innen ist sie violett marmoriert. Der Stärkegehalt dieser Sorte schwankt etwas, weshalb manche beim Kochen dunkelblau werden, andere dagegen fast himmelblau.

Kartoffel
(Solanum tuberosum),
Sorte: Viola

KARTOFFELN (SOLANUM TUBEROSUM)

KARTOFFELN

1
Kartoffel (Solanum tuberosum), Sorte: Rosara
Die Kartoffelsorte Rosara (vorwiegend festkochend) reift früh im Jahr heran. Ihre Knollenform ist lang-oval mit einer rötlichen Schalenfärbung. Die hellgelbe Fleischfarbe wird nach dem Kochen etwas kräftiger.

2
Kartoffel (Solanum tuberosum), Sorte: Lange Rote
Die Lange Rote (vorwiegend festkochend) gehört zu den wenigen rotfleischigen Sorten. Beim Kochen wird sie rosarot. Ihrer langen Form wegen eignet sie sich dazu, in gleichmäßigen Scheiben verwendet zu werden.

3
Kartoffel (Solanum tuberosum), Sorte: Blauer Schwede
Die schwarzblaue Kartoffelsorte Blauer Schwede (mehlig- bis festkochend), oder auch Blue Congo genannt, ist im Inneren blau marmoriert. Sie ist intensiv und leicht süß im Geschmack. 2006 war sie Kartoffel des Jahres. Die Blüten der Pflanze haben ein zartes Blauviolett.

4
Kartoffel (Solanum tuberosum), Sorte: Barbara
Die Barbara (vorwiegend festkochend) ist gelblich durchgefärbt. Auf ihrer Schale befinden sich leicht violette Stellen. Die Knollen werden relativ groß und sind gleichmäßig oval.

5
Kartoffel (Solanum tuberosum), Sorte: Edzell Blue
Die Edzell Blue (eher mehlig kochend) ist eine alte schottische Landsorte. Ihre Reifezeit erreicht sie eher mittelfrüh. Die Knolle erinnert mit der genetzten Schale an Trüffel. Sie ist bläulich bis violett, ihr Fleisch ist hingegen hellgelb, fast weiß. Wenn sie ausreift, wird sie etwas unförmig.

6
Kartoffel (Solanum tuberosum), Sorte: Cyclame
Die Cyclame (festkochend) ist von innen zwar cremefarbig, doch ihre Schale färbt beim Kochen das Fleisch an den Rändern leicht rosa. Die Stauden bilden außergewöhnlich viele Knollen aus.

7
Kartoffel (Solanum tuberosum), Sorte: Rote Emma
Ist die rotfleischige Rote Emma (kocht speckig fest) ausgereift, wird ihre Schale eher grau-rot. Wenn Sonne und Regen das Jahr zu einem guten Kartoffeljahr machen, ist sie sehr ertragreich.

EINE PRODUKTIVE KNOLLE

Der Topinambur (Helianthus tuberosus), südamerikanische Verwandte der Sonnenblume (Helianthus annus), zählt genau wie diese zur Familie der Korbblütler. Beide stammen aus Nord- und Mittelamerika und wurden vermutlich schon von Indianern kultiviert, bevor Kolumbus die neue Welt entdeckte. Europa erreichte er allerdings erst später, als Einwanderer eine Hungersnot in Nordamerika dank der Topinamburknollen überlebten und das Gemüse anerkennend nach Europa sandten. Auch als Erdbirne bezeichnet, schmecken die gekochten Knollen sehr fein nach Artischocken. Auch der Rohverzehr ist unbedingt zu empfehlen, zum Beispiel als Salat. Seine frostharte Staude wird bis zu 3 Meter hoch und ist mit vielen kleinen Sonnenblumenblüten besetzt. Auch die Knollen sind äußerst winterhart und das bis zu Temperaturen von -30 °C. Diesen Rhizomen hat die Pflanze ihr Überleben über den Winter zu verdanken. Ab einer Bodentemperatur von 7 °C treibt sie aus. Besondere Ansprüche an ihren Untergrund stellt sie nicht. Für den Erntenden empfehlen sich aber recht lockere Böden, die die Entnahme der Knollen erleichtern. Sie sind reif, sobald das Kraut braun geworden ist, das geschieht ungefähr zum Oktoberende. Dann kann bis zum Neuaustrieb im nächsten Jahr geerntet werden, wenn der Boden nicht zugefroren ist. Im Übrigen gilt der allgemeine Rat, den Topinambur nicht direkt im Garten anzupflanzen, sondern einen Standort zu wählen, der einen gewissen Sicherheitsabstand zu anderen Gemüsesorten einhält. Denn Topinambur vermehrt sich rasend schnell und kann geradezu als Unkraut verstanden werden, wenn winzig kleine Stücke der Knolle, die im Boden verblieben sind, wieder austreiben. Aus dieser vegetativen Vermehrung entstehen dann Klone, die genetisch nicht von ihren Mutterknollen abweichen. Passend zu dieser robusten Überlebensstrategie hat der Topinambur wenige Krankheiten und Schädlinge zu befürchten. Lediglich Wühlmäuse und Wildschweine können den süßen Früchten gefährlich werden. In besonders feuchten Jahren kann Falscher Mehltau auftreten, wofür die Sorten unterschiedlich stark anfällig sind. Die Vermehrung mit Samen erfolgt in Mitteleuropa eher nicht, weil sie unter den klimatisch dürftigen Bedingungen nicht ausreifen. Vielerorts wird Topinambur aufgrund seines hohen und dichten Wuchses als Sichtschutz eingesetzt und auch zur Erzeugung von Bio-Energie verwendet.

Die Knollen lassen sich nach der Ernte nicht sonderlich gut lagern, weil sie außerhalb der Erde schnell welken und zu Schimmelbildung neigen, wenn sie zu feucht aufbewahrt werden. Es ist ratsam, die Knollen im Beet zu lassen und bei offenem Boden zu ernten oder sie in einem Kübel mit Erde zu bedecken und so vor dem Verderb zu schützen.

Auch Topinambur kommt in verschiedenen Sorten vor. Es gibt unter ihnen Frühreife, die sich ungefähr einen Monat vor anderen ernten lassen. Frappierender unterscheiden sich die Sorten allerdings in Wuchsform und Wuchshöhe. Neben denen, die nur wenige Ausläufer bilden und sehr kompakt wachsen, gibt es die, die sehr weit in der Erde streuen. Die Knollen sind auch nicht alle gleich gefärbt. Sie sind weiß, gelb, bräunlich, rosa, rot oder violett. Auch die Formen variieren stark. Manche Topinamburknollen sind rund, andere länglich, aber auch birnenförmige kommen vor. Unterschiede gibt es auch in den Oberflächenstrukturen, die verwachsen oder relativ glatt sein können.

Grundsätzlich kann die Knolle ähnlich der Kartoffel verarbeitet werden. Gekocht, gebraten, frittiert oder als Püree. Das Geschmacksbild und die Eignung der verschiedenen Sorten für die einzelnen Zubereitungen können stark variieren. 1928 nahm der badische Professor Erwin Bauer die Topinamburknolle in das Programm für Züchtungsforschung am damaligen Kaiser-Wilhelm-Institut in Müncheberg auf. Dort wurden alle Arten knollenbildender Helianthen gesammelt und für Züchtungen und Kreuzungen genutzt. 1933 verfügte das Institut über erstaunliche 1000 Topinambur-Stämme. Später konzentrierte sich die Züchtungsforschung weniger auf Geschmack denn auf Zuckergehalt, da man nach geeigneten Rohstoffen für die Industriealkoholgewinnung suchte. Generell enthält die Knolle aber wenig Glukose und sehr viel Insulin, was sie zum idealen Gemüse für Diabetiker macht. Außerdem ist ihr Eisengehalt ungewöhnlich hoch. Dass sie mit Schale sogar noch besser schmecken, kommt jedem zugute, der sich nicht die große Mühe machen möchte, die buckeligen Knollen von ihrer dünnen Haut zu befreien.

Helianthi (Helianthus strumosus), auch Sonnenwurzel
Nahe Verwandte des Topinamburs (Helianthus tuberosus) und der Sonnenblumenart (Helianthus microcephalus). Gleiche Verwendung wie Topinambur. Wird auch Indianerkartoffel genannt. Bei Bedarf wird geerntet. Bei der frostfesten Wurzel geht das nur dann, wenn der Boden nicht gefroren ist. Falls Knollen im Boden verbleiben, vermehren sich die länglichen, glatten Speicherknollen laufend weiter.

TOPINAMBUR (HELIANTHUS TUBEROSUS)

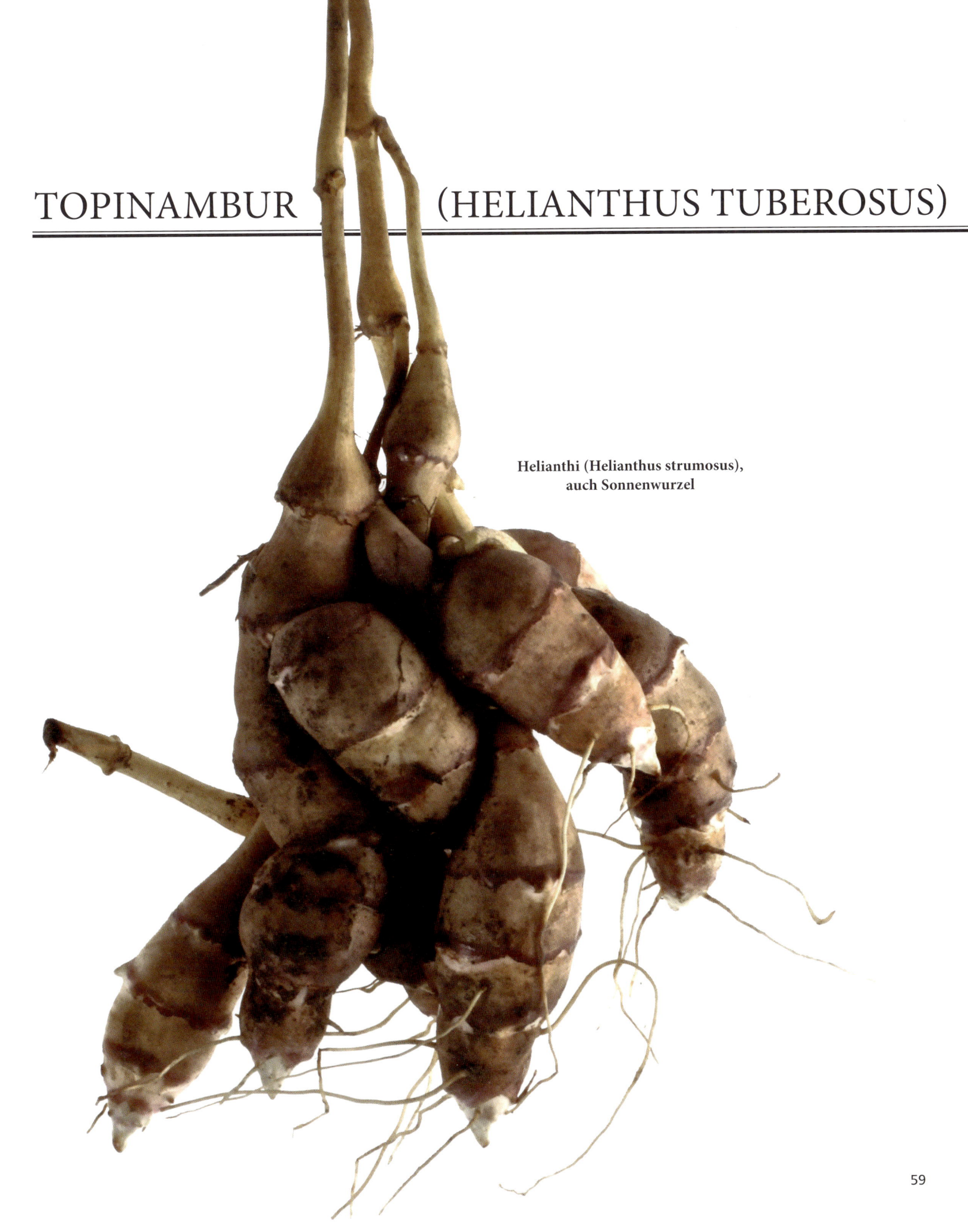

Helianthi (Helianthus strumosus),
auch Sonnenwurzel

TOPINAMBUR

1
Topinambur (Helianthus tuberosus), Sorte: Sakhalinski
Die Knolle kann hell oder dunkel, lila oder weiß gefärbt sein und sich dabei auch in unterschiedliche Formen ausprägen. Ihre Herkunft ist heute leider unbekannt, lässt jedoch eine russische Abstammung des Namens wegen vermuten. Diese Sorte ist in Frankreich weit verbreitet und findet dort sehr viel Anklang in der gehobenen Gastronomie, aber auch bei immer mehr Hobbygärtnern.

2
Topinambur (Helianthus tuberosus), Sorte: Gföhler Rote
Die roten, dünnen Knollen werden im Durchschnitt 5–10 Zentimeter lang. Wer möchte, kann einen guten Küchentrick anwenden und die Knolle nach dem Kochen durchschneiden und mit einer Gabel auf das zugespitzte Ende Druck ausüben. Der essbare Teil löst sich wie von selbst von der Schale. Mit Olivenöl, Salz und Balsamico beträufeln.

3
Topinambur (Helianthus tuberosus),
Sorte: Violet oder Rouge de Rennes
Die Knollen der alten historischen Sorte Violet de Rennes sind rot-violett. Die Pflanze selbst ist leicht verwachsen, blüht sehr spät und erreicht eine Höhe von über 2 Metern.

4
Topinambur (Helianthus tuberosus),
Sorte: Französischer Topinambur oder Patate
Die ausgefallenen Knollen haben eine richtige Pilzform, als hätten sie Stiel und Hut. Die Sorte ist unheimlich robust und überlebt auch den strengsten Winter. In Wasser gekocht, erinnert der Geschmack an Artischocken, frittiert oder gebraten an das Aroma von Schwarzwurzeln.

5
Topinambur (Helianthus tuberosus), Sorte: Erdartischocke
Topinambur hat viele verschiedene Namen. So bezeichnet man ihn regionenabhängig als Erdapfel, Erdbirne (Erdapfel, Erdbirne normal Bez. für Kartoffel), Borbel, Erdsonnenblume, Erdtrüffel oder Erdartischocke. Die Bezeichnungen nehmen in den meisten Fällen Bezug auf äußere Merkmale. Bei der Sorte Erdartischocke erinnern die einzelnen Knollen stark an Artischockenblüten.

6
Topinambur (Helianthus tuberosus), Variationen
Diese Knollen können nicht mehr eindeutig einer Sorte zugeordnet werden. Das liegt an den Rhizomen von Topinambursorten, die sich im Laufe der Zeit in Abhängigkeit zu den Bodenverhältnissen verändern können. Eigentlich runde Sorten entwickeln sich beispielsweise in leichten Böden länglich. Auch die Farben verändern sich. Zwar vermehren sich die Knollen vegetativ, trotzdem reagiert die Natur auch innerhalb eines bestimmten Genpools variabel, und Ausprägungen können sich innerhalb einer Sorte verändern.

KOHLRÜBEN

Kohlrübe (Brassica napus subsp. rapifera)

Bei der Kohlrübe soll im Folgenden nicht die botanische Bezeichnung des Speicherorgans im Vordergrund stehen, sondern die Gattung Kohl (Brassica). Sie ist beides gleichermaßen, nämlich das Speicherorgan der Kohlpflanze und eine Unterart des Raps (Brassica napus). Bekannter ist die Kohlrübe wohl unter dem Namen Steckrübe. Über die Jahrhunderte hinweg musste die Kohlrübe viele verschiedene Namen ertragen, und mancher lässt schon erahnen, dass es Zeiten gab, in denen die deutsche Bevölkerung alles lieber gegessen hätte als die „Wruke". Als die Kartoffelernte von 1916 zum wahrhaften Misserfolg wurde, wich man auf die Steckrübe aus, die schon bald aus Überdruss keiner mehr essen wollte. Bald darauf verschwand sie weitestgehend von der kulinarischen Bildfläche, was niemandem verübelt werden kann, denn damals wurde alles Mögliche und auch alles Unmögliche aus der Rübe hergestellt. Es gab Steckrüben-Marmelade, Steckrüben-Kaffee, Steckrüben-Kuchen. Ganze Kochbücher erschienen unter dem Zeichen der Steckrübe. Doch auch der raffinierte Marketingtrick der Regierung, die Kohlrübe zur „Preußischen Ananas" zu erklären, konnte dem hungrigen Volk die Steckrübe nicht schmackhafter machen. Am Ende des Winters 1917 verfügte die Reichskartoffelstelle über 80 Millionen Zentner Steckrübenüberschuss, die mit Suppenwürfeln gemischt als Vollkost verkauft wurden. Der Erwerb von Lebensmitteln war nur unter der Voraussetzung möglich, auch einen gewissen Teil der Steckrübenkost abzunehmen.

Jetzt soll es aber doch an der Zeit sein, den alten Kohlrübensorten eine zweite Chance zu geben. Den hohen Anteil an Traubenzucker haben alle Kohlrüben gemein, was sie zu einem guten Energielieferanten macht. Daneben stecken Kalzium, Kalium, Vitamin C und Senföle im Butterkohlrabi, wie diese Rübe ihrer gelblichen Färbung wegen auch genannt wird. Die Farbvariationen der Schale reichen von gelb zu grün, und manchmal ist sie auch violett oder rötlich.

1
Kohlrübe (Brassica napus subsp. rapifera), Sorte: Ulmer Ochsenhorn

Das violette oder weiße Ulmer Ochsenhorn schmeckt süßlich-herb und eignet sich gut für Suppen, aber auch als Gemüsebeilage. Diese alte Sorte ist besonders lang gewachsen.

2
Kohlrübe (Brassica napus subsp. rapifera), Sorte: Blanc Globe

Die Blanc Globe ist eher rundlich gewachsen. Das Fleisch ist fein und hell. Sie verfügt über gute Lagereigenschaften.

3
Kohlrübe (Brassica napus subsp. rapifera), Sorte: Bortfelder Gelbe

Wie es der Name schon verrät, ist diese Kohlrübe gelb gefärbt. Sie ist sehr fest, ihre Form ist länglich. Schmeckt auffällig scharf. So ähnlich wie die echten Teltower Rüben.

Echte Perlzwiebel (Allium ampeloprasum ssp. ampeloprasum Perlzwiebel-Gruppe)

Die Echte Perlzwiebel gehört zu den Zwiebelgewächsen (Allioideae). Sie ist allerdings eine Spielart des Lauchs und mit der Speisezwiebel (Allium cepa) entfernter verwandt. In ihrem Wurzelbereich bilden sich zahlreiche kleine Brutzwiebeln. Im Anschluss an ihre vollständige Ausreifung trennen sich die kleinen Zwiebelknollen. Die Ernte ist dann etwas erschwert. Nach der Entnahme mit einer Grabgabel können die ganz kleinen Zwiebelchen zur Vermehrung gleich wieder gesetzt werden. Eine Lagerung der feinen Lauchverwandten ist ohnehin nicht möglich, und so sollten sie nur frisch oder eingelegt gegessen werden. Ihre zarten Häutchen schimmern silbern und lassen sie wie kleine Perlen erscheinen. Eine typisch braune Zwiebelschale sucht man vergebens. Der Anbau erfolgt zumeist in Hausgärten. Sie eignen sich hervorragend als geschmortes Gemüse. Ihr Geschmack ist mild, dennoch sehr würzig, und sie können auch gut roh in Salaten verzehrt werden. Da sie zur gleichen Zeit wie die Einlegegurken im Juli/August erntereif ist, bot sich die gemeinsame Konservierung in einem Saure-Gurken-Fass an. In Kultur ist die echte Perlzwiebel wohl so gut wie ausgestorben.

Eingelegte Perlzwiebeln:

Perlzwiebeln waschen, einsalzen und einen Tag lang ziehen lassen. Schalen entfernen und Perlzwiebeln erneut waschen, vorsichtig trocken tupfen und mit Gewürzen in Gläser füllen. Je nach Geschmack können das Pfefferkörner, Estragonblätter, Dillkraut oder andere sein. Eine Mischung aus Apfelessig (20 Prozent), Zucker (10 Prozent), Salz (5 Prozent) und Wasser (65 Prozent) aufkochen und die Zwiebeln damit übergießen. Die Gläser dann einwecken.

ECHTE PERLZWIEBEL
(ALLIUM AMPELOPRASUM SSP. AMPELOPRASUM)

EINE GIGANTISCHE BEERE

Ein Kürbisgewächs (Cucurbitaceae) in freier Wildbahn zu entdecken, ist in Mitteleuropa ziemlich unwahrscheinlich. Heimisch ist dort nur die Gattung der Zaunrübe (Bryonia), eine rankende, krautige Kletterpflanze, die zu den Kürbisgewächsen gehört. Alle anderen wilden Familienmitglieder bevorzugen tropische und subtropische Klimazonen.

Archäologische Funde aus Süd- und Mittelamerika belegen, dass der Kürbis schon viele Tausend Jahre vor Anbeginn unserer Zeitrechnung domestiziert wurde. Der älteste Fund von Kürbissamen ist wohl zwischen 10 000 und 8 000 v. Chr. zu datieren. In Peru und Mexiko wurden Kürbispflanzen zwischen 5 000 und 3 000 v. Chr. von den indianischen Ureinwohnern zusammen mit Bohnen und Mais angebaut. Vor der Entdeckung Amerikas waren in Europa lediglich die Kalebassen auch als Flaschenkürbisse (Lagenaria siceraria) bekannt, die unter den Kürbisgewächsen der Gattung Lagenaria angehören. Diese Gewächse stammen aus Afrika, und die Früchte können für alles Mögliche in Gebrauch genommen werden. Neben wenigen kulinarischen Vorzügen dienen die reifen Früchte des Flaschenkürbisses als Topf, Löffel, aber auch als Musikinstrument, weil die Fruchtwand, wie bei allen wilden Formen, hart und verholzt ist. In der Regel werden Angehörige dieser Gattung aber nicht zum Verzehr angebaut, mit Ausnahme weniger Sorten.

Eine weitere und weitaus beliebtere Gattung der Kürbisgewächse ist die der Kürbisse (Cucurbita), von denen fünf verschiedene Arten heutzutage in Kultur genommen werden. Eine dieser Arten hat eine birnenförmige Frucht (Cucurbita argyrosperma) und ist wirtschaftlich weniger bedeutsam als der Feigenblattkürbis (Cucurbita ficifolia), der Riesenkürbis (Cucurbita maxima), der Moschuskürbis (Cucurbita moschata) und der Gartenkürbis (Cucurbita pepo). Vermutlich wurden zuerst die Samen der Pflanze als recht schmackhaft entdeckt, was sich bis heute nicht geändert hat. Die Wildformen weisen aber einen besonders hohen Anteil an Bitterstoffen auf, weshalb man eher von den Früchten der Pflanze absah.

Kürbisse sind einjährige krautige Pflanzen. Manche wachsen allerdings auch ausdauernd. Die kultivierten Arten besitzen allesamt ein fädiges Wurzelsystem und relativ große Blätter, die nicht durchweg behaart sind, aber keinen Wachsüberzug besitzen. Die Stängel klettern entweder oder sind niederliegend.

Interessant für den Menschen sind aber seit der langen Zeit der Kürbisverwendung die großen Früchte, die in vielen verschiedenen Größen, Formen und Farben vorkommen. Sie sind Beeren, genauer vielsamige Panzerbeeren, deren Äußeres hart ist und die aus einem einzigen Fruchtknoten hervorragen.

Aus kulinarischer Sicht hat sich eine Einteilung in Zier- und Speisekürbise bewährt. Letztere lassen sich wiederum in Sommer- und Winterkürbis sortieren. Zu den Sommerkürbissen gehören alle Zucchiniarten (Cucurbita pepo subsp. pepo convar. giromontiina), die eine Züchtung des Gartenkürbises sind. Zu den Winterkürbissen gehören alle Kürbisse mit harter Schale. Sie benötigen im Vergleich zu der sommerlichen Art mehr Zeit und auch Wärme bis zu ihrer Ausreifung. Der Frühherbst leitet dann die Erntezeit ein, wenn die Früchte schwer geworden sind und die Schale dick und hart wird. Auch das Fruchtfleisch unterscheidet sich von dem der Sommerkürbise. Es ist weicher und oft auch sehr faserig und sollte vor dem ersten Frost geerntet werden. Lagert man die Winterkürbisse dann an einem kühlen und trockenen Ort, können sie sich bis zum nächsten Frühjahr halten.

Die Kürbisfeste, wie sie in den USA gefeiert werden, gab es früher auch sehr verbreitet in Deutschland. Fester Bestandteil der Kürbishuldigung ist dabei die Ermittlung der größten Panzerbeere und die oft finanzielle Anerkennung ihres Züchters. Um in diesem Wettbewerb anzutreten, sollte einiges beachtet werden: Vor allen Dingen sollte sich der Züchter mindestens die Eltern und Großeltern eines Samens anschauen. Besser wären mehr vorherige Generationen, denn daran lässt sich viel über die voraussichtliche Form, die Reifezeit und die Robustheit einer Frucht ablesen. Nicht nur das Gewicht von Eltern und Großeltern entscheidet über einen Sieger, der 500 Kilo und mehr auf die Waage bringen kann.

**Schlangenkürbis (Curcurbita moschata),
Sorte: Trombetta D'Albenga**

Die kleine Trompete von Albenga ist eine altbewährte Züchtung aus Mittelitalien. Seine Form ist schlangenförmig gebogen, wobei er einen Durchmesser zwischen 4–8 Zentimetern und Längen bis über 1 Meter annimmt. Sein Gewicht variiert dann zwischen 4–8 Kilo. Sein Äußeres ist grün bis orange und das Fruchtfleisch gelblich-orange. Es ist fest, süß-fruchtig und nussig im Geschmack. Er eignet sich als Rohkost, zum Braten und Backen, für Suppen und auch für Marmelade. Bis zu 4 Monate lässt er sich gut lagern, ist aber kein ausgesprochener Lagerkürbis.

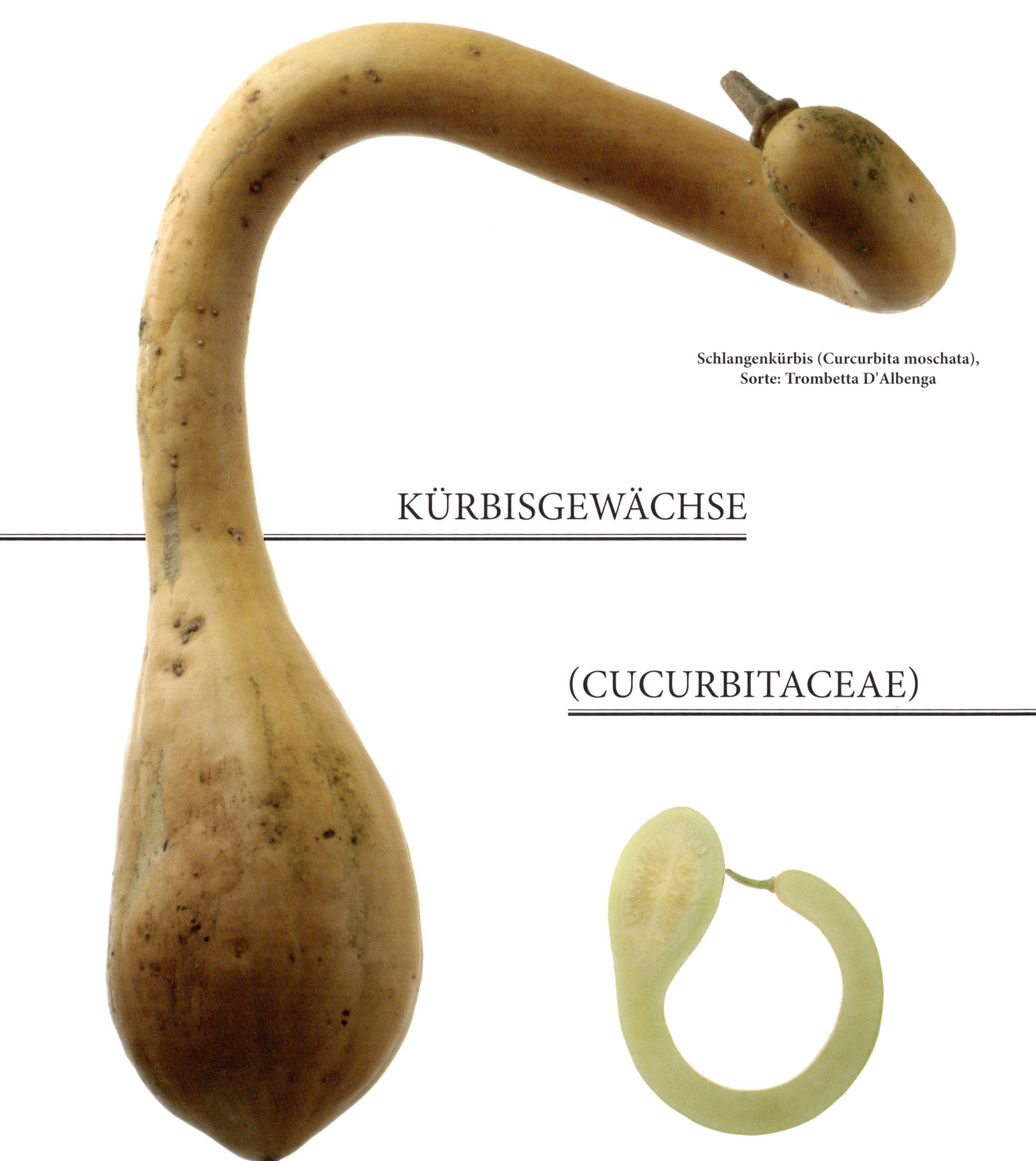

Schlangenkürbis (Curcurbita moschata), Sorte: Trombetta D'Albenga

KÜRBISGEWÄCHSE

(CUCURBITACEAE)

KÜRBISGEWÄCHSE

1
Patisson-Kürbis (Cucurbita pepo var. patisson)

Der Patisson-Kürbis ist eine Art des Gartenkürbis, der die Form eines Ufos mit einem Durchmesser von 10–25 Zentimetern hat. Er stammt aus Lateinamerika, wo ihn schon die Inkas anbauten. Es gibt ihn in weiß, grün oder gelb (auch gemustert). Auf durchlässigen und warmen Böden fühlt er sich am wohlsten, wächst dann schnell und erzielt einen hohen Ertrag. Je kleiner er ist, desto süßer ist er im Geschmack. Der Patisson-Kürbis ist ein Sommerkürbis und nicht geeignet für eine längere Lagerung.

2
Engelshaar-Kürbis oder Feigenblatt-Kürbis (Cucurbita ficifolia)

Die Frucht ist rund bis oval-elliptisch. Sie tritt in verschiedenen Farbmustern auf. Variierende grüne Grundfarbe kann mit länglichen weißen Linien oder Streifen überzogen sein oder mit weißem oder grünem Fleckenmuster. Die Schale ist 3–5 Millimeter dick und scharf vom Fruchtfleisch getrennt, das leicht süßlich, sonst wenig nach etwas schmeckt.

Aus diesem Kürbis wird die katalanische Spezialität Cabell d'angel (Engelshaar) hergestellt. Das Fruchtfleisch des Kürbises wird gekocht. Die Stücke werden dann gepresst, bis sich die Fasern und Fäden vom weichen Teil des Fruchtfleischs getrennt haben. Die Masse wird noch einmal mit viel Zucker, Zimt und Zitronensäure gekocht, bis eine sirupartige Masse entsteht, in der die Fasern goldgelb wie Engelshaar schimmern. Die Samen sind übrigens schwarz.

3
Muskatkürbis (Cucurbita moschata)

Der Muskatkürbis gehört zu der Gruppe der Moschuskürbisse (Cucurbita moschata). Mit einem Gewicht von bis zu 40 Kilogramm zählt der Moschuskürbis zu den größten Kürbissorten auf dem deutschen Markt. Die einjährige, behaarte Pflanze wächst am Boden, kann aber auch an Gegenständen emporklettern. Die großen Blätter sind oval-herzförmig bis fast kreisförmig und weiß gepunktet. Die Rinde des Muskatkürbises ist tief und regelmäßig gerippt. Bevor er seine Lagerreife erreicht, ist der Muskatkürbis dunkelgrün. Während seiner Reifung wird Chlorophyll abgebaut, und der Kürbis verfärbt sich typischerweise terrakotta-, bronze- bis rostfarben. Sein Fruchtfleisch ist knallorange und schmeckt sehr fruchtig mit typischem Kürbisaroma und einer Süße, die an Karotten erinnert.

4
Maronenkürbis (Cucurbita pepo)

Der kleine und feine Winter-Speisekürbis ist eine ältere Selektion der Sorte Sweet Dumpling. Der Maronenkürbis ist aber nicht ganz so süß und hat dafür ein feines Maronenaroma. Er wird nur etwa 500 Gramm schwer und kann ungefähr 4 Monate gelagert werden. Die Haut ist relativ dünn. Das Fleisch ist saftig, dicht und fest.

ZUCCHINI

1
**Zucchini (Cucurbita pepo subsp. pepo convar. giromontiina),
Sorte: Ortolana di Faenza**

Die Pflanze dieser Sorte wächst buschförmig mit stark gelappten Blättern, die silberne Flecken haben. Die hellgrüne Frucht ist leicht keulenförmig, dabei mittelgroß mit weißen Sprenkeln.

2
**Zucchini (Cucurbita pepo subsp. pepo convar. giromontiina),
Sorte: Temprano de Argelia (jung)**

Ursprünglich stammt diese rankende Sorte aus Spanien. Sie ist sehr frühreif, wobei ihre Früchte hellgrün marmoriert sind. Ihr Geschmack ist sehr fein.

3
**Zucchini (Cucurbita pepo subsp. pepo convar. giromontiina),
Sorte: Costata Romanesco**

Die Früchte sind lang, mittelgrün mit hellgrünen Streifen. Ihr Fruchtansatz erfolgt eher spät. Durch die ausgeprägten Rippen erscheinen sie im Querschnitt wie kleine Sterne. Durch ihren niedrigen Wassergehalt eignen sie sich gut zum Braten und Backen. Ausgezeichneter Geschmack bescheinigt. Keine Spitzenerträge.

4
**Zucchini (Cucurbita pepo subsp. pepo convar. giromontiina),
Sorte: Tondo Chiaro Di Nizza**

Die Sorte entwickelt viele runde, hellgrüne, zarte Früchte, die tennisballgroß geerntet werden können. Das Fruchtfleisch ist weiß und fest. Zunächst wächst die Pflanze buschförmig, bevor sie anfängt zu ranken. Geeignet für Suppen, gekocht, gefüllt, gebacken und eingemacht.

5
**Zucchini (Cucurbita pepo subsp. pepo convar. giromontiina),
Sorte: Genovese (ausgewachsen)**

Diese Sorte ist äußerst ertragreich. Die hellgrünen Früchte sind kaum geriffelt. Die Krümmung ist kein Sortenmerkmal, sie entsteht, wenn die Frucht weiter oben am Stängel ansetzt und nicht flach auf dem Boden liegen kann.

ZUCCHINI

1
**Zucchini (Cucurbita pepo subsp. pepo convar. giromontiina),
Sorte: Gold Rush**

Die Früchte stammen aus den USA und sind leuchtend gelb. Ihr Fruchtfleisch ist sehr zart, und sie können bis zu 50 Zentimeter lang werden. Sie gehören zu den mittelfrühen Sorten und können einige Monate gelagert werden. Die Pflanze wächst rankenlos.

2
**Zucchini (Cucurbita pepo subsp. pepo convar. giromontiina),
Sorte: Striato D'Italia**

Diese Zucchinisorte ist eine altbewährte aus Italien. Die Früchte werden etwa 25 Zentimeter lang, wobei sie bei regelmäßiger Ernte sehr ertragreich sind. Sie sind leicht zylindrisch geformt und grün marmoriert mit hellen Streifen. Die Pflanze wächst buschförmig. Ihr Geschmack ist sehr gut, und ihre großen Blüten eignen sich gut zur Dekoration.

3
**Zucchini (Cucurbita pepo subsp. pepo convar. giromontiina),
Sorte: Cocozelle von Tripolis (jung)**

Die altbewährte Sorte bringt, nach einem mittelspäten Fruchtansatz, längliche Früchte hervor, die ein sattes Grün und relativ ausgeprägte Rippen aufweisen. Die Blätter sind auffallend silbrig gesprenkelt.

4
**Zucchini (Cucurbita pepo subsp. pepo convar. giromontiina),
Sorte: Alberello di Sarzana**

Die langen Früchte sind leicht gebogen, wobei sie eine zylindrische Form haben und leicht marmoriert sind. Das Fruchtfleisch hat eine feine Konsistenz und ist sehr geschmackvoll. Die Pflanze wächst buschig.

5
**Zucchini (Cucurbita pepo subsp. pepo convar. giromontiina),
Sorte: Bolognese**

Die Sorte verspricht einen gleichmäßigen und hohen Ertrag. Die Früchte sind leicht tonnenförmig und weisen eine feine Marmorierung mit weißen Sprenkeln auf.

GURKEN

Gurken (Cucumis)

Innerhalb der Familie der Kürbisgewächse (Cucurbitaceae) gibt es die Gattung der Gurken (Cucumis). Größtenteils kommen die Arten in tropischen oder gemäßigten Gebieten vor, wie Afrika, Südostasien, Australien und Indien, wo auch ihre Heimat vermutet wird. Die meisten der krautigen Pflanzen sind rankend und behaart.

Eine Art dieser Gurken ist die Gurke (Cucumis sativus), die sich zu einer wirtschaftlich bedeutenden Gemüseart entwickelt hat und auch noch in Nordeuropa angebaut werden kann. Zwei Sortentypen der Kulturgurke werden unterschieden: Es gibt die Salat- oder Schlangengurke, die überwiegend roh verzehrt wird, und die Gurke, die in Essig eingelegt wird. Durch die relativ kurze Vegetationszeit werden diese auch in unserem Klima kultiviert. Die einjährige Gurkenpflanze wächst am Boden liegend oder kletternd und kann dabei Längen von mehreren Metern erreichen. Botanisch gehört die Frucht zu den Panzerbeeren. Die äußere Fruchthülle besteht aus einem dichten Gewebe, das aus dem Blütenboden gebildet wird. Schlangengurken erreichen in Kultur eine Länge von ungefähr 60 Zentimetern. Die Gurke gibt es aber in vielen verschiedenen Formen. Manche sind über 1 Meter lang, und manche sind so klein wie eine Kirsche. Auch in der Farbe lässt sich die Gurke zu sortenabhängigen Variationen hinreißen. Manche sind von außen gelb oder weiß, von innen weiß oder auch orange. Der Handel bietet heute nur noch sehr stark züchterisch bzw. biotechnologisch veränderte Sorten an. Samenechte Ware ist nicht mehr zu erhalten. Außerdem werden die Gewächshausgurken alle auf dem Feigenkürbis veredelt bzw. gepfropft, um die schwache Wurzelbildung der Gurke und die Anfälligkeit gegenüber Krankheitserregern auszugleichen. Was an den heutigen Industriegurken noch ihrem Ursprung entspricht, bleibt fraglich.

1
Salat- oder Schlangengurke (Cucumis sativus)
Sorte: Sensation

Die Samen dieser rheinischen Landsorte gelangten um 1900 in den Handel. Ihre robusten Früchte sind ziemlich lang und glattschalig. Innerhalb der Beere liegen nur wenige Kerne.

2
Mexikanische Mini-Gurke (Melothria scabra)

Auch die Mexikanische Mini-Gurke zählt zu den Kürbisgewächsen. Die einjährige Pflanze rankt an sonnigen Wänden bis zu 2 Meter hoch. Sie bringt kleine, gelbe Blüten hervor. Die Früchte erinnern an kleine, gestreifte Wassermelonen. Sie werden nur 2–3 Zentimeter groß und haben eine ovale Form. Von August bis Oktober können sie geerntet werden. Ihr Geschmack ist erfrischend süß-sauer.

3
Salat- oder Schlangengurke (Cucumis sativus),
Sorte: Wautomagurke

Die Schale dieser Sorte ist dunkelgrün und weist kleine Stacheln auf. Sie ist sehr robust und schmackhaft. Für eine Schlangengurke ist sie recht kurz. Wenn sie noch jung ist, eignet sie sich hervorragend auch zum Einlegen.

IN ALLEN MÖGLICHEN KULTUREN

Wer hat nicht schon einmal davon gehört, dass sich einmal im Jahr die Straßen eines kleinen Ortes in der spanischen Provinz Valencia in ein rotes Meer verwandeln. Schuld daran ist nicht die spanische Mafia, sondern das legendäre Tomatenfest, besser die legendäre Tomatenschlacht „La Tomatina". Pünktlich um elf Uhr am letzten Mittwoch im August laden LKW ca. 130 000 Kilogramm überreife Tomaten in Buñol ab, die dann eine Stunde lang von 20 000 Menschen, die größtenteils eigens für dieses Spektakel angereist sind, durch die Luft auf Gegner in diesem Gemüsekampf geschmissen werden. Diese Tradition entstand 1945, als ein Tomaten-Marktstand aktiv in eine Keilerei miteinbezogen wurde und man feststellen musste, dass während dieser Konfliktbewältigung keiner ernsthaft zu Schaden kam und dass sie auch noch großen Spaß machte. Doch die Frucht hat nicht nur massentauglichen Unterhaltungswert, sie ist auch in Form und Geschmack so vielseitig wie kaum ein anderes Gemüse.

Wie so vieles hat der europäische Kontinent auch die Tomatenpflanze (Solanum lycopersicum) den ausschweifenden Entdeckungsreisen von Christoph Kolumbus zu verdanken. Sie zählt zu den Nachtschattengewächsen (Solanaceae), was sie zu einer engeren Verwandten der Kartoffel macht. Ursprünglich stammt die Tomatenpflanze aus den Anden Südamerikas, wo sie zuerst nur kirschgroße Früchte ausbildete, die aber auch schon von den Maya und den Azteken größer gezüchtet wurden. Der Name, tomatle, kommt von den südamerikanischen Indianern und heißt so viel wie Anschwellen, also Schwellfrucht. 1498 im europäischen Mittelmeerraum angelangt, hielt sich die Begeisterung für die damals noch gelben Beeren in Grenzen. Die Angst, einer Vergiftung durch das in unreifen Tomaten enthaltene Solanin zu erliegen, war groß. Außerdem galt die Tomate als Auslöser für den gefürchteten Liebeswahn. Die Italiener waren im 16. Jahrhundert aber dann doch so mutig und kultivierten die krautige Pflanze, jedoch erst mal, um mit ihrem grünen Laub und den farbenprächtigen Früchten Gärten zu verzieren. Erst zwei Jahrhunderte später erkannte man auch ihre kulinarischen Qualitäten.

Zunächst wächst die Tomate aufrecht, doch mit zunehmender Größe liegend und kriechend. Äste werden dann mehrere Meter lang. In professionellen Gewächshäusern erreichen sie eine Länge von acht Metern. Die Stängel, die Äste und die Blätter der Tomatenpflanze sind fein bis filzig behaart. Auch der konische Fruchtknoten ist zart behaart, aus dem sich jeweils eine Frucht entwickelt, die gemeinhin als die Tomate bezeichnet wird. Mit Sicherheit gibt es mehr als 2 500 Sorten. Aus den ursprünglichen Formen der Früchte, die nur ein bis drei Zentimeter groß wurden, entwickelten sich in Kulturen Beeren, die bis zu zehn Zentimeter groß und größer werden können. Die Variationen haben sich in ein Unermessliches entwickelt, und in manchen Fällen können nur noch vorrangig vorkommende Merkmale beschrieben werden. Viele Tomatenbeeren sind rot, kugelförmig und bestehen aus zwei Kammern. Sie können aber auch eine gelbe, orange, rosa, violette, grüne, braune oder schwarze Farbe entwickeln. Eine gefleckte oder getigerte Kombination von zwei Farben ist ebenfalls möglich. Auch wenn der zweikammerige Typ verbreitet ist, können Tomatenfrüchte auch mehr Kammern haben. Eine stark gerippte Ochsenherztomate kann auch schon mal zehn Kammern besitzen. Formen reichen von rund zu flach-rund, faltig, pflaumen- oder birnenförmig, länglich und auch aus mehreren Einzelteilen bestehend. Die Früchte dieser außergewöhnlichen Form, die aussieht, als würden viele kleine oder mittelgroße Früchte zu einer großen verschmelzen, nennt man Reisetomate. Sie kann bis zu einem Kilo wiegen. Neben der wahnsinnigen Vielzahl an Tomatensorten, die vermerkt sind, gibt es sicherlich noch einmal so viele Sorten von Züchtern, die nie auf einen Namen getauft wurden und auch nirgendwo angemeldet waren und so für die Nachwelt auch nicht wenigstens auf dem Papier erhalten bleiben. Im Vergleich zu dieser Tomatenfülle ist die Anzahl der Sorten, die in Deutschland in den Handel kommen, verschwindend gering, und die Sorten lassen geschmacklich auch oft zu wünschen übrig. Trotzdem verzehrt jeder Deutsche im Durchschnitt elf Kilogramm frische Tomaten und weitere elf Kilogramm industriell verarbeitete. Genau wie bei den meisten anderen stark in Kultur vorkommenden Gemüsesorten ist auch nicht jede Tomate für die gleichen Verwendungen geeignet. Manche Züchtung richtet ihre Merkmale auf die industrielle Weiterverarbeitung, eine andere hat die besten Lagerqualitäten. Den Möglichkeiten sind erst mal keine Grenzen gesetzt.

**Flaschentomate (Solanum lycopersicum),
Sorte: Andine Cornue – Andenhorn**
Diese Sorte verspricht regelmäßig gute Ausbeute. Die Früchte sind groß und haben eine längliche, etwas unregelmäßige Hornform. Der Geschmack ist süß, und das Fleisch ist angenehm trocken. Sie eignen sich besonders gut für Saucen.

Flaschentomate (Solanum lycopersicum),
Sorte: Andine Cornue – Andenhorn

TOMATEN
(SOLANUM LYCOPERSICUM)

TOMATEN

1
Eiertomate (Solanum lycopersicum), Sorte: Amish Paste
Rote Früchte ungleichmäßig oval- bis walzenförmig, teilweise auch Ochsenherzform. Fleisch relativ fest, wenig saftig.

2
Fleischtomate (Solanum lycopersicum), Sorte: Ochsenherz
Große, herz- bis beutelförmige Tomate mit dickem Fruchtfleisch. Sie ist sehr aromatisch und deshalb auch sehr beliebt.

3
Fleischtomate (Solanum lycopersicum), Sorte: Noire de Crimée
Alte, bekannte schwarze Sorte. Dunkel- oder braunrot geflammt. Ihr Fleisch ist zart-saftig und sehr aromatisch.

4
Fleischtomate (Solanum lycopersicum), Sorte: Goldene Königin
Gelbe Tomate sehr alter Sorte. Mittelgroße, sehr aromatische und platzfeste Früchte. Gelten als fäulnisresistent. Wenig Säure.

5
Rote Stabtomate (Solanum lycopersicum), Sorte: Moneymaker
Diese Sorte ist ausgesprochen ertragreich. Die mittelgroße Frucht ist platzfest.

6
Fleischtomate (Solanum lycopersicum), Sorte: Fleurette
Beliebte Ausgangsform von neuen Züchtungen, z. B. veredelte Fleurette F1.

7
Fleischtomate (Solanum lycopersicum), Sorte: German Queen
Ertragreiche, alte deutsche Sorte. Die Früchte sind von ausgezeichneter Qualität, platt-rund, rosarot und an den Schultern leicht eingerippt. Sehr saftig und würzig-aromatisch.

8
Fleischtomate (Solanum lycopersicum), Sorte: Moonglow
Die runde, orangegelbe Tomate ist sehr dickfleischig. Aromatisch überzeugt sie durch ihre milde Süße. Gute Lagerfähigkeit.

9
Gelbe Stabtomate (Solanum lycopersicum), Sorte: Golden Jubile
Die Früchte der Sorte sind relativ groß und sehr gut im Geschmack. Ihre Farbe leuchtet goldorange, ihre Form ist rund bis sechseckig.

10
Fleischtomate (Solanum lycopersicum), Sorte: Berner Rose
Mittlere Größe und auffallend dünne Fruchthaut. Leichte rosa Farbe.

11
Fleischtomate (Solanum lycopersicum), Sorte: Marmande
Frühreife französische Sorte. Am Stielansatz gerippt. Aromatische, flach-runde, rote Früchte.

IN SCHALE GEWORFEN

Die drittgrößte Pflanzengruppe der Welt bilden mit etwa 17 000 Arten die Hülsenfrüchtler (Fabaceae). Fast alle von ihnen haben die Eigenschaft, mit bestimmten Bakterien in einer Symbiose zu leben, in der Luftstickstoff in Knöllchen an den Wurzeln der Pflanzen gebunden wird. Das dient der Pflanze zur Selbstversorgung, und nach dem Absterben der Pflanze verbleiben diese Düngerdepots im Boden und versorgen die gesamte Pflanze mit Stickstoff. Außerdem bilden sie besonders eiweißreiche Samen, ohne große Ansprüche an den Boden zu stellen.

Vier Arten von Hülsenfrüchten werden derzeit in Deutschland in großem Stil angebaut. Linsen (Lens culinaris) zählen nach langer Kulturtradition in Deutschland nicht mehr dazu, doch für die gehobene Gastronomie befindet sich aktuell die Alblinse wieder in Produktion. Die Erbse ist eine Hülsenfrucht, die in Deutschland immer noch recht ausgeprägt angebaut wird. Sie wurde schon sehr früh in Mitteleuropa domestiziert und ist hier wohl so alt wie der Ackerbau. Eine von ihren zwei Unterarten ist die Ackererbse (Pisum sativum L. convar. speciosum), deren reifer Samen dunkelbraun gefärbt ist und als Viehfutter, aber auch als Gründünger angebaut wird. Die andere Unterart ist die Speiseerbse (Pisum sativum), die als Trockenfrüchte und frisch als Grüne Erbse verwendet werden und in zahlreichen Sorten vorkommen.

Was die Bohnen angeht, werden neben Feuerbohnen (Phaseolus coccineus), die zur Zierde angebaut werden, aber auch unseren Speiseplan ergänzen, auch Ackerbohnen (Vicia faba), aus der Gattung der Wicken, in Deutschland domestiziert. Sie ist eine Futterpflanze für Tiere, hat aber auch ihre menschlichen Liebhaber. Was allgemeine kulinarische Vorlieben angeht, hat die Gartenbohne (Phaseolus vulgaris) eindeutig die Nase vorn. Ihre Hülsen werden auch Fisole genannt. Sie ist eine frostempfindliche, einjährige Pflanze und nur in Kultur bekannt. Ihre Wildform ist höchstwahrscheinlich die Phaseolus aborigineus aus Südamerika. Trotzdem wachsen sie gut in Mitteleuropa, wobei sie keine hohen Ansprüche an den Boden stellen. Allerdings bevorzugen sie humushaltige Böden. Innerhalb ihrer Art kommen zwei Varietäten vor. Das ist auf der einen Seite die Stangenbohne, die zwei bis vier Meter lang wächst und sich entgegen des Uhrzeigersinns an Stützen windet. Auf der anderen Seite wächst die Buschbohne nur 30 bis 60 Zentimeter hoch und windet sich nicht. Früher, als die Bohne als wichtiger Eiweißlieferant noch nicht von billigem Fleisch aus Massentierhaltung abgelöst war, war die Verwendung der Trockenbohne die wichtigste. Prinzipiell kann auch jede Bohne als Trockenbohne genutzt werden. Bevorzugt werden aber Bohnen mit dünner Schale und guter Quellfähigkeit. Als die Trockenbohne ihre beste Zeit erlebte, galt sogar die Nutzung ihrer Hülsen als Verschwendung, da diese frühzeitige Verwendung den Ertrag der Trockenbohne schmälerte, die länger ausreift, um zu trocknen.

Die Buschbohne (Phaseolus vulgaris ssp. vulgaris var. nanus) verdrängte mit ihren hohen Erträgen die Ackerbohne. Sie reifen relativ zeitig, deshalb haben sie besonders feine Hülsen, die gerne und sogar roh mitverzehrt werden. Die Stangenbohne (Phaseolus vulgaris ssp. vulgaris var. vulgaris) reift etwas später aus. Der Farben- und Formenreichtum der Gartenbohne ist sehr ausgeprägt. Hülsen können grün, gelb, blau, violett, rosa, fast weiß, uni, gestreift oder marmoriert sein. Auch die Samen sind mit reichen Farben-, Muster- und Formenvariationen gesegnet. Im Allgemeinen kann man sagen, dass gelbhülsige Sorten empfindlicher als grünhülsige sind. Die Gelben verlangen geradezu nach warmen sonnigen Lagen, leiden regelrecht unter schlechtem Wetter und müssen jung geerntet werden, da sie nur dann richtig knackig sind. Gartenbohnen werden auch anhand ihrer Hülsenform unterschieden. Das hat allerdings keinen botanischen Hintergrund, sondern dient nur der Übersicht. Sie sind entweder Schwertbohnen, mit länglichen nierenförmigen Samen, oder Perlbohnen, die kugelige Samen ausbilden und sich schon durch die Fruchthülle abzeichnen. Weiter teilt die Form im Querschnitt die Gartenbohne in verschiedene Sorten. Die Flageoletbohne hat einen flach-ovalen Querschnitt. Fleisch- oder Speckbohnen haben gerade, langspitzige runde Hülsen. Bohnen sollten niemals roh in rauen Mengen verzehrt werden, denn sie enthalten giftige Phasine (komplexe Proteine und Glykoproteine), die beim Kochen bei mehr als 70 °C aber zersetzt werden.

Stangenbohne (Phaseolus vulgaris ssp. vulgaris var. vulgaris), Sorte: Goldfield

Die Stangenbohne ist reich tragend. Die goldgelben Hülsen sind, lang, flach und sehr breit. Noch auffälliger als ihre Form ist die goldgelbe Farbe. Sie eignet sich im Freiland, aber auch für den geschützten Anbau. In Kultur empfiehlt sich eine Aussaat von Mai bis Juni, um die Hülsenfrucht in jungem Zustand von Juli bis September ernten zu können.

Stangenbohne (Phaseolus vulgaris ssp. vulgaris var. vulgaris), Sorte: Goldfield

HÜLSENFRÜCHTE (FABACEAE)

HÜLSENFRÜCHTE

1
**Stangenbohne (Phaseolus vulgaris ssp. vulgaris var. vulgaris),
Sorte: Lippoldsberger Weiße Perle (Türkische Erbse)**
Die Hülse der fadenlosen alten Sorte ist etwa 12 Zentimeter lang. Die Samen sind klein und weiß und drücken sich wie eine Perlenschnur durch die Hülse. Sie eignet sich hervorragend als Salatbohne.

2
**Buschbohne (Phaseolus vulgaris ssp. vulgaris var. nanus),
Sorte: Purple Queen**
Die lila Hülse der Purple Queen wird beim Kochen vollkommen grün. Sie kann bis zu 15 Zentimeter lang und ca. 40 Zentimeter hoch werden. Ab einer Bodentemperatur von 10 °C kann die Bohne ausgesät werden.

3
**Stangenbohne (Phaseolus vulgaris ssp. vulgaris var. vulgaris),
Sorte: Quedlinburger Speck**
Diese Stangenbohne ist fadenlos und sehr ertragreich. Sie trägt lange, fast gerade, dickfleischige, rund-ovale Schoten, die ein sattes Grün aufweisen. Die mittelfrühe Hülsenfrucht ist resistent gegen das Mosaikvirus. Hoher, kräftiger Wuchs, bevorzugt einen lockeren, humosen Boden an einer windgeschützten Stelle. Je nach Aussaattermin liegt sich der Erntezeitraum zwischen August und Oktober.

4
**Stangenbohne (Phaseolus vulgaris ssp. vulgaris var. vulgaris),
Sorte: Weinländerin**
Die traditionelle Sorte für den Freilandanbau ist sehr ertragreich. Die etwa 20 Zentimeter langen Hülsen haben eine grüne Grundfarbe, die rot gesprenkelt ist. Die Samen eignen sich besonders gut zum Dörren. Die Bohne hat eine starke Laubentwicklung und ein besonders fleischigen Samen. Sie gehört eher zu den späten Sorten.

VOM HOBELN UND SCHNITZEN

Werkzeuge
Ohne gutes Werkzeug geht auch in der Gemüseküche nichts. Einige Küchenhelfer sind sogar eigens für die Bearbeitung von Gemüse und Obst entwickelt worden. Und scharf sollten die Klingen auch sein, mit stumpfem Messer wird kaum geschnitten, sondern mehr gepresst oder gedrückt, was bei empfindlichen Gemüsen zu unerwünschtem Saft- und damit zu Aromaverlust führt. Wetzstahl zum Aufrichten der Schneide und Abziehstein gehören also selbstverständlich auch zur Grundausrüstung des Kochs.

Hier einige Werkzeuge, die auf jeden Fall in die Gemüseküche gehören:
- großes und kleines Kochmesser
- Schälmesser (auch Tourniermesser genannt) mit kurzer, spitzer und gebogener Klinge
- Sparschäler
- eventuell japanische Messer, wie das Vielzweckgerät Santoku oder ein Nakiri
- Buntmesser, um dekorative Gemüsescheiben zu schneiden
- Gemüsehobel, besser noch eine Mandoline mit auswechselbaren Klingen und Stärkeverstellung
- Schaumlöffel
- Gemüse-, (Pilz-)Bürste
- Bratenschnur, um etwa Spargelportionen zu binden
- Kugelausstecher
- Zestenreißer

Und für Spezialisten:
- Aufschnittmaschine, wenn es um besonders gleichmäßige Gemüseschnitte geht
- Gemüsespiralen-Schneider

Eine Menge an Werkzeugen, aber sie erleichtern nicht nur die Arbeit, sondern helfen auch, schöne Bilder auf dem Teller anzurichten. Und nun ab in die Praxis:

Brunoise: Brunoise sind winzige, gleichmäßig geschnittene Wurzelgemüsewürfel. Sie werden meist als Garnitur von Suppen oder Saucen verwendet, gerne auch in Füllungen. Überwiegend sind Brunoise Mischungen aus Karotten, Rübchen, Knollensellerie oder Pastinaken, sie können aber auch aus einer einzigen Gemüsesorte bestehen.
Am leichtesten tut sich der Koch, wenn er Zugriff auf eine Aufschnittmaschine mit glatter Rundklinge hat. Die Maschine wird auf die gewünschte Stärke eingestellt und das Wurzelgemüse gleichmäßig in dünne Streifen geschnitten. Die Streifen legt man übereinander und schneidet dann längs in möglichst gleicher Stärke wie die Scheiben. Die Streifen bündeln, gut mit einer Hand zusammenfassen und dann wiederum die Würfelchen fertigstellen. Das erfordert einiges an Erfahrung und vor allem Sorgfalt und Geduld.

Schalottenwürfel: Die Technik hat mancher schon bei Mutter oder Großmutter gesehen. Schalotte schälen, die Spitze etwas kürzen und die Wurzel dranlassen. Schalotte auf eine feste Unterlage legen, mit dem kleinen Kochmesser erst mehrere Parallelschnitte bis knapp vor die Wurzel ausführen, Schalotte um 90 Grad drehen, den Vorgang wiederholen, dann von der Spitze beginnend die gewünschten Würfel herunterschneiden.
Ebenso lässt sich der Vorgang auch auf Zwiebeln anwenden. Will man besonders kleine Würfel herstellen, werden die zuvor geschnittenen Stücke noch gehackt. Dazu die Spitze des großen Kochmessers fest mit einer Hand auf die Arbeitsplatte drücken, mit der anderen das Messer auf und ab bewegen.

Chiffonade schneiden: Großblättrige Salate sind wenig gabelfreundlich, beim Verzehr geht mancher Vinaigrette-Tropfen daneben. Hier hilft es, die Blätter zur Chiffonade zu schneiden. Nach dem Waschen und Trocknen werden die Blätter flach ausgebreitet und die dicken (harten) mittleren Rippen herausgeschnitten. Anschließend die Blätter übereinanderlegen und fest zusammenrollen. Nach Geschmack dann in schmalere oder breitere Streifen schneiden. Achtung: Eine Chiffonade sollte rasch verwendet werden, weil die Blattstreifen schnell welken.

Julienne: Julienne sind hauchfeine Streifen von Gemüsen. Entweder mit der Aufschnittmaschine, auf dem Gemüsehobel oder der Mandoline oder von Hand feine Gemüsescheiben schneiden. Die Streifen dicht übereinanderlegen und dann mit dem Messer die gewünschten feinsten Streifen herunterschneiden. Lauchstangen werden zuerst in etwa zehn Zentimeter lange Abschnitte geteilt und dann längs halbiert. So lassen sich die einzelnen Blätter leicht voneinander trennen und waschen. Die Abschnitte dann fest auf dem Schneidebrett flach drücken und längs die Julienne herunterschneiden. Für alle, die es nicht ganz so fein brauchen: Von harten Gemüsen wie Karotten oder Sellerie kann man die gewünschten Streifen auch mit dem Zestenreißer herunterziehen.

Kugeln ausstechen: Die Frucht oder das Gemüse möglichst sauber schälen, den Kugelausstecher bis zum Rand in das Gemüse stechen und drehen. Die Kugel anschließend herauslösen. Werden besonders kleine Kugeln gewünscht, greift man zum Perlausstecher.

Gemüsepüree, Werkzeug zum Schälen & Ausstechen

VON FORMEN UND SCHALEN

Mirepoix: Auch für ein Mirepoix müssen Würfel geschnitten werden. Je nach Garzeit des Gemüses werden die Würfel unterschiedlich groß geschnitten. Klassisch besteht ein Mirepoix aus je zwei Teilen Karotten- und Zwiebelwürfel sowie einem Teil Sellerie. Mirepoix ist ein wichtiger Bestandteil von dunklen Saucen und Schmorgerichten und wird zu Beginn des Kochvorgangs zugegeben. Die Gemüsewürfel werden vor der Fertigstellung der Sauce oder vor dem Servieren abgesiebt. In der italienischen Küche kennt man den battuto und das soffrito (ein angebratener battuto). Beide gehören immer zum Gericht und werden darum mitserviert.

Spiralen: In den vergangenen Jahren sind viele Spitzenköche dazu übergegangen, Gemüse hin und wieder in Spiralen oder „Spaghetti" zu schneiden, um ein optisches Erlebnis auf den Teller zu zaubern. Der gastronomische Fachhandel bietet für diese Schneidetechnik entsprechende Maschinen an.

Rollschnitt: Der Rollschnitt stammt ursprünglich aus der asiatischen Küche. Er eignet sich vor allem für längliche Gemüse wie Karotten oder andere lange Wurzeln. Spitze schräg abschneiden, die Wurzel um 90 Grad rollen (Vierteldrehung), diagonal weiterschneiden. Es entstehen keilförmige Stücke, die aufgrund ihrer großen Oberfläche gut garen.

Schnittwerk: In der asiatischen Küche dient kunstvoll geschnitztes Gemüse, meist Karotten, überwiegend dekorativen Zwecken. Aber auch die französische Hochküche kennt die „geschnitzten" Gemüse. Sie sehen nicht nur appetitlich aus, sondern garen auch gleichmäßiger. Runde Gemüse werden ja nach Größe geviertelt oder geachtelt, aus länglichen Gemüsen (Zucchini, Karotten) schneidet man zunächst etwa fünf Zentimeter lange Zylinder, halbiert bei Bedarf, rundet dann die Längskanten ab und schneidet diese Stücke mithilfe des Schälmessers in einem Bootsrumpf ähnliche Körper. Das nennt man auch tournieren. Abschnitte für anderes verwahren. Bei Artischocken bricht man zunächst den Stiel ab und dann die Blätter rund um den Boden. Anschließend werden mit einem Schälmesser die grünen Teile weg- und der Stielansatz flach abgeschnitten. Blattspitzen knapp über dem Boden wegschneiden und mit einem Kugelausstecher das „Heu" aus dem Boden herausschaben. Den Boden mit Zitronensaft einreiben, damit er nicht braun wird, oder Wasser mit darin gelöstem Vitamin C verwenden. Dauert es bis zur Weiterverwendung, die Böden in Zitronen- oder Vitamin-C-Wasser legen.

Waffeln: Hierbei ist kein Waffeleisen erforderlich, sondern eine Mandoline mit Buntmessereinsatz. Das Gemüse in passender Größe in die Mandoline einlegen und nach jedem Schnitt um 90 Grad drehen, so entsteht ein waffelartiges Muster. Kartoffeln derart geschnitten, sollten unter fließend kaltem Wasser gründlich abgespült werden, damit sie bei der Zubereitung nicht zusammenkleben.

Entkernen: Salatgurken werden rasch matschig, entfernt man vor der Zubereitung die Kerne nicht. Gurken schälen oder nicht, längs halbieren und mit einem Teelöffel die Kerne herauskratzen, dann in gewünschte Stücke oder Scheiben schneiden. Die Teile in ein großes Sieb legen, mit Salz bestreuen und vorsichtig mischen. Das Sieb mit den Gurkenstücken über einen großen Topf hängen. Das Salz zieht Wasser aus der Gurke, und das tropft in den Topf. Das Fruchtfleisch wird dadurch fester und knackiger.

Häuten: Die Haut von Tomaten und Paprika ist für uns nicht verdaulich und wird darum gerne entfernt. Um Tomaten zu häuten, schneidet man mit dem Schälmesser den Stielansatz heraus und schlitzt die Unterseite kreuzförmig ein. Die so vorbereiteten Tomaten taucht man für etwa zehn Sekunden in kochendes Wasser, bis die Haut Blasen wirft und sich an dem Kreuzschnitt löst. Aus dem Kochwasser heben und in eiskaltem Wasser abschrecken. Die Haut sollte dann leicht mithilfe des Schälmessers abzuziehen sein. Paprika werden zunächst geputzt: Dazu Boden und Deckel der Schote abschneiden, den Zylinder an einer Seite aufschneiden und abrollen, dabei können die inneren Stege und der Samenhalter leicht abgeschnitten werden. Die Stücke mit der glatten Oberseite auf ein Backblech legen und mit etwas Olivenöl beträufeln oder bepinseln. Unter dem Backofengrill so lange rösten, bis die Haut schwarz wird und Blasen wirft. Rasch in einen Plastikbeutel stecken, verschließen und abkühlen lassen. Danach lässt sich die Haut leicht abziehen.

Schälen: Hier kommt nun endlich der Sparschäler zum Einsatz. Mit den scharfen Geräten können Karotten, Pastinaken oder andere Wurzeln hauchdünn geschält werden. Der überwiegende Einsatz betrifft jedoch Spargel- und Schwarzwurzeln. Weißer Spargel wird nach dem Waschen und Kürzen in einer Hand gehalten und mit dem Sparschäler die Haut beginnend etwa drei bis vier Zentimeter unter dem Kopf nach unten hin abgeschält. Bei grünem Spargel reicht es, das untere Drittel zu schälen. Zum Schälen von Schwarzwurzeln zieht man sich am besten Einmalhandschuhe über und schält unter fließend kaltem Wasser. Die geschälten Stangen in Wasser mit Zitronensaft geben oder etwas Mehl und Essig in das Wasser einrühren und die Wurzeln hineinlegen. Dann verfärben sie nicht.

Gemüse-Schnittwerk, Tomaten schälen, Karotten-Julienne & -Spirale

DAS EINREISSEN VON ZELLFESTUNGEN

Kochen

Irgendwann fand einer unserer steinzeitlichen Vorfahren heraus, dass Ton, der ins Feuer gefallen war, in der Hitze knallhart wird. Damit war der erste Schritt für die Erfindung des Topfes getan und ein weiterer für das Kochen mit Wasser in Töpfen. Das Überleben wurde dadurch einfacher, denn Pflanzen sind leichter zu ernten als Tiere zu jagen. Außerdem durchbricht die Hitze beim Kochen die bei vielen Pflanzen vorhandene Giftbarriere, und die Pflanze wird damit erst genießbar. Kidney- oder andere Bohnen enthalten im rohen Zustand ein starkes Gift, das gefährlich werden kann, verzehrt man die Pflanzen roh oder nicht vollständig gegart.

Kochen zerstört aber nicht nur Gifte, sondern macht Pflanzen auch besser verdaulich. Deren Zellen werden durch Pektin und Hemicellulose miteinander verbunden. Kochen weicht die Zellwand auf, das Kauen wird leichter. Allerdings hat das Kochen von Gemüse einen großen Nachteil: Ein guter Teil von wasserlöslichen Vitaminen und anderen Inhaltsstoffen wird durch osmotische Diffusion herausgelöst. Das Kochwasser von Karotten wird beispielsweise schnell gelblich. Auch die Farbe von Gemüse kann sich beim Kochen deutlich ändern, weil die natürlichen Pigmente auf den pH-Wert des Wassers reagieren.

Zum Kochen brauchen wir Wasser. Dass H_2O aber nicht gleich H_2O ist, weiß jeder, der schon mal Gemüse gekocht hat. Es verändert beim Kochen seine Farbe. Auch Wasser hat einen pH-Wert, es kann von säuerlich (niedriger pH-Wert) bis alkalisch (hoher pH-Wert) reichen. Wasser mit hohen Anteilen an Mineralien („hartes" Wasser) kann etwa leuchtendes Grün in stumpfes Gelbgrün verwandeln. Bei manchen Pflanzen, besonders auffällig beim Rotkohl, verändern sich die natürlichen Farbstoffe bei Veränderung des pH-Wertes. Gibt man etwas Essig zum kochenden Rotkohl, werden seine Anthozyane (ein Pigment) rot; gibt man Backpulver dazu, werden die Pigmente blau (Blaukraut). Wer also nicht über ein neutrales Wasser verfügen kann, aber dennoch empfindliche Gemüse kochen möchte, sollte komplett gereinigtes Wasser nehmen. Zudem können bei vielen Gemüsen die Aromaträger zerstört werden, z. B. Zucker wird aus Kartoffeln herausgelöst.

Ein Tipp, um die Süße der Kartoffeln zu erhalten

Auf 1 l Kochwasser 10 g Zucker geben und darin die Kartoffeln kochen. Die Zuckermoleküle aus der Knolle wollen nicht ins Kochwasser diffundieren, und die Kartoffel behält ihren süßlichen Geschmack.

Viele Gemüse werden durch das Kochen, und damit durch das Zerstören der Zellwände, nahrhafter, als sie es in rohem Zustand sind. Aus rohen Karotten etwa werden nur rund drei Prozent des Betacarotins (Vorstufe von Vitamin A) herausgelöst, bei gekochten sind es bereits sechs Prozent. Werden die Karotten vor dem Verzehr zerkleinert, wird die Aufnahme des Betacarotins schon erheblich gesteigert. Und aus in Öl gegarten Karotten nimmt der Körper fast 40 Prozent des Betacarotins auf.

Orientalische Karotten (nach Prof. Thomas Vilgis)

Ein nützliches Werkzeug in der Küche ist eine Gemüsebürste. Damit die Karotten unter fließendem Wasser gründlich reinigen, Wurzel und Blätteransatz ab- und die Karotten in hübsche schräge Scheiben schneiden. Butter in einer Kasserolle erwärmen, etwas Ras el-Hanout und frisch gemahlenen Kreuzkümmel dazugeben und kurz ziehen lassen. Fein gewürfelten, jungen Knoblauch und Schalotte dazugeben. Kurz andünsten, ohne Farbe annehmen zu lassen, Karottenscheiben dazugeben und in der Butter weich dünsten. Mit Salz und Pfeffer abschmecken.

Auch Spinat gewinnt durchs Kochen. Die Hitze zerstört einen großen Teil der im Spinat (oder auch im Rhabarber) enthaltenen Oxalsäure. Diese bindet unter anderem Eisen und Calcium in Form von Salzen, die der Körper nicht aufnehmen kann.

Viele Gemüse werden vor dem Kochen geschält.

Dämpfen

Eine weitere Methode, mittels Hitze und Wasser die Zellfestungen einzureißen, ist das Dämpfen. Dabei wird Wasserdampf erzeugt, der um das Gargut streicht und es ohne direkten Wasserkontakt gart. Eine gute Hilfe fürs Dämpfen mit Wasser sind die aus der asiatischen Küche bekannten Dämpfkörbchen. Nährstoffe und Zucker, die beim Kochen verloren gehen könnten, bleiben beim Dämpfen erhalten.

Dämpfen von Gemüse

GEMÜSE UNTER DRUCK

Sous-vide (Vakuumgaren)

Weg von Dampf und siedendem Wasser, hin zum Garen unter Vakuum. Im Fachterminus nennt sich die Garmethode Sous-vide, was ein Vakuum mit Niedrigtemperaturen in einem Wasserbad kombiniert. Sous-vide gilt schlechthin als das schonendste Garverfahren. Seinen Ursprung fand diese Technik in der Vakuumkonservierung von Lebensmitteln. So kann durch den vollständigen Entzug von Luft verhindert werden, dass der darin enthaltene Sauerstoff zum Verderbnis von Lebensmitteln führt (Oxidation), sofern nur absolut einwandfreie und hygienisch unbedenkliche Lebensmittel vakuumiert werden.

Der Legende nach haben zwei französische Köche das Garen im verschweißten Plastikbeutel im vergangenen Jahrhundert erfunden. Sie ärgerten sich darüber, dass bei der herkömmlichen Zubereitung von Stopflebern sehr viel Fett ausbriet und durch den Gewichtsverlust auch ein betriebswirtschaftlicher Schaden entstand. Also vakuumierten sie die Stopfleber ein und gaben sie zum Garen in ein Wasserbad. Schon die ersten ihrer Erkenntnisse waren vielversprechend, und schnell war klar, dass das Sous-vide-Verfahren nicht nur Vorteile bei der Zubereitung von Fleisch und Fisch, sondern auch bei der Verarbeitung von Gemüse und sogar Obst bietet. Genau wie jedem Gargut gehen so auch den Pflanzenteilen weder Flüssigkeiten noch Aromen verloren. Erlaubt ist, was in einen geeigneten Beutel passt und unter Umständen schmecken könnte. Zusätzlich können Geschmacksbilder erweitert werden, wenn der gehörige Unterdruck Flüssigkeiten wie Marinaden, Soßen und Öle in Lebensmittel eindringen lässt. In den Beuteln gart dann das Gemüse über Minuten, Stunden bis hin zu Tagen in einem Wasserbad, das exakt eine einzige Temperatur hält. Zuverlässige Geräte in allen Preisklassen bietet hierfür der Gerätefachhandel. Das funktioniert so gut, weil Wasser eine weitaus bessere Wärmeleitfähigkeit besitzt als Luft. Der perfekte Garpunkt wird so eingestellt, gehalten und kann nicht überschritten werden. Verkochtes Gemüse ist somit ausgeschlossen.

Generell gilt bei Sous-vide-gegartem Gemüse, dass höhere Temperaturen vonnöten sind als bei Fleisch oder Fisch. Um die stabilen Zellstrukturen zu brechen, was dem Garvorgang entspricht, sind mindestens 78 °C erforderlich. Die Zugabe von Salz und/ oder Zucker kann das unterstützen und die benötigte Temperatur senken. Ein schöner Nebeneffekt ist, dass das Sous-vide-Verfahren die arteigene Farbe von manchem Gemüse oder Obst verstärkt. Zu beachten ist dabei aber immer, dass erst unmittelbar vor der Zubereitung vakuumiert wird, damit durch längere Lagerung eventuell entstehende Gase keine Blasen im Vakuumbeutel bilden. Das könnte bedeuten, dass sich der Beutel im Wasserbad aufschwimmt, wodurch das Lebensmittel nicht vollständig beziehungsweise nicht gleichmäßig gegart würde.

Haferwurzel Sous-vide

Haferwurzel putzen, feine Haarwurzeln und Triebe nicht entfernen. Mit etwas Olivenöl und Salz, eventuell auch Gemüsefond, vakuumieren. Im Dampfgarer bei 85 °C ca. 40 Minuten garen. Danach kurz in Butter und dem Öl aus dem Vakuumbeutel anbraten, um Röstaromen zu erzeugen. Die Haarwurzeln werden dabei kross und knusprig, die Hauptwurzel bleibt zart und saftig.

Haferwurzel Sous-vide

KONZENTRATION AUF INNERE WERTE

Essenzen
Das Wort „Essenz" stammt aus dem Lateinischen vom Verbum „esse" = sein. Es handelt sich also um das Sein, das Wesentliche eines Produktes oder – philosophisch – einer Idee, einer Diskussion oder Gedankensammlung. In das Küchenvokabular übernommen, handelt es sich also vereinfacht ausgedrückt um das Wesentliche von Lebensmitteln: Fonds, Brühen, Fumets oder eben Essenzen (Essigessenz).
Essenzen von Gemüsen werden meist durch Extraktion der Säfte gewonnen, die unverdaulichen Zellstoffe (Ballaststoffe) bleiben draußen. Essenzen werden entweder pur genossen oder bilden die Grundlage für besonders geschmacksintensive Saucen.

Säfte
Vielfach werden Zentrifugen zur Saftgewinnung eingesetzt. Die gewöhnlichen Haushaltszentrifugen bringen indes meist nicht genügend Leistung, um härtere Gemüse wie Sellerie, Kohlarten oder Karotten vollständig zu entsaften. Außerdem entsteht bei den hohen Umdrehungszahlen der Zentrifuge Wärme, und es kommt viel Luftsauerstoff an den Gemüsebrei bzw. Gemüsesaft, sodass die Flüssigkeit schnell oxidiert, sich verändert und an Geschmack und Inhaltsstoffen verliert. Darum müssen derart gewonnene Essenzen frisch und schnell verbraucht werden. Zum Zentrifugieren besonders gut geeignete Gemüse sind alle weichen oder sehr safthaltigen wie Salatgurken, Staudensellerie oder Tomaten.

Presswalzen-Entsafter zerkleinern und pressen so ziemlich jedes Obst und Gemüse. Sie bringen mehr Ausbeute, verbrauchen aber auch mehr Energie und Zeit. Beispielsweise Rotkohlsaft, um darin den Rotkohl zu dünsten, ließe sich damit gut herstellen. Besonders wirksam sind solche Entsafter mit zwei Schnecken. Ob ihres hohen Anschaffungspreises sind diese Entsafter in der normalen Haushaltsküche eher selten anzutreffen.

Schon Großmutter kannte den Dampfentsafter. Damit lassen sich in kurzer Zeit ziemlich viele Früchte oder Fruchtstücke entsaften. Das Verfahren ist ziemlich einfach. Über einem Wasserbad steht ein Auffangbehälter, darüber der Behälter für das Obst oder Gemüse. Der heiße Dampf steigt hoch, bricht die Zellen auf (durch die Hitze dehnt sich die Zellflüssigkeit aus), der Saft fließt heraus und wird über den Auffangbehälter nach draußen geleitet. Nachteil der Dampfentsaftung ist die nötige Hitze. Sie zerstört einen Teil der Vitamine und alle Enzyme. Per Dampf gewonnene Säfte sind meist lange haltbar.

Eine andere Methode, an das Wesentliche eines Lebensmittels zu kommen, ist die Mazeration. Dabei wird eine aromatische Flüssigkeit (Wein, Likör o. Ä.) über das Lebensmittel gegossen, der Alkohol nimmt einen Teil der Aromastoffe durch Osmose auf. Werden Gemüse eingesetzt, spricht man eher von marinieren.

So stellt man eine klare Tomatenessenz her:
Vollreife Tomaten waschen und mit Schale und Stielansatz in Würfel schneiden. Würfel mit grobem Meersalz und etwas Zucker mischen und in ein Passiertuch (alternativ ein genügend großes, feines Sieb) geben. Das Tuch über einen Topf hängen und am besten über Nacht im Kühlschrank abtropfen lassen. Durch die unterschiedliche Salzkonzentration – hier kommt etwas Küchenphysik ins Spiel – dringt Salz in die Zellen ein, und Flüssigkeit tritt aus, um eine gleichmäßige Konzentration des Salzes zu erzielen. Das Gleichgewicht der Kräfte tritt ein. Die Essenz bis zur weiteren Verwendung ebenso aufheben wie den Tomatenbrei.

Tomatenessenz (nach Dieter Müller)
1 kg vollreife Tomaten (oder geschälte Eiertomaten aus der Dose) • 1 Karotte • 2 Schalotten • ½ Knoblauchzehe • ¼ Staudenselleriestange • 40 g Butter • 800 ml heller Geflügelfond • 2 Eiweiß • 10 Eiswürfel • 3 EL Tomatenmark • 2–3 Petersilienzweige • 1 Prise Zucker • 2 cl Gin • Salz • Pfeffer

Die Tomaten waschen und vierteln. Die Karotte, die Schalotten und den Knoblauch schälen. Sellerie waschen und putzen. Alles in gleich große Würfel schneiden. Die Butter erhitzen, das Gemüse darin andünsten, mit dem Geflügelfond auffüllen und bei milder Hitze 15–20 Minuten köcheln lassen. Vom Herd nehmen und mindestens 3 Stunden sehr intensiv durchkühlen.
Eiweiß mit den Eiswürfeln, dem Tomatenmark und den Petersilienzweigen vermischen und unter die kalte Suppe rühren. Auf dem Herd bei milder Hitze und ständigem, vorsichtigem Rühren langsam zum Sieden bringen und 15 Minuten am Herdrand ziehen lassen. Ein Sieb mit einem Tuch auslegen und die Suppe vorsichtig passieren. Mit Zucker, Gin, Salz und Pfeffer abschmecken. Nochmals kurz erhitzen.

Klare Tomatenessenz mit bunten Karotten

FÜR AUSGEKOCHTE GEMÜSELIEBHABER

Fond und Suppe – Verwandte, aber keine Geschwister
Fonds sind die Grundlage für Saucen und Suppen, und für jeden Fond gilt: kein Salz! Für seine Herstellung gibt es zahllose Rezepte. Allen gemeinsam ist, dass sie Zwiebeln enthalten. Werden die Zwiebeln halbiert und auf der Schnittfläche in einer trockenen Pfanne gebräunt, wird der Fond je nach Bräunungsgrad dunkler. Zutaten können Knoblauch, Zucchini, Brokkoli, Fenchel, Lauch, Karotten, Sellerie (Knolle und/oder Staude), Lorbeerblatt, Nelke, Champignons, aber auch Wirsing sein. Ein Gemüsefond darf kräftig sein, sollte aber neutral schmecken.
Die Zutaten werden zunächst in etwas Öl oder Butter bei geringer Hitze weich gedünstet (nicht länger als 30 Minuten). Dann mit Wasser aufgießen und zum Kochen bringen, 30–40 Minuten köcheln lassen. Den entstehenden Schaum immer wieder abschöpfen. Den noch heißen Fond durch ein Passiertuch seihen, nochmals erhitzen und ein wenig reduzieren. Ganz praktisch lässt sich der Gemüsefond in Eiswürfelbeutel füllen und einfrieren. So kann man nach Bedarf sehr genau portionieren.

Nichts für Suppenkasper
Gemüsefond bildet eine gute Grundlage für Gemüsesuppen. Nicht allein, dass jetzt auch Salz ins Spiel kommt, sondern auch allerlei „grüne" Zutaten. So können etwa Kartoffeln, Brokkoli, Zucchini oder enthäutete Tomaten in mundgerechte Stücke geschnitten werden, die als Einlage der Gemüsesuppe dienen.
Weitere Einlagen können auch Markklößchen, Pilze, Nudeln oder – asiatisch angehaucht – Streifen von Geflügelfleisch oder Schweinefilet sein. Dann empfiehlt sich auch die Zugabe von etwas frischem Ingwer.
Dicke Gemüsesuppen gehören entweder in die Kategorie Cremesuppen oder Eintopf. Die berühmte deutsche Erbsensuppe oder die italienische Minestrone dürfen durchaus dazugezählt werden. Spargelcreme- oder Kürbiscremesuppe sind aus der gehobenen Küche nicht wegzudenken.

Gemüsefond (nach Jörg Müller)
200 g Lauch • 200 g Sellerie • 200 g Karotten • 2 kleine Zwiebeln • 1 kleines Bund Petersilie • 1 Liebstöckelzweig • Salz • Pfeffer aus der Mühle

Gemüse waschen, grob zerkleinern, in einen tiefen Topf geben. Mit ca. 2 l kaltem Wasser bedecken und zum Kochen bringen. Die Kräuter zugeben, mit Salz und Pfeffer würzen und ca. 20 Minuten leicht kochen. Danach durch ein Haarsieb passieren.

Schaumsuppe (für 4 Personen) vom Muskat-Kürbis und Ingwer (nach Dirk Burger & Stephan Krupp):
300 g Muskatkürbis, geschält • 25 g Ingwer • 25 g Schalottenwürfel • 25 g Butter • 100 ml trockener Weißwein • 800 ml Gemüsefond oder Geflügelfond • 300 g Sahne • 2 EL Crème fraîche • 50 g Butterwürfel, sehr kalt • ½ TL Currypulver • Salz • Pfeffer

Den Kürbis würfeln, Ingwer sehr fein würfeln. Schalottenwürfel in Butter glasig anschwitzen und Kürbisfleisch dazugeben, mit Curry bestäuben, Ingwer hinzufügen, mit dem Weißwein ablöschen und bis zur Hälfte reduzieren. Fond zugeben und 10 Minuten leicht köcheln lassen. Sahne und Crème fraîche einrühren, mit Salz und Pfeffer abschmecken und noch einmal aufkochen lassen.

Pot au feu vom Rindertafelspitz mit Wurzelgemüsen (nach Dieter Müller)
2 Karotten • 2 Petersilienwurzeln • ¼ Sellerieknolle • 1 Zwiebel • 1 kleine Lauchstange • 1 kg gepökelter Rindertafelspitz • 3 Markknochen (etwa 300 g) • 1 Knoblauchzehe, geschält • 10 Pfefferkörner • 5 Pimentkörner • je 1 Liebstöckel- und Blattpetersilienzweig • Salz

Gemüseeinlage: 200 g Gartengemüse, in Rauten geschnitten: Karotten, Sellerie, Kohlrabi, Kartoffeln, Lauch, Petersilienwurzeln • 2 EL fein geschnittene Gartenkräuter: Petersilie, Schnittlauch, Thymian, Liebstöckel

Karotten, Petersilienwurzeln und Sellerie waschen und schälen. Zwiebel schälen, halbieren und in einer heißen Pfanne dunkel anbraten. Die Lauchstange längs etwas einschneiden und säubern. Dann den Tafelspitz und die Markknochen mit den Gemüsen in einen Topf geben, gut mit kaltem Wasser bedecken, einmal aufkochen, danach mit geringerer Temperatur weiterköcheln lassen. Zwischendurch eventuell aufkommenden Schaum abschöpfen. Nach etwa 40 Minuten Knoblauch, Gewürze, etwas Salz, Liebstöckel und Petersilie zugeben und noch etwa 20–30 Minuten weiterköcheln, bis das Fleisch gar ist. Dann das gekochte Fleisch aus dem Fond nehmen und abgedeckt beiseitestellen. Die Brühe abschmecken und durch ein feines Tuch passieren.
Den Tafelspitz aufschneiden und mit dem in der Brühe bissfest gekochten Gartengemüse in tiefe Teller verteilen und mit frisch geschnittenen Gartenkräutern servieren.

Gemüsefond

HEISS GELIEBTE TECHNIKEN

Ab in die Mitte – der Wok

In China – dem Reich der Mitte – ist seit gut 2000 Jahren das Pfannenrühren bekannt – hier wird meist vom Kochen mit dem Wok geredet. Das hat aber mit dem ursprünglichen Pfannenrühren wenig zu tun. Chinesische Woks werden mit Gasbrennern beheizt, die die hiesigen Gewerbeaufsichten wohl kaum genehmigen würden. Bis zu 1200 °C werden die Pfannen heiß, sie glühen und müssen regelmäßig wieder in Form geschmiedet werden. Bei diesen Temperaturen würde das Gargut normalerweise schnell zu Asche verbrennen, wenn nicht der Koch mit flinken Bewegungen mit einem Werkzeug den Pfanneninhalt immer wieder in die Luft werfen würde. Weil über dem Wok unterschiedliche Temperaturen (heiße Luft, extrem heißer Dampf) herrschen, durch die die Lebensmittel fliegen, garen sie nicht nur bei dem kurzen Kontakt mit dem Pfannenboden, sondern auch auf ihrem Weg durch die Luft. Durch diese Hitze entstehen intensivste Maillard-Reaktionen, bei denen sogar das Bratfett zum Teil aufgespalten wird. Aber die kulinarischen Ergebnisse sprechen für sich. Die hierzulande meist aufgetischten Wokgerichte sind eher vergleichbar mit dem Sautieren oder Dünsten. Flüssigkeiten aus dem Gargut verdampfen nicht blitzartig, sondern sammeln sich in der Wokpfanne. Durch den aufgesetzten Deckel steht Wasserdampf in der Pfanne an, was ein Verbrennen des Gemüses verhindert. Gemüse derart zubereitet, sollte dünn geschnitten sein, es fällt schnell zusammen, aus dem ausgetretenen Sud kann später eine passende Sauce hergestellt werden, etwa mit einmontierter Butter.

Wok-Gemüse asiatisch

Beim Arbeiten mit dem Wok sollten nur Fette oder Öle verwendet werden, die hohe Temperaturen aushalten, wie Erdnussöl, Palmfette oder Sesamöl.

1 ½ Zwiebeln • 3 Knoblauchzehen, geschält • 400 g Gemüse (bunte Beten, Brokkoli, Staudensellerie, Karotten) • Sesamöl • 1 EL Ingwer, fein gehackt • 3 EL Sojasauce • 1 EL Zucker • Butter zum Binden • Salz

Gemüse in mundgerechte Stücke schneiden, Öl im Wok erhitzen, bis es zu rauchen beginnt. Gemüse zugeben und rasch sautieren. Ingwer, Sojasauce und Zucker dazugeben, Deckel aufsetzen und bei mittlerer Hitze das Gemüse bissfest dünsten. Hin und wieder umrühren. Fertiges Gemüse aus dem Wok nehmen und mit Salz abschmecken. Garsud mit sehr kalter Butter binden und als Sauce reichen.

Wok-Rezept mit asiatischer Note

25 g Totentrompeten (oder Shiitake) • 100 g braune Champignons • 1 rote Paprika • 100 g Staudensellerie, entfädelt • 2 Karotten • 1 Gemüsezwiebel • 200 g Spitzkohl, in feine Streifen geschnitten • 100 g Mangoldstiele • 200 g Mungobohnenkeime • 1 EL Sesamöl • 1 Msp. Kurkuma • 1 Msp. gemahlener Kümmel • 3 EL Sojasauce • Butter zum Binden • Salz

Totentrompeten in etwas lauwarmem Wasser einweichen (Shiitake kurz in wenig Fett sautieren) und mit dem in Stücke geschnittenen anderen Gemüse in den heißen Wok geben und im Sesamöl anbraten. Kurz sautieren, Gewürze und Sojasauce dazugeben. Deckel aufsetzen und das Gemüse bissfest dünsten. Kochsud auffangen und mit Butter montieren. Mit Salz abschmecken.

Mie-Nudel-Pfanne (nach Michael Kreiling)

1 rote Paprika • 1 gelbe Paprika • 2 grüne Zucchini • 2 Köpfe Pak Choi • 100 g rote Zwiebeln • 1 ½ Bund Koriander, nur Blätter • 6 EL Sesamöl • 100 g Shiitake • 250 g Mie-Nudeln, blanchiert • 80 ml Geflügelfond • 15 EL Sweet Chilisauce • 8–9 EL Fischsauce • 6–7 EL Austernsauce • Salz • weißer Pfeffer aus der Mühle

Die Paprika und die Zucchini gleichmäßig schneiden. Pak Choi putzen, waschen und schneiden. Die Zwiebeln schälen, in feine Steifen schneiden, ebenso die Korianderblätter zerkleinern. Das Sesamöl in der Wokpfanne erhitzen und zunächst die Zwiebeln anbraten, dann Shiitake und übriges Gemüse (außer dem Pak Choi) nach und nach zugeben. Nun die Mie-Nudeln mit dem Gemüse zusammen anbraten. Geflügelfond, Sweet Chilisauce, Fischsauce und Austernsauce hinzugeben. Nach Geschmack mit Salz und Pfeffer abschmecken, zuletzt Pak Choi und Koriander hinzugeben und servieren.

Spargel im Wok (nach Mike Süsser)

300 g weißer Spargel • 300 g grüner Spargel • 2 Knoblauchzehen • 100 g rote Paprika • 1 Chilischote, entkernt • 2 EL Erdnussöl • 1 EL Sesamöl • 1 TL Ingwer, frisch gerieben • 200 g Sojasprossen • 20 ml Sojasauce • 50 ml Geflügelfond • 10 g geröstete Erdnüsse, grob gehackt • 1 EL Koriander, grob gehackt • 1 EL Thai-Basilikum, grob gehackt • Salz • schwarzer Pfeffer

Weißen Spargel schälen, Enden entfernen und schräg in 1 cm große Stücke schneiden. Vom grünen Spargel ebenfalls die Enden abschneiden und den Spargel schräg in 1 cm große Stücke schneiden. Knoblauch, Paprika und Chilischote in feine Streifen schneiden. Beide Öle im Wok erhitzen, Spargel dazugeben und schnell schwenken. Knoblauch- sowie Paprikastreifen dazugeben und mitschwenken. Ingwer, Sojasprossen und Chilistreifen ebenfalls beigeben. Sojasauce und Geflügelfond einrühren und mit Salz und Pfeffer abschmecken. Zum Schluss Erdnüsse, Korianderblätter und Thai-Basilikum einstreuen und unterheben.

Gemüse im Wok gegart

AUS TOPF UND OFEN

Schmoren

Das Schmoren, auch Braisieren, ist eine sehr alte Zubereitungsart, die noch aus der Zeit der Holz(kohle)feuer stammt. Fleisch, Gemüse und eine geringe Wassermenge kamen in den Schmortopf. Deckel drauf und ab in die Glut. Einige Schaufeln Glut wurden zudem auf den Deckel gelegt. Dabei zerfiel das Gemüse wegen der langen Schmorzeit meist. Gemüse kann indes auch solo geschmort werden, dabei ist die Ähnlichkeit zum Dünsten unübersehbar. Ein ganz klassisches Gemüse-Schmorgericht ist das französische Ratatouille.

Ratatouille

500 g Auberginen, geschält, entkernt und in Stücke geschnitten • 250 g Zucchini • 250 g grüne Paprika • Olivenöl • 350 g Tomaten, abgezogen, entkernt und gewürfelt • 1 ½ Zwiebeln in feinen Scheiben • 2 Knoblauchzehen • 1 Bouquet garni aus Thymian, Lorbeerblatt, Petersilie • 1 EL Estragon, fein gehackt • Salz • Pfeffer

Die Auberginen, Zucchini und Paprika getrennt voneinander in einer Kasserolle in Olivenöl anschwitzen. Herausnehmen, Öl weggießen. Kasserolle reinigen, neues Öl hineingeben, Gemüse einfüllen und Tomaten, Zwiebeln, Knoblauch und das Bouquet dazugeben, salzen und pfeffern. Zugedeckt auf kleiner Flamme 1 Stunde schmoren lassen. Nach 30 Minuten den Estragon mit hineingeben. Ab und zu umrühren, damit der Inhalt nicht anbrennt, eventuell etwas Wasser zugeben.

Backen

Gemüse gehört zum Hauptgang. Stimmt und stimmt in dieser Absolutheit nicht (mehr). Die französische Tarte aux legumes oder der Zwiebelkuchen gehören ohne Zweifel in die Kategorie „gebackenes Gemüse", aber mittlerweile hat Gemüse auch Einzug ins Dessert gefunden. Karotten- oder Kürbiskuchen rufen kein Staunen oder Kopfschütteln hervor.
Große, runde Gemüse wie Kürbis, Zucchini, Ochsenherztomaten, Paprika oder Kohlrabi eignen sich auch hervorragend zum Füllen und anschließendem Backen. Die Füllung kann aus Fleisch (z. B. Lammhack), vorbereitet wie eine Frikadellenmasse, Schaf- oder Ziegenkäse oder ganz vegetarisch mit Kartoffeln und anderen Gemüsen bestehen. Gefüllte Gemüse ergeben ebenso schmackhafte wie schnelle Gerichte aus dem Backofen (Gartemperatur 200 °C).
Oder wir dekonstruieren einen französischen Klassiker, die Tarte Tatin. Die Schwestern Tatin werden sich sicher nicht im Grabe umdrehen, wenn man die Äpfel ihres durch Zufall entstandenen Backwerks durch Kürbis ersetzt. Dünne Kürbisspalten in Zucker (evtl. 1 Schuss Süßwein) andünsten und karamellisieren lassen. Weitere Vorgehensweise wie beim Klassiker.

Garen unter der Salzkruste

Fleisch und Fisch lassen sich auch unter einem Schutzmantel, gewissermaßen einem Bunker, garen. Das funktioniert auch mit Gemüsen, etwa den festen Beten. Die Salzkruste schützt das Gargut vor der mächtigen Ofenhitze, denn gegart wird bei 200 °C. Sie könnte aber natürlich auch in das Gargut eindringen. Bei Fischen und Fleisch schützen Schuppen oder fetthaltige Haut davor, bei Gemüsen sollte die Schale dranbleiben. Das grobe Meersalz wird mit Eiklar vermischt, was die Salzkrumen umkleidet. Es wirkt wie Patex, und das Salz verklebt regelrecht.

Rote Bete in Salzteig

4 bunte Beten (à ca. 200 g) • 1–1 ½ kg grobes feuchtes Meersalz • 2 Eiweiß • 1 EL Kümmelsaat • 1–2 EL Olivenöl • 250 g Crème fraîche • 250 g Magerquark • 2 EL Zitronensaft • 2 EL frischer Meerrettich • Salz • Pfeffer

Den Backofen auf 200 °C vorheizen. Beten unter fließendem Wasser bürsten, die Wurzeln abschneiden und trocken tupfen.
Salz, Eiweiß und angemörserten Kümmel mischen. Einen Teil der Salzmasse etwa 2 cm hoch auf ein mit Backpapier ausgelegtes Backblech geben. Beten mit Öl bestreichen, auf die Salzmasse legen und mit der restlichen Masse fest einpacken. Im Backofen 1 gute Stunde backen.
Aus den übrigen Zutaten einen Dip anrühren. Meerrettich raspeln. Den Salzbrocken mit einem Hammer aufbrechen, die Beten in Spalten schneiden und mit dem Dip servieren.

Kartoffeln unter der Salzkruste

8 große mehlig kochende Kartoffeln • 3 kg Meersalz • Kräuter (z. B. Thymian, Majoran und Minze) • schwarzer Pfeffer aus der Mühle

Backofen auf 200 °C vorheizen. Kartoffeln unter Wasser säubern und abtrocknen. Kräuter klein schneiden und mit Salz und Pfeffer vermengen. Eine 3 cm dicke Schicht Salz auf ein Backblech geben und die Kartoffeln darauf verteilen. Diese mit der restlichen Salzmischung vollständig bedecken. Die Kartoffeln auf unterer Schiene 2 Stunden backen. Vor dem Servieren die Salzkruste aufbrechen und Kartoffeln vom Salz befreien.

Rote Bete in Salzteig

AUF HEISSEN KOHLEN

Ab auf den Grill
Das Grillen hat in den vergangenen Jahrzehnten immer mehr Freunde in Deutschland gewonnen und ist längst nicht mehr eine Beschäftigung für nette Sommerabende. Mittlerweile hat sich auch herumgesprochen, dass man nicht nur Fleisch oder Fisch auf dem Grill zubereiten kann, Gemüse geht auch.
Zu unterscheiden ist zwischen direktem Grillen, also über der Glut, und indirektem Grillen mit geschlossenem Deckel auf dem Kugelgrill. Dabei gart das Gemüse durch die heiße Luft.

Der klassisch gegrillte Maiskolben
4 Gemüsemaiskolben • 100 g Butter • Piment d'Espelette • Salz

Die Gemüsemaiskolben werden meist vorgekocht, dann mit Butter eingerieben und nicht zu nahe an der Glut ca. 15 Minuten gegrillt. Dabei müssen sie regelmäßig gewendet werden, damit sie nicht verbrennen. Lecker mit Salz und Piment d'Espelette. Man kann aber auch die grünen Hüllblätter um den Kolben lassen und grillt den Kolben derart geschützt. Die Hüllblätter werden braun oder verkohlen sogar, der Kolben dünstet im Innern, wird aber schön aromatisch.

Ebenso lassen sich Streifen von Zucchini oder Auberginen grillen. Allerdings müssen sie vor dem Kontakt mit dem Grillrost etwas geölt werden, damit sie nicht verbrennen. Röstaromen bekommen die Teile auf den Kontaktflächen mit dem Rost. Paprika grillt man so lange, bis ihre Haut schwarz wird und Blasen wirft. Die verkohlte Haut zieht man ab und gewinnt ein wunderbar zartes und aromenstarkes Gemüse.
Auch Karotten lassen sich gut grillen. Vor allem, wenn man sie zuvor Sous-vide mariniert hat. Karotten längs halbieren und mit Olivenöl und etwas Salz in einen Vakuumbeutel geben. Voll vakuumieren und 3 Stunden im Kühlschrank ruhen lassen. Die Karottenstreifen aus dem Beutel nehmen und auf beiden Seiten wenige Minuten grillen, allerdings nicht zu knapp über der Glut. Die Stangen des Rostes sollen deutliche Spuren hinterlassen.
Gut geeignet fürs Grillen sind auch Zwiebeln. Sie enthalten viele Zuckermoleküle, die durch die Maillard-Reaktionen verändert werden und feine Röstaromen bilden.

Gemüsespieß auf dem Grill
½ rote Paprika • 4 Champignons • ½ Zwiebel • ½ Zucchini • 25 g Kräuterbutter • 3 EL Olivenöl

Paprikaschote in kleine Stücke schneiden. Champignons, Zwiebel und Zucchini vierteln. Das Gemüse abwechselnd auf einen Schaschlikspieß stecken.
Die Kräuterbutter schmelzen und mit dem Öl vermischen. Die Spieße damit einpinseln und auf dem Grill garen.

Gefüllte Grill-Paprika mit Tomaten-Salsa und Guacamole
6 Paprika • 250 g Cheddar, gerieben • 70 g Ziegenkäse • Olivenöl
Salsa:
3 Tomaten, halbiert und entkernt • 1 kleine Zwiebel, in Scheiben geschnitten • 50 ml Olivenöl • 2 EL Koriandergrün, gehackt • 1 EL Zitronensaft • 1 TL Chilischote, gehackt • 1 TL Meersalz
Guacamole:
3 große Avocados, geschält und entsteint • 4 EL rote Zwiebelwürfel • 2 EL Zitronensaft • 1 TL Meersalz

Die Paprika über direkter, milder Hitze bei geöffnetem Deckel 10–15 Minuten grillen, bis die Haut schwarz ist und Blasen wirft. Gelegentlich wenden. Paprika in eine Schüssel geben, mit Folie abdecken und auskühlen lassen. Die Haut behutsam abziehen. Die Paprika aushöhlen. Cheddar und Ziegenkäse mischen. In die Paprikas füllen und diese mit Olivenöl bestreichen. Mit der offenen Seite nach oben auf dem Grill bei indirekter, mittlerer Hitze und geschlossenem Deckel 6–8 Minuten grillen, bis der Käse geschmolzen ist.
Salsa: Tomaten und Zwiebel dünn mit Öl bestreichen. Über direkter Hitze bei geschlossenem Deckel 6–8 Minuten grillen. Das gebräunte Gemüse fein hacken und mit den restlichen Zutaten verrühren.
Guacamole: Avocadofleisch zerdrücken. Zwiebelwürfel, Zitronensaft und Salz untermischen.

Salat von gegrillter Roter Bete
1 Rote Bete • Olivenöl • 1 Orange • 2 EL Balsamico • Salz • Pfeffer

Rote Bete mit Gemüseschäler schälen, die harten Enden abschneiden. Knolle in ca. 1 cm dicke Scheiben schneiden und mit Öl dünn bepinseln. Orange schälen, komplett die weiße Haut mit einem Messer herunterschneiden und die Orange in Scheiben schneiden. Rote Bete auf dem Grill von jeder Seite etwa 5–8 Minuten grillen. Zusammen mit den Orangenscheiben auf Teller verteilen, etwas Olivenöl und Balsamico darübergeben, mit Salz und Pfeffer abschmecken.

Gegrillter Lauch

GEMÜSE IN GUTER FORM

Terrine

Die Terrine ist eigentlich ein Geschirr mit hohen, steilen Wänden und einer Innenwandleiste, auf die ein Deckel gelegt werden kann. Im Sprachgebrauch bezieht sich der Begriff indes auch auf die Speise in der Terrine. Eine Terrine ist aber auch ein einfaches Anrichtegeschirr (Löwenkopfterrine). Meist werden Terrinen als kalte oder lauwarme Vorspeise gereicht. Sie werden überwiegend aus Fleisch oder gemischten Fleischsorten, Fisch und oft auch mit Gemüse zubereitet. Auch Terrinen „nur" aus Gemüse haben ihren Weg in die Küchen gefunden. Allen Terrinen eigen ist, dass sie kräftig gewürzt werden müssen.

Gemüseterrine mit Trüffeln (nach Pierre und Jean Troisgros)

250 g grüne Bohnen • 300 g frische Erbsen • 300 g Bundkarotten • 6 Artischocken • 1 EL Butter • 60 g Perigord-Trüffel • 250 g Schweinefleisch • 20 ml Erdnussöl • Saft von 1 Zitrone • 1 Eiweiß • 30 ml Olivenöl • 2 EL Trüffeljus • 8 dünne Scheiben geräucherter Speck • 50 g Tomatencoulis • 1 EL Weinessig

Bohnen, Erbsen und Karotten (am Stück) getrennt in Salzwasser garen. Artischockenböden in Butter andünsten und bei schwacher Hitze weich garen. Trüffel waschen und in Scheiben schneiden. Schweinefleisch, Erdnussöl, Zitronensaft und Eiweiß in der Schüssel der Küchenmaschine zum Kühlen in den Kühlschrank stellen. Gekühlte Zutaten mixen und nach und nach Olivenöl und Trüffeljus hinzufügen. Eine Terrinenform von 22 cm Länge mit Speck auslegen. Das Gemüse und die Trüffelscheiben abwechselnd mit der Farce in die Form schichten. 30 Minuten bei 150 °C im Wasserbad pochieren. 8 Stunden kalt stellen. Mit Tomatencoulis und Weinessig abgeschmeckt servieren.

Auflauf oder Gratin

Aufläufe sind enge Verwandte des Soufflés. Während Letztere luftig-leichte Speisen sind, zählen Aufläufe eher zu den robusteren Gerichten. Aufläufe sind eigentlich nur in Deutschland bekannt, im Ausland werden diese Speisen meist Gratin genannt. In Soufflés wird Eiweiß mit einigen Tropfen Zitronensaft versetzt und am besten in einem gekühlten und fettfreien Gefäß von Hand mit dem Schneebesen aufgeschlagen, sodass viel Luft untergeschlagen wird. Beim Garen dehnt sich die Luft im Eischnee aus und sorgt für ein luftig-fluffiges Mundgefühl. In Aufläufen wird überwiegend mit Ei und/oder Käse gebunden. Das Gemüse für Gemüseaufläufe wird sanft vorgegart, bevor es in der Auflaufform Platz nimmt.

Rote-Bete-Auflauf

300 g vorgegarte Rote Bete • 8 festkochende Kartoffeln • 300 ml Milch • 3 rote Zwiebeln • 1 Knoblauchzehe • 1 EL Butter • 1 säuerlicher Apfel, gewürfelt • 200 g Sahne • 100 g Crème fraîche oder Schmand • 2 EL Körnersenf • 3 Eier • 1 TL Muskatnuss • Salz • Pfeffer

Den Backofen auf 200 °C vorheizen. Rote Bete in feine Würfel schneiden. Kartoffeln schälen, waschen und in dünne Scheiben schneiden. Die Kartoffelscheiben in der Hälfte der Milch, 150 ml Wasser und etwas Salz bissfest kochen, abgießen und abtropfen lassen. Zwiebeln und Knoblauch fein schneiden und in etwas Butter andünsten. Mit den Kartoffeln und den Apfelwürfeln mischen. In einer gut gefetteten Auflaufform eine Schicht der Kartoffelmischung einbringen. Darauf die Rote-Bete-Würfel verteilen, dann wieder eine Kartoffelschicht auftragen. Sahne, Crème fraîche (oder Schmand), restliche Milch und die Eier verquirlen. Mit Körnersenf, Muskatnuss Salz und Pfeffer abschmecken und die Masse damit übergießen. Etwa 40 Minuten im Backofen backen.

Gratin Dauphinois (nach Professor Thomas Vilgis)

80 g Kartoffeln • 250 ml Vollmilch • 25 g Butter • 1 TL Muskatnuss • 300 g Sahne • 3 Knoblauchzehen, gepresst • Salz • Pfeffer

Kartoffeln waschen, schälen und in 3 mm dicke Scheiben schneiden. In einer Kasserolle mit Vollmilch und Butter übergießen. Mit Salz, Pfeffer und Muskatnuss würzen. Ca. 10 Minuten köcheln und ab und an umrühren. Sahne dazugießen und weitere 10 Minuten bei schwacher Hitze köcheln lassen. Knoblauchzehen dazugeben und in eine Gratinform füllen. Die Oberfläche glätten, vollständig abkühlen lassen. Erst danach bei 180 °C für 30 Minuten im Ofen backen.

Kartoffel-Zucchini-Gratin (nach Dieter Müller)

500 g festkochende Kartoffeln • 1 kleine Zucchini • ½ Knoblauchzehe • 200 g Sahne • 100 ml Milch • 1 Rosmarinzweig • 1 Thymianzweig • 20 g Butterwürfel zzgl. etwas zum Auspinseln • Salz • weißer Pfeffer aus der Mühle

Die Kartoffeln waschen, schälen und mit einer Aufschnittmaschine oder einem Gemüsehobel in gleichmäßige Scheiben schneiden. Mit Küchenkrepp abtupfen. Die Zucchini waschen und ebenfalls in dünne Scheiben schneiden. Die Knoblauchzehe schälen und eine feuerfeste Form damit ausreiben, dann mit Butter auspinseln. Nun dicht nebeneinander je 3 Kartoffelscheiben und 1 Zucchinischeibe fächerförmig einschichten. Sahne und Milch mit Rosmarin und Thymian einmal aufkochen und mit Salz und Pfeffer würzig abschmecken. Kräuterzweige entfernen und die Milch vorsichtig über die Kartoffelscheiben gießen. Mit den Butterwürfelchen belegen und bei 220 °C im vorgeheizten Backofen etwa 30–40 Minuten goldbraun backen.

Gratin: Karotten, Lauch, Kartoffeln, Spinat, Käse

WEICH UND VOLLER GESCHMACK

Pürees

„Meine Suppe ess ich nicht ...", hieß es beim Suppenkasper, und viele Eltern klagen darüber, dass ihre Kinder den Brei nicht essen. Woran das liegt, weiß wohl niemand so recht. Dabei können Pürees so wunderbar schmackhaft sein. Generell sind Breie mehr oder minder dicke Speisen, die gewonnen werden, indem man gegarte Lebensmittel durch ein Sieb streicht oder durch eine Passiermühle dreht oder sie gar in Mixgeräten herstellt. Wird dabei eine Teilchengröße von drei millionstel Millimeter erreicht, schmecken Menschen keine Stückigkeit mehr. Was aber bei der Schokoladenherstellung so sehr gewünscht wird, kann bei Gemüsepürees richtig danebengehen.

Bestes Beispiel dafür ist der Kartoffelbrei. Kartoffeln enthalten viele Kohlenhydrate und wenig Faserstoffe. Bearbeitet man also gegarte Kartoffeln mit dem Zauberstab oder in einem schnelllaufenden Mixer, werden sehr viele Zellen zerstört und Proteine aus den geknackten Stärkekörnern herausgelöst. Die Proteine haben dann nicht Besseres zu tun, als sich zu verbinden, und es entsteht ein klebriges Zeugs, das im Bundeswehrjargon „Nato-Kitt" genannt wurde.

Der klassische Kartoffelstampfer, die Flotte Lotte oder gar die gewöhnliche Gabel liefern weitaus bessere Ergebnisse, weil damit Teilchen unterschiedlicher Größe hergestellt werden, die ein angenehmes und schmackhaftes Mundgefühl liefern. Kräftig beste Butter einmontiert, 1 Prise Muskatnuss, eventuell noch 1 Schuss heiße Milch dazu, und fertig ist das Püree für den Hochgenuss.

Dicke Pürees werden zur Herstellung einer Suppe etwa mit Gemüsefond verdünnt. Sinnvoll ist dabei, den Fond aus dem gleichen Gemüse wie für das Püree verwendet zu nehmen. Das verstärkt den Geschmack deutlich. Ist ein Gemüse selbst für ein Püree zu wässerig, kann es zum Beispiel mit Kartoffelbrei gebunden werden.

Rote-Bete-Püree (nach Franz Schned)

200 g Rote Bete, gekocht • 1 Msp. Xanthan • 30 g Nussbutter • 20 ml Himbeeressig • Saft von ½ Zitrone • 1 EL Ahornsirup • 1 Prise Muskat • Salz

Rote Bete in Alufolie einpacken und im Ofen bei 180 °C weich garen. Die Knolle schälen und im Thermomix mixen. Das Püree in einer Sauteuse aufkochen und Xanthan unterrühren. Mit Nussbutter, Himbeeressig, Zitronensaft, Ahornsirup, Muskat und Salz abschmecken.

Blumenkohlpüree mit Ingwer und Nüssen

1 Blumenkohl • 4 Schalotten • 20 g frischer Ingwer • 2 EL Olivenöl • 2 Knoblauchzehen, geschält • 800 ml Milch • 2 TL Kurkuma • 2 TL Kreuzkümmel • 100 g Walnüsse • Salz • weißer Pfeffer aus der Mühle

Blumenkohl putzen, halbieren und den Strunk herausschneiden, Blumenkohlröschen abschneiden. Schalotten und Ingwer fein wiegen und in Olivenöl ohne Farbe anschwitzen, Knoblauch und Blumenkohl hinzufügen und mit Milch aufgießen. Nur so viel Milch angießen, dass der Blumenkohl nicht ganz bedeckt ist. Gewürze zugeben. So lange köcheln lassen, bis der Blumenkohl soeben über „al dente" hinaus ist. Das Ganze pürieren, mit Salz und weißem Pfeffer nachschmecken und vor dem Servieren grob gehackte Walnüsse unterheben.

Klassisches Kartoffelpüree

1 kg Kartoffeln • 80 g Butter • 200 ml Milch • 1 Prise Muskatnuss • Salz

Der Klassiker unter den Gemüsepürees ist das Kartoffelpüree. Dafür Kartoffeln garen und mit Gabel oder Kartoffelstampfer zerkleinern. Dann nach und nach Butter und erwärmte Milch einarbeiten, bis ein so eben vom Löffel laufender Brei entstanden ist. Mit Salz und Muskatnuss abschmecken.

Flan

Die berühmteste Eiercreme ist wohl der Flan. Überaus beliebt, bereichert er so manches Dessert. Das geht aber auch pikant und mit Gemüse. Die Vorgehensweise ist dabei der für das Dessert sehr ähnlich. Für Gemüseflans lassen sich hervorragend auch Gemüseabschnitte verwenden, die bei anderer Produktion abfallen.

Gemüseflan

150 g Gemüse (nach Belieben) • ½ TL Salz • 2 Eier • 125 g Sahne • 1 Prise Zucker • ½ TL Currypulver

Das Gemüse in sprudelnd kochendem Salzwasser kurz blanchieren und in Eiswasser abschrecken. Abtropfen lassen und im Mixer pürieren. Eier und Sahne unterheben und mit den Gewürzen abschmecken. Vier Timbalen gut ausbuttern, den Brei hineingeben und die Timbalen mehrfach kräftig auf der Arbeitsfläche aufschlagen, damit der Brei sich setzt und evtl. vorhandene Luftbläschen herauskommen. Die Timbalen bis zur Mitte in ein Wasserbad (80 °C) setzen und bei 160 °C im vorgeheizten Backofen etwa 35–40 Minuten stocken lassen.

Gemüseflan

VON FRITTEN UND CHIPS

Das bekannteste frittierte Gemüse ist zweifelsohne die Kartoffel. Zu Stäbchen geschnitten, bei niedriger Temperatur (ca. 140 °C) vorfrittiert, getrocknet und dann bei 180–190 °C in heißem Öl erneut gebadet, erfreuen sie landauf, landab Kinder wie Erwachsene. Selbst wenn sie erbärmlich und labberig im Pappschälchen serviert werden. In Geschmack und Textur – außen knackig, innen soft – bieten sie ein schönes Mundgefühl. Die Engländer nennen sie Chips, die Amerikaner french fries, aber gemeint ist immer dasselbe. Kartoffelchips indes heißen bei den Insulanern Crisp. Zum Frittieren eignen sich insbesondere alle stärkehaltigen Gemüse, wie eben die Kartoffel. Der enthaltene Zucker sorgt für gewünschte Bräunung und Röstaromen, durch die sogenannten Maillard-Reaktionen. Frittierte Zwiebeln, aber auch (obwohl stärkearm) Rosen- und Blumenkohl, Spargel, Kürbis oder grüne Bohnen sind besonders schmackhaft. Chips von frittierten violetten Kartoffeln sind eine tolle Beilage. Dem Gemüse, das selbst nur wenig Stärke besitzt, kann Stärke zugefügt werden, dann lassen sich auch daraus knusprige Chips herstellen. So etwa hauchdünne Selleriescheiben (auf der Aufschnittmaschine schneiden) in eine Lösung aus Kartoffelstärke tunken und in einem Vakuumbeutel voll vakuumieren. Die Kartoffelstärke dringt in die porösen Selleriescheiben ein und verhindert beim Frittieren eine zu große Fettaufnahme. Das Ergebnis sind knusprig-leckere Selleriechips.

Das Frittieren ist eine besonders schnelle Garmethode. Das Fett speichert enorm viel Hitze und leitet sie schnell weiter. Zudem garen Lebensmittel, die in der Fritteuse schwimmen, wesentlich gleichmäßiger als bei allen anderen Methoden, weil die Wärmeleitfähigkeit des Fetts Temperaturunterschiede sehr schnell ausgleicht. Die hohen Temperaturen bringen das Wasser an der Oberfläche des Frittierguts rasant zum Kochen. Dabei entsteht Dampf, der nicht nur entweicht, sondern auch den Garprozess beschleunigt. Auf diese Weise „brät" das Lebensmittel unmittelbar.

Fritten aus den Anden (nach Gastón Acurio)
70 g gelbe Kartoffeln, in Stäbe von 1,5 x 1,5 x 7 cm geschnitten • 1 Spritzer weißer Essig • 150 ml Gemüseöl

Die Kartoffelstäbe in 1 l Wasser mit Essig 15 Minuten bei geringer Hitze garen, ohne aufzukochen. Stäbe im Gefriergerät einfrieren. Gefrorene Kartoffeln im Gemüseöl bei 140 °C für 4 Minuten konfieren. Stäbe trocknen und wieder einfrieren. Zum Servieren im Backofen bei 200 °C für 1 ½ Minuten backen, bis sie außen knusprig sind.

Exkurs: Schnitzereien für die Fritteuse
Eine hübsche Angelegenheit sind Blätter oder Spiralen von genügend festen Gemüsen. Aus Japan kommen entsprechende Schneidemaschinen, mit deren Hilfe Kartoffelnetze, Spiralen, Spaghetti oder andere filigrane Strukturen hergestellt werden können. Die dünnen Streifen sind frittiert nicht nur eine Augenweide, sondern auch besonders knusprig. Aus Lauch lässt sich eine Art Stroh herstellen. Man schneidet die Wurzel und das dunkelgrüne Laub ab, halbiert den verbleibenden Teil der Länge nach und wäscht die Schichten sorgfältig. Die Hälften fest auf ein Schneidebrett drücken und mit einem entsprechend großen Kochmesser Julienne herunterschneiden. Die Streifen frittieren.

Linguine aus Kartoffeln (nach Gastón Acurio)
2 gelbe Kartoffeln • 100 g Sahne • 25 g Grana Padano, sehr fein gerieben

Kartoffeln mit einem japanischen Mandolinmesser in Scheiben schneiden, die Scheiben wieder zu Linguine schneiden. Die zu einer 15 cm langen Portion zusammenbinden und dann 2 Minuten im Dampfgarer kochen.
Sahne erwärmen. Grana Padano unter die heiße Sahne rühren, bis sich der Käse aufgelöst hat. Die Parmesancreme zu den Linguine servieren.

Frittiertes Gemüse

VON TEIGEN UND MÄNTELN

Eine Variation des Frittierens ist es, das Gargut mit einer Panierung oder einem Ausbackteig zu umhüllen. Nur die teigige Schicht kommt mit dem heißen Fett in Kontakt und wird knusprig. Das Innere dämpft im eigenen Saft und ist durch Teig oder Panierungen vor zu großer Hitze geschützt. Zum Panieren eignen sich Semmelbrösel oder das japanische Panko, das durch seine grobe Struktur schön knusprige Ergebnisse liefert. Rührt man etwas Alkohol in den Ausbackteig, erzielt man eine zart-knusprige Kruste, weil Alkohol schneller verdampft als Wasser und der Teig dadurch schneller gart.

Frittieren im Teigmantel

Viele Genießer glauben, Tempura sei etwas Urjapanisches. Das stimmt so nicht, denn das Ausbacken in einer Teighülle ist im 16. Jahrhundert durch portugiesische Seeleute in das Land der aufgehenden Sonne gebracht worden und trat von dort seinen Siegeszug an, wurde zunächst aber nur mit Fisch praktiziert.

Das Tempuramehl ist ein sehr feines Reismehl, das allerdings zur Not auch durch Weizenmehl ersetzt werden kann. Wichtig ist, dass das Wasser zum Anrühren eiskalt sein muss. Bei der Verarbeitung wird die Schale mit dem Teig vorsorglich in ein Gefäß mit Eiswürfeln oder Eiswasser gesetzt. In diesem Teig lassen sich grundsätzlich viele Gemüsearten, wie (Süß-)Kartoffeln, Auberginen, Schoten, Karotten, Paprika, Zucchini, Spargelspitzen oder Zwiebeln ausbacken.

Tempurateig
100 g Reis- oder Tempuramehl • 1 Eigelb

Das Mehl in einer Schüssel mit 250 ml Wasser und dem Eigelb verrühren. Den Teig kräftig durchschlagen und sehr kalt stellen. Erst nach dem Frittieren würzen.

Gemüse wie Blumenkohl, Brokkoli oder auch der Kern von Rosenköhlchen werden in hübsche Scheiben gehobelt (3 mm) und kurz blanchiert. Auf einen Spieß stecken, durch den Teig ziehen und ins 180 °C heiße Frittierfett geben. Nicht zu viel auf einmal in die Fritteuse geben, sonst kühlt das Fett zu stark ab. Die fertigen Gemüse auf Küchenkrepp entfetten.

Klassische Tentsuyu-Sauce zum Dippen
250 ml Dashi-Brühe • 3 EL Sojasauce • 3 EL Mirin (Reiswein) • 2 EL Rettich, gerieben • 1 EL frischer Ingwer

Dashi-Brühe mit Sojasauce, Mirin, Rettich und Ingwer vermengen. Wer es samtig-scharf mag, kann einen Dip aus 150 g Joghurt, 150 g saurer Sahne, etwas Chili (frisch und/oder Flocken), 1 EL Zitronensaft und Salz herstellen.

Stielmus

Exkurs: Beim Wort Rübstiel läuft manchem Rheinländer oder Westfalen das Wasser im Mund zusammen. Aber es sind nur wenige, die die als Gemüse verwendeten Stiele und Blätter von Speiserüben, beziehungsweise eine eigenständige, von Rüben abstammende Varietät, überhaupt noch kennen. Rübstiel hat einen fein-säuerlichen Geschmack und wird frisch verzehrt, weil die zarten Blätter schnell welken. Die Rübstiele werden gehackt, gedünstet und meist als Beilage zu Fleischgerichten serviert. Häufig wird das Gemüse auch mit Kartoffelpüree vermengt oder auch gleich zu einem Eintopf verkocht.

Schmackhafter Mantel

Blätter von Gemüsen eignen sich hervorragend, um entweder empfindliches Gargut vor allzu großer Hitze zu schützen oder Füllungen aufzunehmen. Großblättriges Gemüse wie Mangold oder Wirsing bietet sich dafür besonders an, aber auch Romanasalat. Um die Blätter elastisch zu machen, damit sie gut gerollt oder zu Päckchen verschnürt werden können, werden sie von harten Blattrippen befreit und blanchiert, anschließend in Eiswasser abgeschreckt und trocken getupft. Füllungen mit Reis oder Gehacktem sind gut geeignet, sie müssen allerdings vorgegart werden. Fischhaltige Füllungen eher nicht.

Wirsingroulade mit Meeresfisch
400 g weißfleischiger Meeresfisch (Kabeljau, Rotbarsch, Steinbutt, o. Ä.) • 1 Knoblauchzehe • 1 TL Zitronensaft • 1 Wirsing • 8 Blätter Basilikum • 80 g Sahne • 1 EL Butter • 50 ml Sherry • Salz • Pfeffer

Den Fisch in Stücke schneiden und durch die mittlere Scheibe des Fleischwolfs drehen. Mit Knoblauch, Zitronensaft, Salz und Pfeffer würzen und ca. 30 Minuten im Tiefkühlgerät anfrieren. Vom Wirsing 12 große und helle Blätter schneiden, in gesalzenem Wasser rund 10 Minuten blanchieren und in Eiswasser abschrecken. Blätter ausbreiten und die dicken Blattrippen herausschneiden. Vier Blattpaare zusammenlegen und die Schlitze der Blattrippen mit einem halben weiteren Blatt überdecken. Basilikum sehr fein hacken.

Den gekühlten Fisch in Portionen mit dem Zauberstab pürieren, die Sahne portionsweise hinzufügen. Die Masse durch ein enges Sieb streichen, Basilikum unterrühren und abschmecken. Die Fischfarce auf den Kohlblättern verteilen, Blätter erst von der Seite einschlagen, dann zur Roulade aufrollen. Salzen, pfeffern und in Butter anbraten. Mit Sherry ablöschen und 10 Minuten unter dem Deckel schmoren lassen.

Gemüse in Tempurateig

WAS LANGE WÄHRT

Konservieren

Wie bekommt man hungrige Soldaten satt? Erstens: Man lässt sie plündern, was den Kreis von Sympathisanten sehr stark einschränkt. Zweitens: Man hält genügend Nahrungsmittel für sie bereit, was allerdings ein Problem sein kann. Das hatte Napoleon Bonaparte bereits Ende des 18. Jahrhunderts erkannt und einen Preis für denjenigen ausgelobt, der eine geeignete Konservierungstechnik erfand, um Nahrung lange haltbar und transportabel zu machen. Die Konservendose „erfand" einige Jahre später ein Engländer. Warum dieses Eindosen funktionierte oder auch nicht, wusste indes niemand. Erst Louis Pasteur entdeckte Mitte des 19. Jahrhunderts, dass Mikroorganismen Hauptverursacher der Verderbnis sind. Und erst 1915 wurde das Botulismus-Bakterium entdeckt, das aber normales Erhitzen übersteht. Erst die Druckkonservierung schaffte es, dieses Bakterium unschädlich zu machen. Die älteste Art, Lebensmittel haltbar zu machen, ist indes die Trocknung. Vereinfacht gesagt, durch den Entzug von Wasser (Dehydratisieren) werden die Möglichkeiten des Verderbens sehr stark eingeschränkt. Wo kein oder kaum noch Wasser in Lebensmitteln (hier: Gemüse) ist, wird der mikrobiologische (Pilze) sowie der enzymatische (Proteine) und nicht-enzymatische Gammelprozess weitgehend gestoppt. Die bekanntesten Trockengemüse sind sicher getrocknete Hülsenfrüchte wie Erbsen, Bohnen und Linsen. Die werden vor der Zubereitung eingeweicht, nehmen also wieder Wasser auf und werden deshalb auch Quellgemüse genannt. Lange bekannt sind auch getrocknete Tomaten aus Italien, vor allem aus Apulien, wo die Früchte mit grobem Salz bestreut werden und dann in der Sonne auf den Dächern der sogenannten Trulli trocknen.

In der Regel wird Gemüse (je nach Sorte) vor dem Trocknen blanchiert. Blanchieren kommt aus dem Französischen (blanche = weiß machen, reinigen). Dabei wird Gemüse für kurze Zeit in sprudelnd kochendes Wasser gelegt und die Oberfläche relativ keimfrei gemacht. Abschließendes Abschrecken in Eiswasser stoppt den Garprozess und damit Veränderungen etwa in der Farbe. Die Trocknung erfolgt dann entweder durch Wärme (dörren) oder durch Gefrieren und Vakuumgefrieren.

Nutzte man früher Sonnenwärme oder niedrige Ofentemperaturen zum Dörren, gibt es heute entsprechende Geräte auch schon für den Hausgebrauch. Diese Geräte erwärmen nicht nur die Umgebungsluft, sondern ventilieren sie auch und lassen sie über die Produkte streichen. Meist wird bei Temperaturen um 60–70 °C getrocknet, manchmal auch bei geringeren Werten, was die Trockenzeit entsprechend verlängert. Gemüse gart bei diesen Temperaturen nicht. Das verdunstende Wasser kühlt die Nahrungsmittel so lange, bis kaum noch Wasser vorhanden und der Vorgang abgeschlossen ist. Dicke Gemüsestücke zu trocknen, bringt nichts. Die Fruchtstücke sollten in möglichst dünne Scheiben geschnitten werden. Möglich ist es auch, das Gemüse zu pürieren, auf eine Matte zu streichen und zu einer Art „Leder" zu trocknen. Die Textur des Trockengemüses ist allerdings stark vom Zuckergehalt abhängig. Bekannt ist dieser „Ledereffekt" von getrockneten Äpfeln. Werden Quellstoffe wie Pektin oder Stärken zugegeben, bleibt das Trockengut glasig und knusprig.

Beim Vakuumgefriertrocknen wird das tiefgefrorene Gemüse unter Vakuum, also reduziertem Druck, getrocknet. Das zu Eis gefrorene Wasser wird dabei unmittelbar verdampft. Dieses Phänomen wird auch Sublimation genannt. Wir kennen das vom Kochen in großen Höhen, wo der Luftdruck geringer ist. Der Siedepunkt des Wassers sinkt, es beginnt früher zu kochen. Was nichts anderes heißt, als dass die Wassermoleküle sich immer schneller bewegen und von der Oberfläche ab „dampfen". Inhaltsstoffe werden bei diesem Verfahren weitgehend geschont, und Farbe wie Aromen und Vitamine bleiben größtenteils erhalten – ebenso die Texturen. Feuchtigkeit darf nicht an das Gemüse kommen, also luftdicht aufbewahren.

Chips aus dehydratisiertem Gemüse lassen sich besonders gut aus Blumenkohl, Kürbis, Porree, Zwiebeln, Roter Bete, Weißkohl, Spinatblättern oder der abgezogenen Haut von Tomaten herstellen.

Ofentomaten (nach Dieter Müller)

12 reife Eiertomaten • 1 Knoblauchzehe • 3 Thymianzweige • 3 Rosmarinzweige • 3 Lorbeerblätter • 50 ml Olivenöl • Salz • Pfeffer aus der Mühle

Die Tomaten kreuzweise einschneiden, in kochendem Salzwasser blanchieren und in Eiswasser abschrecken. Dann die Haut abziehen, die Tomaten vierteln, das Kerngehäuse entfernen und die Tomatenfilets auf Küchenkrepp etwas trocknen. Ein Backblech mit der Knoblauchzehe einreiben, die Tomatenfilets mit den Kräutern und Gewürzen auf dem Blech verteilen und mit Olivenöl beträufeln. Die Tomaten im Backofen bei 80 °C ca. 5 Stunden trocknen, dabei einmal wenden. Die Tomaten halten sich gut verschlossen ca. 3 Tage im Kühlschrank, in Olivenöl aufbewahrt auch länger.

Getrocknetes Gemüse

AUFGEWECKT

Renaissance einer alten Technik

Das Verb einwecken setzten frühe Marketingstrategen ein, um Weck zu einer Synonym-Marke zu machen. Mit Erfolg, denn noch heute steht diese im Jahr 1900 von Johann und Georg van Eyck gegründete Marke in Deutschland als Inbegriff für das Konservieren von Lebensmitteln. Groß wurde Weck vor allem durch geniale, für die damalige Zeit progressive Vermarktungs- und Werbestrategien. Nur die besten Designer und Künstler arbeiteten für das Unternehmen. Dies ist leider heute nicht mehr so. Die Kommunikation der Marke Weck wirkt seit Jahrzehnten eher brav und hausbacken. Damit verbunden scheint für moderne Menschen das ganze Thema altmodisch. Zu Unrecht, denn Einwecken ist etwas Tolles. Mit dieser Technik kann man selbst einfach Konserven herstellen, die sich ohne dauernden Energieeinsatz, wie beim Einfrieren, lagern lassen. Im Weckglas verbinden sich Aromen zu einzigartigen Kompositionen: Gewürzbirnen oder Pflaumen mit Zimt erreichen erst durch die Reifung im Weckglas ihr volles Aroma.

Truppenverpflegung und Mikroben

Schon immer waren für den Menschen Konservierungsmethoden überlebenswichtig. Das Trocknen von Lebensmitteln, das Salzen und Räuchern wurde schon in Urzeiten erfunden. Jede dieser Methoden nimmt jedoch starken Einfluss auf den Geschmack des Produkts. Ein erstmals im Geschmack nahezu unverfälscht haltbares Lebensmittel lieferte die Konserve. Ein paar Erfindungen und Entdeckungen waren dazu notwendig.

1. Die Stofflichkeit der Luft. Sie wurde von Otto von Guericke, 1602 in Magdeburg geboren, durch Versuche mit luftverdünnten Räumen entdeckt.
2. Die Erzeugung von Vakuum mithilfe von Wasserdampf. Diese Entdeckung ist dem französischen Gelehrten Denis Papin zu verdanken, der in seinem „Papinschen Topf", einem Gefäß aus Kupfer, schon Gelees und Fleisch konservierte. Als Dichtungsmasse für den Deckel setzte er Terpentinkitt ein.
3. Die Massenkonserve. Ihre Erfindung geht auf François Nicolas Appert zurück. Nein, eigentlich geht sie auf Napoleon zurück, der nach haltbar gemachten Lebensmitteln suchte, um auch im Winter seine Truppen versorgen zu können. Damals nahm der Krieg im Winter nämlich immer Urlaub. Napoleon setzte einen Preis von 12 000 Gold Franc für denjenigen aus, der ihm eine solche Erfindung brachte. Dieses Vermögen erhielt,

nach eingehender Prüfung, Monsieur Appert, der eigentlich Zuckerbäcker war, für die Entwicklung von Glaskonserven, die er unter Hitzeeinfluss herstellte und so alle Mikroben abtötete. Von denen allerdings wusste er noch nichts, denn Louis Pasteur, der 1822, zwölf Jahre nach der Erfindung Apperts, geboren wurde, gilt als eigentlicher Erfinder der Sterilisation. Zumindest lieferte er den wissenschaftlichen Beweis dafür.

Deutscher Erfindergeist

Den Grundstein für das Unternehmen Weck legte der Chemiker Dr. Rudolf Rempel aus Gelsenkirchen. Er verstarb 1893 im Alter von 34 Jahren. Kurz vor seinem Tod erhielt er ein Patent für eine Erfindung, die seine Witwe später wundervoll beschreibt:

„Etwa 50 Jahre sind es her, seit mein verstorbener Mann, Dr. Rudolf Rempel, Chemiker an der AG für Kohledestillation, Gelsenkirchen, geboren im Jahre 1859, die ersten Versuche machte, Nahrungsmittel zu sterilisieren. Zu diesen ersten Versuchen benützte er Pulvergläser aus dem chemischen Laboratorium, deren Rand er abgeschliffen hatte. Er versah die Gläser mit Gummiring und Blechdeckel und kochte die Nahrungsmittel im Wasserbad, indem er einen schweren Gegenstand – Stein oder Gewicht – auf den Deckel des Glases legte. Die sterilisierte Milch, die er nach Monaten aufmachte, als Besuch ins Laboratorium kam, um Kaffee vorzusetzen, schmeckte wunderbar frisch. Nun begannen die Versuche zu Hause, an den dienstfreien Sonntagen mit Obst und Gemüse, das wir aus unserem großen Garten holten. Ich habe die Gläser auf dem Spülstein mithilfe von Schmirgelpulver abgeschliffen, was keine kleine Arbeit war, und wir probierten auf alle möglichen Arten, Obst und Gemüse mit schönem Aussehen zu sterilisieren. Meist schlossen einige Gläser nicht, die geschlossenen hielten sich aber ausgezeichnet. Nun handelte es sich darum, einen Apparat herzustellen, der den Deckel während des Kochens auf den Gläsern festhielt. Ein Apparat, in dem man bei dem Kochen die Gläser hineinschraubte, bewährte sich in den wenigsten Fällen. Es wurde dann ein Apparat gebaut, auf dem die Gläser unter Federdruck standen. Aber auch damit hatte man noch Misserfolge. Ich hatte etwa 80 bis 100 Konserven von Obst und Gemüse aller Art für uns hergestellt, und viele der Versuche, ein schönes Aussehen der Konserven zu erzielen, waren nach vieler Sonntagsarbeit gelungen. Eines Tages war ein Patentanwalt, Dr. Otto Sack aus Leipzig, unser Gast. Er hielt im technischen Ver-

Dieses Weck-Schaustück für Einzelhandelsgeschäfte entstand kurz nach der Firmengründung.

Weck-Küche als Mädchenspielzeug und ein frühes Plakat

CONVENIENCE MIT QUALITÄT

ein einen Vortrag über das neue Patentgesetz und den Gebrauchsmusterschutz. Mein Mann war der Vorstand dieses Vereins. Als Dr. Sack nun den in allen Farben glänzenden Vorrat von Konserven sah, war er ganz begeistert und sagte zu meinem Mann: 'Sie haben eine große Erfindung gemacht. Es gibt noch kein Konservierungsverfahren außer den Blechbüchsen, das sich bewährt.' Auf Anregung des Patentanwaltes bekam mein Mann Patente vieler Länder, und sein jüngerer Bruder, Fabrikant in Plettenberg, Kreis Altena, übernahm den Versand der Gläser und Apparate. Unter den ersten Kunden war Herr Johann Weck. Er zeigte ein sehr großes Interesse für die Sache und bestellte mal einen ganzen Waggon Gläser. Auf eine solch große Leistung war man aber noch gar nicht eingerichtet. Unsere Ersparnisse wurden aufgezehrt durch Patente, Anschaffungen eines Lagers, Drucksachen, Reklame. Mein Mann erkrankte schwer und starb mit 34 Jahren. Albert Hüssener, der Direktor der ersten Benzolfabrik Deutschlands – mein Mann war dort als Chemiker angestellt –, witterte ein Geschäft und gründete eine Firma Hüssener. Da er aber kein Geld für Reklame ausgab und sich so seine Hoffnungen nicht erfüllten, hat dann Herr Johann Weck, der sich mit ihm bekannt machte, die Sache erworben. In Zabern im Elsaß besaß ich noch einige Hundert Gläser, die ich ständig benutzte. Ich zeigte sie in meinem großen Bekanntenkreis, verstand alle zu begeistern, und so war bald der größte Teil der Bekannten mit Gläsern, die sie direkt in Öflingen bestellten, versehen. Bald meldete sich ein Zaberner Geschäftsmann, der den Wiederverkauf bekam. Durch mich kamen auch die ersten Gläser nach Ostafrika, da Söhne von Freundinnen, die Offiziere bei der Schutztruppe waren, von ihren Müttern Weckgläser mit Obst, Gemüse und Fleisch geschickt bekamen. Heute – in meinem Alter von 75 Jahren – interessiere ich mich noch immer lebhaft für die Apparate und freue mich darüber, wie vollkommen und tadellos diese Apparate und Gläser sind. Das konnte ich an der gestern hier eintreffenden, als mein Hochzeitsgeschenk für meine Tochter bestimmten Sendung wieder feststellen."

Wacker, Herr Weck

Johann Weck erwarb das Rempelsche Patent und zog in das Örtchen Öflingen, an der Schweizer Grenze. Weck war ein Sonderling, Vegetarier und strenger Alkoholfeind. Er wollte mit seinen Produkten die Volksseuche Alkohol bekämpfen und die Menschen für die natürliche Ernährung begeistern. Aber schnell merkte er, dass ihm das Kaufmännische nicht lag. Glücklicherweise konnte er Georg van Eyck, einen Kaufmann vom Niederrhein, als Partner gewinnen. Mit ihm gründete er am 1. Januar 1900 die gemeinsame Firma Weck und Co. Van Eyck war ein Verkaufsgenie und ein exzellenter Vermarktungsstratege. Mit ihm begann der Aufstieg der Firma Weck. Mit Weitblick und Gründlichkeit organisierte er das Unternehmen. Er stellte Hauswirtschaftslehrerinnen ein, die als Weck-Botschafterinnen durch das Land zogen, um in Pfarrhäusern, Kochschulen und Krankenhäusern den Frauen das Einwecken näherzubringen. Ein dichtes Vertriebsnetz, bestückt mit guten Werbeplakaten, Schaustücken und Prospekten, sorgte für den guten Absatz der Produkte. Auch eine eigene Zeitschrift wurde gegründet, die in hoher Auflage erschien und über alles, was mit Einkochen und Haushalt zu tun hatte, berichtete. Sie existiert immer noch: der „Ratgeber für Frau und Familie" hat nach wie vor eine Auflage, von der andere Magazine träumen. Auf allen Messen war Weck vertreten und bekam Preise und Auszeichnungen für gute Arbeit und vorbildliche Werbegestaltung. Das Markenbild der Erdbeere, verbunden mit dem Schriftzug Weck, war nun überall im Deutschen Reich und in allen Nachbarländern zu sehen. Es stand für Fortschritt und Anspruch in der Küche. Anfangs war das Einwecken keine preiswerte Angelegenheit und den wohlhabenden Familien vorbehalten, denn die Glasgefäße und Gummiringe waren teuer. Das änderte sich erst mit dem Erwerb und der Errichtung eigener Glasproduktionen, die im großen Stil Gläser fertigen konnten. Diese Glaswerke bilden auch heute noch das Rückgrat des Familienunternehmens.

Einwecken

Das Prinzip des Einweckens ist einfach. Wenn das Glas befüllt ist, wird einfach der Gummiring um den Deckel gelegt und dieser aufgesetzt. Mit zwei Einweckklammern befestigt, ist das eine sichere Sache. Eines oder mehrere Gläser werden in einem Topf mit Wasser bedeckt, das dann mit geschlossenem Topfdeckel zum Sieden gebracht wird. Zur Sterilisation reicht eine Kochzeit von 20 Minuten aus. Das Weckgut kann ruhig im Topf mit dem Wasser erkalten. Der Inhalt, der sich beim Erhitzen ausdehnt, erzeugt beim Erkalten, bei dem er sich wieder zusammenzieht, ein Vakuum, das den Deckel sicher verschließt. Die Klammern können danach getrost entfernt werden. Sollte sich der Deckel lösen, haben sich Bakterien gebildet, die Gase produzieren. Richtig eingeweckt halten sich Lebensmittel über Jahre.

Werbefoto der Marke Weck aus den frühen 20ern des letzten Jahrhunderts.

Eingewecktes Fleisch und Gemüse aus der Vorkriegszeit. Immer noch sind die Gläser dicht und das „Eingeweckte" haltbar.

Das Weckprinzip
Hier geht es nicht nur um Haltbarmachen. Die Produkte reifen im Glas und gewinnen an eigenem Geschmack. Mit der Zugabe von Gewürzen kann man aromatisieren. So entsteht eine eigene Konserve mit jederzeit verfügbarem „Premium Fast Food", und das Behältnis lässt sich wiederverwenden.

HÜPF INS GLAS MEIN SÜSSER

Dem Weckglas begegnet man in der Top-Gastronomie überall. Hier dient es auch dazu, Vorräte anzulegen. So weckt denn ein Bernd Ackermann, Chef de Cuisine des Luxushotels Suvretta House, den ganzen Sommer über Obst und Gemüse für die Winterzeit ein. Wichtiger jedoch ist, dass die Top-Köche das Produkt für kreatives Arbeiten entdeckt haben. Das Weckglas ist ein Gefäß, in dem sich die Aromen vereinen und zu neuen Geschmäckern vermählen.

Celebrity-Chef Mike Süsser
Frisches Gemüse, das im Glas eingeweckt wird, ist lange haltbar und büßt nichts von seiner Qualität ein. Ganz im Gegenteil, denn je nachdem welche Gemüsesorten miteinander kombiniert werden, können sich Aromen verbinden und für ganz neue Geschmackserlebnisse sorgen. Kreativität ist hier gefragt, wenn es nicht einfach nur um das Haltbarmachen geht. Für einen Koch, der darauf besonders viel Wert legt, bietet das Weckglas also viele verschiedene Vorteile. Mike Süsser ist genau so ein Koch. Er lässt nicht nur in einer einzigen Küche seiner Kreativität freien Lauf, sondern ist in ganz Deutschland und Österreich unterwegs und kocht für alle möglichen Personengruppen und oft auch auf den Fernsehbildschirmen beider Nationen. Die Möglichkeiten, Passionen im Berufsfeld Koch auszuleben, sind unendlich. Bis Mike Süsser seinen ganz persönlichen Weg gefunden hatte, seine Leidenschaften miteinander zu vereinen, kochte er an unterschiedlichen Orten, in verschiedenen Ländern und diversen gastronomischen Modellen. Nach der Kochausbildung in seiner Heimat Schleswig-Holstein trat er eine aufregende Reise durch viele verschiedene Küchen an. Zuerst stellte er das bis dato Erlernte in Hamburg unter Beweis, bis es ihn in die weite Welt zog und er unter anderem in Restaurants auf Fuerteventura und Madeira kochte. Außerdem bereicherte er die damalige Küche von Bernd Ackermann im Hotel Steigenberger in Davos. In Salzburg war Mike Süsser bis in das Jahr 2000 Küchenchef im Restaurant Zum Buberlgut, das der Gault Millau Österreich schon damals mit 16 Punkten bewertete und so den hohen Grad der Kochkunst, Kreativität und Qualität anerkannte. Mit Fug und Recht kann also behauptet werden, dass Mike Süsser – was das Kochen angeht – mit allen Wassern gewaschen ist. Das ist sicherlich immer von Vorteil, ganz besonders aber, wenn man sich dazu entscheidet, neue Wege zu beschreiten.

Österreich ist mittlerweile zu seiner Wahlheimat geworden, wo er regelmäßig Kochkurse leitet. Damit könnte man ausgelastet sein, doch der Lehrauftrag sollte nur eines seiner Standbeine sein. Immer wieder engagiert er sich für verschiedene Projekte. Eines davon ist die Stiftung Menschen für Menschen, für die er als Botschafter fungiert. 2008 erschien sein viel verkauftes Kochbuch „Aufgegabelt", das mit den Silbernen Lorbeeren der Gastronomica Helvetica CH ausgezeichnet wurde. 2014 erschien dann sein zweites Kochbuch „Süsser, was kochen wir heute?".

Wer vor so vielen Kochtöpfen gleichzeitig steht und dabei immer wieder in charmanter, witziger und eloquenter Art und Weise überzeugt, auf den werden auch schnell die Medien aufmerksam. So war Mike Süsser einer der „Kochprofis" in der gleichnamigen Koch-Doku-Soap, außerdem sucht er die „Küchenkönigin" auf dem Frauensender sixx und unterhält mit „Süsser am Samstag" in Österreich seine eigene Kochsendung. Außerdem ist er immer ein gern gesehener Gast und kochende Bereicherung auf vielen verschiedenen Veranstaltungen.

Über seine Vielfältigkeit hinweg sollte aber nicht vergessen werden, dass Mike Süsser vor allen Dingen ein hervorragender Koch

ist. Sein eigener Kochstil setzt sich dabei immer durch. Ob er die asiatische oder eine gutbürgerliche Richtung einschlägt, am wichtigsten ist ihm, dass die Zutaten von bester Qualität sind und wenn möglich aus der jeweiligen Region stammen. Zeitgemäß umfasst sein Repertoire eine moderne Gemüseküche. Dabei liegt ihm der Einkauf von bester Qualität besonders am Herzen. Zu Hause in Oberösterreich kann er sich auf den traditionsreichen Gemüsehandel der Familie Edthofer verlassen. Immer noch stammt der größte Teil des Feldgemüses, das der Betrieb verkauft, aus der Region um Gmunden herum. Dieses frische Rohmaterial liefert Mike Süsser die nötige Inspiration für neue Gerichte, die er manchmal mit uralten Techniken umsetzt.

MIKE SÜSSER

RETTICH-AVOCADO-SALAT

MIKE SÜSSER

Grüne Tomaten

4 kg feste, grüne Tomaten • 500 ml weißer Balsamico • 125 ml Olivenöl • 1 EL Meersalz • 1 EL brauner Zucker • 2 Knoblauchzehen, gepresst • 1 Zwiebel, in Scheiben geschnitten • 10 schwarze Pfefferkörner, zerdrückt • 1 Lorbeerblatt • 2 Thymianzweige • 2 Anissterne • 3 Kardamomkapseln • 25 Basilikumblätter

Den Strunk der Tomaten keilförmig herausschneiden und am anderen Ende die Tomaten kreuzweise einschneiden. In kochendem Wasser blanchieren und in Eiswasser abschrecken. Anschließend häuten, vierteln und entkernen. Aus Essig, 250 ml Wasser, Öl, Salz, Zucker, Knoblauch, Zwiebel, Pfeffer, Lorbeer, Thymian, Anis, Kardamom und Basilikum einen Sud kochen. Nach ca. 10 Minuten durch ein Sieb passieren. Die Tomaten in einem Topf mit dem Fond bedecken, einmal aufkochen lassen. Tomaten herausnehmen und in Einmachgläser füllen. Den Fond nochmals 10 Minuten kochen lassen und etwas auskühlen lassen. Die Tomaten mit dem lauwarmen Sud bedecken. Das Glas luftdicht verschließen und unter Dampf weitere 30 Minuten garen. Danach dunkel und kühl lagern.

Rettich-Avocado-Salat

75 g brauner Zucker • 100 ml Sushi-Essig • 50 ml Thai-Fischsauce • 1 Limettenblatt • 1 Zitronengrasstange • ½ Chilischote • 1 Msp. ganzer Kreuzkümmel • 200 g Rettich • ½ Avocado • 1 Spritzer Zitronensaft • 20 g Erdnüsse

Zucker, Sushi-Essig, Thai-Fischsauce und 25 ml Wasser in einem Topf zum Kochen bringen. Limettenblatt und angedrücktes Zitronengras hinzugeben. Die Chilischote entkernen, fein würfeln und mit dem Kreuzkümmel in die Flüssigkeit geben. Wenn der Fond einmal aufgekocht ist, beiseitestellen. Den Rettich schälen und fein hobeln. Die Avocado in kleine Würfel schneiden und mit etwas Zitronensaft beträufeln. Die geschälten Erdnüsse in einer Pfanne leicht anrösten, danach im Mörser zerstoßen. Rettich, Avocado und Erdnüsse vermischen und in ein Einmachglas geben. Jetzt die lauwarme Flüssigkeit über den Rettich geben, luftdicht verschließen und unter Dampf nochmals 10 Minuten garen. Danach dunkel und kühl lagern.

Tipp: Passt gut zu asiatischen Gerichten.

Grüne Tomaten

Rettich-Avocado-Salat

DAS GEMÜSE WIRD SAUER

Pickles, Chutneys, Relishes

Alle drei Zubereitungen sind im Prinzip Sauerkonserven. Während Chutneys und Relishes mit Essig aufgekocht werden, sind Pickles kalt eingelegte Früchte oder verschiedene Gemüse, die zunächst gesalzen (Wasserentzug) oder in eine Salzlake eingelegt werden. Dadurch kann später der Essigsud besser einziehen. Grobes Salz ohne Zusätze ist für die Herstellung der Lake besser geeignet als Speise- oder jodiertes Salz. Gewürze für den Essigsud bleiben ganz, um den Sud nicht zu trüben. Wer kein kalkarmes Wasser für den Sud zur Verfügung hat, nimmt besser Tafelwasser, ansonsten kann das eingelegte Gemüse schrumpfen.

Grundrezept für Mixed Pickles
200 g Karotten • 200 g Blumenkohl • 200 g rote oder gelbe Paprika • 100 g Perlzwiebeln • 300 g Staudensellerie, in mundgerechte Stücke geschnitten und entfädelt • 500 ml 5%iger Essig • 1–2 Lorbeerblätter • 1 EL Senfkörner • 1 TL schwarze Pfefferkörner • 3 frische Kerbelzweige
(Die Gemüse können nach Geschmack variiert werden)

Gemüse putzen und klein schneiden, blanchieren, abschrecken und trocken tupfen. In sterilisierte Gläser füllen. Aus den übrigen Zutaten und 250 ml Wasser einen Sud kochen und heiß über die Gemüse geben. Gläser dicht verschließen.

Eingelegter Muskatkürbis
1 Muskatkürbis (ca. 2 kg) • 500 ml Obstessig • 500 g Zucker • 1 Ingwerwurzel • 5 Lorbeerblätter • 10 Pimentkörner • 20 Pfefferkörner • 1 EL Senfsaat • 3 Sternanis • 3 Macisblüten • 3 Kardamomkapseln

Den Kürbis in Scheiben schneiden und beliebig ausstechen. Den Essig mit 500 ml Wasser und Zucker aufkochen, die Gewürze zufügen und den ausgestochenen Kürbis mit kochendem Fond in Gläser füllen, diese verschließen und einige Tage im Kühlschrank ziehen lassen. Die Kürbisreste vom Ausstechen kann man ebenfalls einlegen und zur Herstellung von Kürbis-Aprikosen-Chutney verwenden. Wenn man den Kürbis etwas weicher lieber mag, sollte man ihn mit dem Fond zusammen aufkochen und dann darin erkalten lassen.

Tipp: Der eingelegte Kürbis passt gut zu Vorspeisen und Salaten oder auch als Einlage für Terrinen. Der Einlegefond eignet sich auch gut für andere Gemüsesorten, zum Beispiel für Rettich, Karotten oder Rote Bete.

Eingelegte Perlzwiebeln
1 kg Perlzwiebeln • 100 g Gänseschmalz • 50 g Zucker • 50 g Thymianhonig • 50 ml weißer Balsamico • 50 ml Apfel-Honig-Essig • 400 ml Weißwein • 200 ml weißer Portwein • ½ Bund Thymian • 2 Lorbeerblätter • 2 Sternanis • 5 Pimentkörner • 5 Wacholderbeeren • 10 Pfefferkörner

Die geschälten Perlzwiebeln in Schmalz anschmoren und mit Zucker und Thymianhonig karamellisieren, mit weißem Balsamico und Apfel-Honig-Essig ablöschen und mit Weißwein und weißem Portwein auffüllen. Thymianzweige und Gewürze zugeben und ca. 25 Minuten im Ofen bei 200 °C schmoren lassen. Den Fond eventuell mit Stärke leicht abbinden und die Zwiebeln heiß in Weckgläser abfüllen. So halten sie sich gut verschlossen einige Wochen im Kühlschrank.

Eingelegte Gewürzgurken
1 kg kleine Einlegegurken • 100 g Meersalz • 1 TL weiße Pfefferkörner • 1 Bund Dill • 500 ml Apfelessig • 1 Lorbeerblatt • 1 TL Wacholderbeeren • 100 g Zucker

Gurken säubern, Stielenden abschneiden. 1½ l Wasser und Salz mischen und die Gurken darin 24 Stunden ziehen lassen. Danach die Gurken abspülen, trocknen und in Einmachgläser geben. Essig mit ½ l Wasser, Gewürzen, Kräutern und Zucker kurz aufkochen, abkühlen lassen und über die Gurken gießen. Gläser fest verschließen und mindestens 14 Tage ziehen lassen.

Kürbis-Aprikosen-Chutney (nach Dieter Müller)
2 Schalotten • 250 g Muskatkürbis • 250 g frische Aprikosen • 150 g getrocknete Aprikosen • 4 cl Noilly Prat • 100 ml Verjus • 100 ml Einlegefond vom Kürbis • Walnussöl

Schalotten würfeln und mit etwas Walnussöl anschwitzen. Kürbis und Aprikosen würfeln und zugeben. Noilly Prat, Verjus und den Einlegefond zugeben und bei reduzierter Hitze einköcheln lassen. Wenn das Chutney weich gekocht ist, in einer Küchenmaschine sehr fein cuttern, abschmecken und heiß in Gläser füllen. Das Chutney reicht für 2–3 Weckgläser von 250 ml Inhalt und hält sich etwa 1 Woche im Kühlschrank. Wenn man es sterilisiert, auch entsprechend länger.

Mixed Pickles

WINZIGE HELFERLEIN

Fermentation/Enzyme
Schon die alten Römer waren in der Fermentationstechnik bewandert und nannten die Umwandlung organischer Stoffe „fermentum = Gärung". In kühlschranklosen Zeiten war das eine Möglichkeit, Lebensmittel haltbar zu machen, die den unschlagbaren Nebeneffekt hatte, den Vitamin- und Mineralstoffgehalt der Lebensmittel beizubehalten. Ganz nebenbei schmeckt fermentiertes Gemüse außerordentlich gut.

Bei der Fermentation werden bestimmte Milchsäurebakterien zur Konservierung eingesetzt. Da der Befall mit Mikroorganismen bei der Lagerung von frischen Nahrungsmitteln generell nicht zu verhindern ist, kann dafür gesorgt werden, dass sich nur diejenigen vermehren, die ernährungstechnisch keinen Schaden anrichten. Da trifft es sich, dass Salzwasser einen perfekten Lebensraum für Milchsäurebakterien bietet, die keine gesundheitsschädlichen Reaktionen im Gemüse verursachen. Für Keime, die das Gärgut dagegen verderben, bedeutet Salzwasser den Tod, denn durch das Salz wird die Feuchtigkeit in Nahrungsmitteln unbrauchbar. Praktisch auch, dass Milchsäurebakterien nicht extra zugesetzt werden müssen, denn sie sind ohnehin immer und überall vorhanden und vermehren sich zahlreich im Salzwasser. Dabei säuern sie ihre Umgebung ordentlich an, was noch zusätzlich die Vermehrung von anderen Keimen verhindert. Wie alle Prozesse, die durch Bakterien ausgelöst werden, laufen auch diese chemischen Reaktionen im Gemüse ab einer gewissen Temperatur schneller ab. Das sollte allerdings nicht übertrieben werden, denn sehr schnell Vergorenes schmeckt nicht so gut wie langsam gereiftes. Das liegt daran, dass aufgrund wieder anderer Enzyme das Gemüse matschig wird, was wiederum durch die Zugabe von mehr Salz verhindert werden kann. Je wärmer das Wetter, desto salziger sollte das Wasser sein.

Nicht nur in Europa ist diese Konservierung bekannt. Kimchi, Gemüsefermentierung auf Koreanisch, wird ebenfalls durch Milchsäurebakterien ausgelöst. Grundsätzlich kann man alle Gemüsearten fermentieren. So sind im Laufe der Zeit viele verschiedene Rezepte entstanden, um Gemüse sauer einzulegen.

Sauerkraut aus dem Tontopf
8 kg Weißkohl (für 10-Liter-Topf) • 120 g Salz

Tontopf mit heißem Wasser ausspülen und trocknen lassen. Den Topf mit sauberen Weißkohlblättern auslegen. Dadurch bleibt die helle Farbe des Kohls erhalten. Die äußeren grünen Blätter vom Kohlkopf entfernen, den Kohl halbieren und den Strunk entfernen. Den Kohl mit einem Krauthobel zerkleinern und anschließend mit Salz (ca. 15 g Salz auf 1 kg Kohl) gut durchmengen. Das ist wichtig, um zu Beginn der Gärung unerwünschte Mikroben fernzuhalten.

Dieses Gemisch kräftig durchstampfen, bis sich reichlich Brühe bildet. Dann in den Tontopf ca. drei Viertel voll einfüllen. Festdrücken, bis ca. 2 Zentimeter Saft über dem Kraut stehen und die gesamte Luft entwichen ist. Zum Schluss einige Krautblätter und Abschlusssteine auflegen und eventuell mit einem faustgroßen Kieselstein beschweren, damit das Sauerkraut immer mit der Lake bedeckt ist und nicht aufquillt. Der Tontopf hat einen zusätzlichen Rand, in dem der Deckel liegt. Dort wird Wasser eingefüllt. So können von außen keine Keime eindringen. Die Gase können darüber leicht entweichen. Um Schleimbakterien zu vermeiden, kann man in die Tontopfrinne eine starke Salzlake füllen. Etwa 3 Wochen sollte der Topf in einem etwas wärmeren Raum stehen, dann erst in einem kühlen Keller. Nach weiteren 2 Wochen sollte kontrolliert werden, ob das Kraut schon genügend Säure entwickelt hat.

Sauerkraut zeichnet sich durch hohen Vitamin-C-Gehalt aus. Aus diesem Grund und wegen der langen Haltbarkeit war es unter Seefahrern sehr beliebt und als wirksames Mittel gegen Skorbut bekannt.

Saure Bohnen einlegen
1 ½ kg frische Gartenbohnen • 4–5 frische Bohnenkrautzweige • 500 g Salz

Bohnen waschen, putzen und entfädeln, dann für ca. 3 Minuten blanchieren und im Anschluss mit kaltem Wasser abschrecken, um Geschmack und Farbe zu erhalten. Bohnen in ca. 3 Zentimeter lange Stücke schneiden, was ein Bohnenhobel erleichtert. Dann den Boden eines Steinguttopfs mit einer dicken Schicht Salz einstreuen und einen Teil des Bohnenkrauts daraufbetten. Darauf abwechselnd eine Lage Bohnen, Salz und Bohnenkraut. Die Salzschichten jedes Mal mit einem Stampfer andrücken, sodass der Saft aus den Bohnen tritt und sie damit bedeckt sind. Den Topf mit einem sauberen Tuch, mit einem passenden Brett und mit einem Stein und evtl. mit einem Deckel verschließen. Dabei muss darauf geachtet werden, dass die Bohnen immer gut mit Salz bedeckt sind. Das Tuch sollte während des Gärprozesses, der ca. 7 Wochen dauert, alle 6 Tage erneuert werden. Die Gewichte können dabei gereinigt und der Salzbestand auf den Bohnen geprüft und evtl. durch abgekochtes Salzwasser erhöht werden. Hat der Gärprozess die Bohnen fertig eingesäuert, können sie beispielsweise mit Kartoffelpüree und Kassler verzehrt werden.

Saure Bohnen im Tontopf eingelegt

RICHTIG ANMACHEN

Salate

Es muss nicht immer Blattsalat sein, auch aus den verschiedenen Gemüsen lassen sich hervorragende Salate anrichten. Anders als bei den dünnblättrigen Blattsalaten werden die Gemüse blanchiert, um ihre Zellstrukturen aufzubrechen oder Giftstoffe zu entfernen (siehe auch Kochen, Seite 88) und ihre Inhaltsstoffe für den menschlichen Körper besser verwertbar zu machen. Gemüsesalate werden entweder mit einer Vinaigrette überzogen oder in einer Mayonnaise serviert. Gemüsesalate können recht farbenprächtig und eine Augenweide sein, bedient man sich etwa der bunten Beten, blauen oder roten Kartoffeln oder färbt gelbe Kartoffeln mit dem Saft roter Beten zumindest in den Außenbereichen ein.

Der absolute Klassiker unter den Gemüsesalaten dürfte der Kartoffelsalat sein, dicht gefolgt vom Bohnensalat. In den verschiedenen deutschen Regionen gibt es ebenso viele wie verschiedene traditionelle Varianten des Kartoffelsalates. Allen gemeinsam ist, dass sie meist mit großer Begeisterung gegessen werden.

In der modernen Küche werden bissfest gegarte Kartoffeln indes auch gerne mit anderen Gemüsen oder Blattsalaten wie Rucola kombiniert, bei der Wahl der Vinaigrette sind der Fantasie kaum Grenzen gesetzt.

Das Wort Vinaigrette kommt aus dem Französischen und bedeutet so viel wie „saurer Wein" oder „Essig". Marinieren meint ursprünglich, etwas durch Einlegen in Salzlake für die Seefahrt haltbar zu machen (Salzgurke). Im übertragenen Sinne werden auch Gemüse „mariniert", wenn man sie eine Zeitlang in einer Vinaigrette ziehen lässt. Als russischer Imbiss zum Wodka werden in Vinaigrette gekochte Gemüse (Kartoffeln, rote Bete, Kohlstücke) bezeichnet, die mit Essig und Öl serviert werden.

Vinaigrettes werden klassisch aus einem Teil Essig und drei Teilen Öl aufgeschlagen. Weil sich aber wässrige Flüssigkeiten (Essig) und fetthaltige Flüssigkeiten (Öl) nur schwer miteinander verbinden lassen, werden gerne Emulgatoren wie Ei oder Senf zugegeben, damit sich die Bestandteile nicht so schnell wieder trennen. Die Emulgatoren besitzen Moleküle (Lecithin), die sowohl einen hydro- wie einen lipophilen Pol haben. An den einen binden sich die Moleküle des wasserhaltigen, an den anderen die des fetthaltigen Bestandteils der Vinaigrette. Salz und Zucker werden vor der Ölzugabe bereits im Essig aufgelöst, weil sie nicht öllöslich sind.

Vinaigrette für einen bayerischen Kartoffelsalat
100 ml Kalbsfond • 4 TL Weinessig • 5 Frühlingszwiebeln, in feine Ringe geschnitten • 1 ½ EL Senf • 4 TL Olivenöl • 2 ½ TL Traubenkernöl • 2 ½ TL Sonnenblumenöl • 1 kg festkochende Kartoffeln, gegart • 1 Bund Schnittlauch, nach Belieben • Salz • ⅔ TL frisch gemahlener Pfeffer

Fond, Essig, Frühlingszwiebeln, Senf, Salz und Pfeffer zunächst so lange verrühren, bis sich das Salz aufgelöst hat, dann nach und nach die Öle zugeben und mit einem Schneebesen unterschlagen. Die Kartoffeln in Scheiben schneiden, mit der Vinaigrette vermengen und 30 Minuten ziehen lassen. Noch mal mit Salz und Pfeffer abschmecken und nach Belieben mit klein geschnittenem Schnittlauch bestreuen.

Zuckerhaltige Vinaigrette für bittere Gemüse wie Chicorée
1 TL Honig mit 2 TL Himbeeressig und 1 TL Zitronensaft sowie Salz und Pfeffer verrühren und mit 9 TL Walnussöl aufschlagen.

Marinierter Rotkohl
1 Rotkohl • Saft von 1 Orange • Saft von 1 Zitrone • 50 ml Rotweinessig • 100 ml Traubenkernöl • 100 ml Walnussöl • 1 Prise Zucker • 1 Bouquet garni (5 Wacholderbeeren, 1 Lorbeerblatt, 1 Gewürznelke, 5 Pfefferkörner) • Salz • Pfeffer

Rotkohl putzen, Strunk herausschneiden und die Blätter zur Chiffonade schneiden. Aus Orangen- und Zitronensaft, Rotweinessig, Salz und Pfeffer sowie Traubenkern- und Walnussöl und 1 guten Prise Zucker eine Vinaigrette aufschlagen. Diese über die Kohlstreifen gießen. Bouquet garni unter den Kohl geben. Abdecken und 24 Stunden im Kühlschrank marinieren.

Vinaigrette (nach Dieter Müller)
2 Schalotten • 100 ml Concommé • je 4 EL kaltgepresstes Walnuss-, Distel- und Traubenkernöl • 2 EL Sherry- oder Zitronenessig • ½ TL Balsamico • 2 EL Sherry (medium/Amontillado) • ½ TL Dijon-Senf • 1 Prise Zucker • Salz • weißer Pfeffer aus der Mühle

Die Schalotten abziehen, fein würfeln und 30 Sekunden blanchieren. In Eiswasser abschrecken und gut abtropfen lassen. Mit den restlichen Zutaten verrühren und abschmecken. In ein gut verschließbares Gefäß füllen und im Kühlschrank aufbewahren; hält sich mindestens 5 Tage.

Salat von bunten Beten und bunten Kartoffeln

DIE ENTSTEHUNG EINES GARTENS

Die Entdeckung eines Schatzes

Hellwach präsentiert sich heutzutage der Adelswohnsitz Schloss Ippenburg in Bad Essen. Seit über 600 Jahren steht er im Eigentum der Familie von dem Bussche-Ippenburg. Dem heutigen neugotischen Haus gingen zwei Bauten voraus: eine Trutzburg aus dem 14. Jahrhundert, die den beeindruckenden und wirkungsvollen Burggraben hinterlassen hat, und ein Herrenhaus von 1650. Beide mussten aufgrund ihrer Baufälligkeit abgerissen werden. Zwischen 1862 und 1867 wurde dann das Schloss Ippenburg erbaut. Das imposante Gemäuer muss sich heute den Status einer Sehenswürdigkeit mit dem bunten Schatz teilen, der es vollkommen umgibt und zahlreiche Besucher in seinen Bann zieht.

Als das Ehepaar Philip Freiherr von dem Bussche und Viktoria Freifrau von dem Bussche das Anwesen im Jahr 1976 bezog, befanden sich hinter dem beeindruckenden Bauwerk sumpfige Wiesen. Ein kümmernder Gärtner hatte den Bereich schon lange verlassen, und eine geplante Begrünung beschränkte sich auf pflegeleichte Weihnachtsbäume, die erst später festliche Beachtung finden sollten. Bei diesem traurigen Anblick erinnerte sich Viktoria von dem Bussche an die Leidenschaft, mit der ihre Mutter den Gemüsegarten gepflegt hatte und dass sie selbst ganze Tage zwischen den Beeten verbracht hatte. Mit diesem wiederentdecktem Wissen fasste sie den Entschluss, die vernachlässigte Fläche um das Schloss herum zu neuem Leben zu erwecken. Unbedingt sollte hier ein Garten entstehen, und nach und nach legte sie verschiedene Beete an. Sie studierte unzählige Gartenbücher, konnte sich aber zumeist auf ihr untrügerisches Gefühl, auf ihren grasgrünen Daumen verlassen. Passioniert, autodidaktisch und immer intensiver vertiefte sie sich in ihr Projekt, wobei sich ihr Interesse zunächst auf die Gestaltung eines Ziergartens konzentrierte. Sie begann, neben den Beeten Wege anzulegen, pflanzte Blumen, Sträucher, Hecken und Bäume. Der Küchengarten sollte erst zu einem späteren Zeitpunkt entstehen. All das, was heute auf dem riesigen Gartengrund von 6000 Quadratmetern zu bewundern ist, verdanken die Besucher des Ippenburger Gartenfestivals alleine Viktoria von dem Bussche und ihren vielen fleißigen Helfern.

Der Schlossgarten in Bad Essen ist das deutsche Original aller Gartenfestivals und zeichnet sich durch eine scheinbar ungeordnete Wildheit und Üppigkeit aus, die paradiesische Umstände im Überfluss vorführt. Der ausladende Küchengarten entstand zwar etwas später, ist aber heute, weder in ästhetischer noch in geschmacklicher Hinsicht, nicht mehr wegzudenken.

Erfolgreich geplant: Landesgartenschau und Küchengarten

Im Jahre 2010 durfte sich Bad Essen darüber freuen, Gastgeber der Landesgartenschau zu sein. Eine entscheidende Einflussgröße bei der Austragungsortvergabe bedeutete sicherlich auch der traumhafte Schlossgarten von Ippenburg, der sich schon zu dieser Zeit großer Beliebtheit unter seinen Besuchern erfreute. Eine eingewachsene Pflanzenstruktur war dort bereits vorhanden, weshalb die Vorbereitungszeit für ein solches Unterfangen außergewöhnlich kurz ausfallen sollte. Die Landschaftsarchitekten beschlossen, dass mehr als 60 Themengärten zwischen Gartenkunst und -kultur ihren Platz finden würden. Während sie schon fleißig planten, lenkte Viktoria von dem Bussche das Interesse eines Organisators auf den alten Küchengarten. Die Natursteinmauern aus dem 15. Jahrhundert waren hinter dem Schloss noch immer vorhanden. Nicht ganz ohne Hintergedanken beschrieb sie mit Erfolg, wie es dort vor vielen Jahren ausgesehen haben musste. Der Ehrgeiz des Architekten war schnell geweckt, und er ließ den Küchengarten auferstehen. Nach historischem Vorbild sind die Beete in rechten Winkeln angelegt. Die Idee einer sehr rationellen Bewirtschaftung liegt diesem Wegesystem zugrunde und basiert auf den Originalen der alten Lagepläne von 1703. Die erbarmungslose Pflanzregel warf Viktoria von dem Bussche nach der Veranstaltung über Bord. Ihr wurde schlagartig klar, dass bei der Bepflanzung der Beete auch ein Gefühl von Sinnlichkeit und Hingebung vermittelt werden musste. Auch ein Küchengarten muss kreativ gestaltet werden und ist ebenfalls eine Form von Kunst. Die erste Reform war denkbar einfach: Viktoria von dem Bussche pflanzte Blumen zwischen dem Obst und Gemüse. Mit der Zeit fanden sich immer mehr pflanzliche Attraktionen ein, die aus Neugierde und aus der Begeisterung für Form, Farbe und Geschmack ausgesät wurden. Welches Gemüse neben welcher Blume optisch zur Geltung kommt, entscheidet sie ganz bewusst aus dem Bauch heraus. Sie ist immer auf der Suche nach vergessenen, innovativen Samenzüchtungen, und sie weiß genau, dass der Vorrat an neuen und alten Gemüsesorten längst nicht erschöpft ist. Die Ernte aus Küchengärten reflektiert natürlich auch immer die Küche einer Region, so wie es sich zurzeit auch die besten Köche der Welt auf ihre Fahnen schreiben. Einer von diesen ist Thomas Bühner, der Drei-Sterne-Koch aus Osnabrück.

Der Küchengarten der Freifrau Viktoria von dem Bussche

Der Küchengarten soll lebendig sein – keine Einheit in den Beeten. Ein Gefühl von Sinnlichkeit und Hingebung soll vermittelt werden.

SELBSTBEDIENUNG IM KÜCHENGARTEN

Ein Avantgardist sucht Gemüse und findet Inspiration

Es liegt nahe, dass Viktoria von dem Bussche nicht nur optisch an Gemüse interessiert ist, sondern sich natürlich auch mit den kulinarischen Aspekten ihres Küchengartens auseinandersetzt. Die Leidenschaft, die sie dem Gemüse entgegenbringt, macht auch vor der eigenen Küchentür keinen Halt. Einen großen Teil der Ernte verkocht sie selbst. Auch Familie und Freunde sind glückliche Abnehmer von reifem Gemüse, und es beruhigt die Gartenbesitzerin, ihren Erntestolz in den Händen von ambitionierten Köchen und engagierten Essern zu wissen. Meistens verlangt schmackhaftes Gemüse keine komplizierten Rezepte, sondern solche, die in ihrer Einfachheit überzeugen. Diesen Kochstil verfolgen viele Köche, die sich in ihrem Küchengarten bedienen dürfen. Einer unter ihren dankbaren Abnehmern kocht allerdings entgegen aller einfachen Küchen-Trivialität und schwört dabei auf außergewöhnliches und fast vergessenes Gemüse.

Zwischen Bad Essen und Osnabrück liegen 15 Kilometer ländliche Idylle. Diese Strecke nimmt der Koch Thomas Bühner nur zu gerne auf sich, wenn er sich auf den Weg von Osnabrück nach Ippenburg macht. Zwischen dem Schlossgarten und dem Drei-Sterne-Restaurant La Vie hat sich eine harmonische Symbiose entwickelt. In Abhängigkeit zur jeweiligen Saison besucht der Koch mindestens einmal wöchentlich den Küchengarten von Viktoria von dem Bussche. Hier fahndet er nach Zutaten für seine Speisekarte, Viktoria von dem Bussche steht ihm dabei mit Rat und Tat zur Seite.

Noch bis vor ein paar Jahren war in der gehobenen Gastronomie ein Gericht ohne Fleisch oder Fisch nicht auszudenken. Das ist natürlich nicht zuletzt auf den Gast zurückzuführen, der seine Erwartungen erfüllt wusste. Heute sieht Thomas Bühner Auszüge aus der Gesamtheit aller Gemüsesorten als den wichtigsten Bestandteil seiner Menüs. Unter diesen Umständen ist er im Küchengarten von Schloss Ippenburg bestens aufgehoben. Hier wachsen Gemüse, Kräuter und Blüten in einer Qualität, die sich ein Koch besser nicht wünschen kann. Er darf und soll sich überall reichlich bedienen und so viel abernten, wie er nur möchte. Der Garten produziert genug und immer neues Gemüse. Thomas Bühner sieht diese Quelle nicht nur als zuverlässigen Lieferanten. Er hat schnell erkannt, dass dieser Ort durch seine unglaubliche Fülle und Vielfalt eine unbezahlbare Inspiration auf seine Kochkunst ausübt. Das Gemüse, das nicht nur als Produkt, sondern als Teil des Gartens wahrgenommen wird, findet plötzlich in seiner gesamten Komplexität mehr Beachtung. Unter normalen Umständen bezieht der Chef Gemüse von Lieferanten oder direkt von Produzenten. Oftmals befinden sich die Nahrungsmittel nicht mehr in ihrem Erntezustand, wenn sie die Restaurantküchen erreichen. Das betrifft leider auch den Fenchel. Nachdem die Küchencrew des La Vie das erste Mal selbst die Gemüse-, Gewürz- und Heilpflanze geerntet hatte, fiel den kleinen Wurzeln besondere Beachtung zu. Normalerweise werden sie als unschön und unbrauchbar erachtet, und die Knolle wird ihrer schnell entledigt. In der Drei-Sterne-Küche stellten sich diese Wurzeln als sehr schmackhaft und fein heraus. Nach mehreren Verkostungen und verschiedenen Zubereitungsarten hatte die Fenchelwurzel den Test bestanden und findet seitdem ihre einleuchtende Berechtigung in der Küche von Thomas Bühner. Natürlich könnten jetzt viele Fenchelproduzenten das La Vie mit Wurzeln beliefern. Sie könnten alles daransetzen, die besten Fenchelwurzeln wachsen zu lassen und sie an den Koch zu bringen. Doch wo bleibt dabei die Inspiration für neue Ideen? Und genau das ist der Punkt. Woher soll ein Koch wissen, was seine Küche ergänzen könnte, wenn ihm manche Teile vorenthalten werden?

Aus diesem Grund erntet Thomas Bühner im Küchengarten von Schloss Ippenburg eigenhändig und in eigener Sache. Viel zu groß ist für ihn die Gefahr, dass etwas Gutes durch das Raster von Produzenten und Lieferanten fällt. Er möchte sich die Inspiration, die

in allem Unbekannten stecken kann, nicht nehmen lassen. Er möchte entdecken und forschen und nicht vorher bestimmen, was er entdecken wird. Die Auswahl der Gemüsesaat sieht er dagegen in den Händen der Gartenbesitzerin wohl aufgehoben.

Den Beeten entnahm er schon viele verschiedene Leckerbissen. Die Buschbohne Purple Teepee ist nur eine der vielen Besonderheiten. Kartoffeln so klein wie Rosinen, Radieschen so vielfältig in Farbe und Geschmack; Stiele, Blätter und Schalen, die sonst bestenfalls im Hasenstall landen. Er findet hier Blüten, die durch ihr Aroma überzeugen, nicht nur durch ihre Schönheit.

Theoretisch könnte alles den Weg in seine Küche finden, die Türen stehen prinzipiell offen. Doch es gibt noch einen anderen Grund, aus dem er den Garten der Freifrau aufsucht. Genau wie Viktoria von dem Bussche findet auch Thomas Bühner in dem riesigen Küchengarten seine Ruhe.

THOMAS BÜHNER

LA VIE

Thomas Bühner ist einer der besten Köche Deutschlands und der ganzen Welt. Drei Sterne des Guide Michelin für sein Restaurant La Vie in Osnabrück.

Buschbohne Purple Teepee
Sowohl die Bohne als auch die Blüte finden Verwendung.

ROTE BETE UND ARTISCHOCKEN MIT
FILET VOM REHRÜCKEN, GERÄUCHERTEM RINDERMARK, BOUDIN NOIR

THOMAS BÜHNER

Rezept für 4 Personen

Gewürzsud:
200 g Ketjap Manis • 100 ml Sojasauce • 30 ml Mizkan • 50 g Zucker • ½ TL Szechuanpfeffer • ½ Zimtstange • ½ TL Fünf-Gewürz-Mischung

Filet vom Rehrücken:
1 Filet vom Rehrücken

Räucherglasage:
300 g Kalbsjus • 150 g Butter, geräuchert (Butter immer wieder im Räucherofen räuchern, bis sie die gewünschte Rauchnote erhält) • 1 EL Tapiokastärke

Ochsenmark aus dem Knochen:
1 frischer Ochsenmarkknochen vom Metzger

Blutwurstkroketten:
400 ml Milch • 1 Prise Muskatnuss • 40 g Kuzu • 4 Schalotten • 1 EL Olivenöl • 10 g getrocknete Herbsttrompeten • 50 g Wasser von Herbsttrompeten • 100 g Blutwurst • 25 g Provolone • 25 g Parmesan • 100 g Maismehl • 1 Ei • 100 g gemahlenes Pankomehl • Salz

Blutwurstcreme:
3 Zwiebeln, in feinen Julienne • 160 ml Madeira • 50 g Pinienkerne • 8 Piquiollos • 500 g Blutwurst • 12 kleine Kartoffeln • 10 Datteln • 1 Knoblauchzehe

Blutwurstmuffin:
200 g Glukose • 8 Eier • 400 g Butter • 400 g Blutwurst • 400 g Mehl • 1 ½ EL Backpulver

Zitronenthymiancreme:
220 g Grünes vom Frühlingslauch, blanchiert • 50 g Zitronenthymianöl • 300 ml Kalbsfond • 100 g Petersilie • 450 g Sellerie, in Alufolie mit Butter gegart • 250 g Sahne • 3 grüne Paprika, im Ofen gegart • 90 g Basilikum • 180 g Spinat, blanchiert • 1 EL Zucker • 20 g Zitronenthymian • Salz

Basilikumcreme:
150 g Basilikum • 172 g Knoblauchzehen • 150 ml Olivenöl • 300 ml Sonnenblumenöl • 60 g Spinat, blanchiert • 2 Eier • 2 EL Philadelphia • ¾ Avocado • Saft von ½ Zitrone • 1 TL Senf • 0,4 g Guarzoon • Salz

Kartoffelmousseline:
3 mittlere Kartoffeln, gekocht • 4 Eier, 4 Minuten gekocht • 40 ml Weißweinreduktion • 2 EL Crème fraîche • 100 g Nussbutter • 1 Spritzer Zitronensaft • 1 TL Miso • 1 TL Senf • 0,5 g Taragum

Frittierte Artischocke:
1 Artischocke

Mini-Rote-Bete:
1 Rote Bete • 50 g Butter

Bohnenkerne:
250 g Bohnen • 1 EL Butter • 100 ml Gemüsefond • 1 Bohnenkrautzweig • Salz

Gegrillter Frühlingslauch:
1 Bund Frühlingslauch

Marinade für Frühlingslauch:
8 EL Muscovadozucker • 8 EL Fond von geschmortem Schweinebauch • 1 EL getrockneter Oregano • 6 EL Ketchup • 6 EL Ketjap Manis • 4 EL Sojasauce • 3 EL Chardonnayessig • 1 Bund Zitronenthymian, fein geschnitten • 6 Majoranzweige • 3 EL Zitronensaft • 8 EL Olivenöl • 4 EL Sonnenblumenöl • 10 EL Ponto fresco Tomatensauce • 1 Knoblauchzehe

Polentadrops:
400 ml Milch • 35 g Polenta • 15 g Provolone • 6 ml Olivenöl • 30 g Butter, geräuchert • 2 g Gellan

Käsegelee:
500 g Provolone, klein geschnitten • 750 ml Mineralwasser • 5 g Gellan

Gewürzsud: Alle Zutaten zusammen mit 500 ml Wasser aufkochen. Dann bei 65 °C warm stellen.

Rehrücken: Rehrücken auslösen und parieren. Im Gewürzsud bei 65 °C garen.

Räucherglasage: Kalbsjus mit der geräucherten Butter abschmecken und diese Glace mit Tapiokastärke binden.

Ochsenmark: Das Mark auslösen und 2 Tage in immer wieder aufgefrischtem Eis reinigen. Anschließend für weitere 2 Tage in einer Salzlake (1 l Wasser, 20 g Salz) einlegen. Danach mit kaltem Wasser aufsetzen und aufkochen. Herausnehmen und 20 Minuten im Räucherofen räuchern. Später mit der Räucherglasage glasieren.

Blutwurstkroketten: Die Milch mit Muskat und Salz abschmecken, unter Kochen das Kuzu unterrühren, warm beiseitestellen. Die Schalotten würfeln und mit etwas Olivenöl weich dünsten. Eingeweichte Herbsttrompeten mit dem Wasser dazugeben und die Blutwurst (ohne Pelle) unterrühren. Den Käse dazugeben. Die Kuzu-Milch-Masse mit der Blutwurstmasse warm verrühren, in runde Formen füllen und einfrieren. Später in Maismehl, Ei und gemahlenem Pankomehl doppelt panieren. Zum Schluss frittieren.

Blutwurstcreme: Alle Zutaten klein schneiden und zusammen kochen, anschließend fein mixen und abschmecken.

Blutwurstmuffin: Glukose und Eier kalt aufschlagen. Butter und Blutwurst (ohne Pelle) bei Zimmertemperatur mixen. Nun die Eiermasse mit der Blutwurstmasse langsam vermengen und das Mehl mit dem Backpulver dazugeben. In kleine Formen füllen und bei 160 °C ca. 20 Minuten backen.

Zitronenthymiancreme: Alle Zutaten mixen und passieren.

Basilikumcreme: Alle Zutaten im Thermomix mixen.

Kartoffelmousseline: Kartoffeln, Eier, Weißwein und Crème fraîche fein mixen. Butter langsam zugeben, mit Zitronensaft, Miso und Senf abschmecken und Taragum für den Stand der Creme einmixen.

Frittierte Artischocke: Artischocke putzen, hauchdünn hobeln und bei 160 °C in Fett ausbacken.

Mini-Rote-Bete: Rote Bete schälen und vierteln. Im eigenen Saft blanchieren, aus dem Saft mit Butter eine Glasage kochen und damit glasieren.

Bohnenkerne: Bohnen aus der Schote holen, einmal kurz in gesalzenem Wasser blanchieren und pulen. Im Topf mit Butter und Gemüsefond glasieren und am Ende etwas fein geschnittenes Bohnenkraut hinzugeben.

Gegrillter Frühlingslauch: Kurz blanchieren und das Weiße vom Lauch grillen.

Marinade: Alles zusammen verrühren, über Nacht stehen lassen und am nächsten Tag passieren.

Polentadrops: Milch aufkochen, Polenta einrühren und quellen lassen. In den Thermomix geben und auf 100 °C stellen. Klein geschnittenen Provolone, Olivenöl und Butter mixen und zum Schluss Gellan einmixen.

Käsegelee: Alle Zutaten zusammen vakuumieren und bei 85 °C für 12 Stunden im Wasserbad lassen, dann in ein feines Sieb geben und den Sud auffangen. 200 ml Sud mit Gellan 1–2 Minuten köcheln lassen. Das Gelee in eine rechteckige Form füllen (2 x 10 cm) und erstarren lassen. An der Aufschnittmaschine dünne Scheiben schneiden, diese um einen Kochlöffel wickeln, sodass Röllchen entstehen.

Anrichten: Rehrücken portionieren und auf Teller geben. Blutwurstkroketten, -muffin und Nocke von Blutwurstcreme seitlich verteilen. Frühlingslauch dazulegen und etwas von der Marinade darübergeben. Restliches Gemüse auf dem Teller arrangieren und Tupfen von Zitronenthymiancreme und Basilikumcreme dazwischensetzen. Mit Ochsenmark, Polentadrops, Kartoffelmousseline und Käsegeleeröllchen vollenden.

133

EIN KÖNIGREICH FÜR EINEN KOCH

Globales und Regionales

Johannes King ist ein Zwei-Sterne-Koch auf Sylt, der sich auf ungewöhnlich intensive Weise mit dem Thema Regionalität der Produkte, die ihm in seiner Küche wertvolle Zutaten sind, auseinandersetzt. Das betrifft Fleisch, Fisch und eben auch Gemüse, das in seinem Fall zum größten Teil auf der Nordseeinsel gewachsen ist. Er geht in dieser Regionalität sogar noch einen Schritt weiter, denn er ist einer dieser Köche, die nicht nur ihre Produkte regional beziehen, sondern selbst dafür sorgen, dass die gemüsige Produktionsstätte nicht weit von ihren ausgezeichneten Küchen entfernt liegt. Gerade für solche Köche ist es ein Graus, dass sich in deutschen Supermärkten eine bunte Mischung an Produkten aus aller Welt tummelt. Das betrifft auch Waren, deren Anbau in unseren klimatischen Bedingungen gut möglich ist, und bei denen es somit wenig Sinn macht, sie von weither zu importieren. In der Obstabteilung zum Beispiel stammen Äpfel häufig aus Argentinien, Chile und Südafrika. Diese Länder konzentrieren ihre Produktion mehr und mehr darauf, der deutschen Frage nach Bio-Obst nachzukommen. Riesige Container machen sich mehrere Tausend Kilometer auf den Weg nach Deutschland und verschwenden dabei wertvolle Energie. Die Kluft zwischen Bio und Öko scheint immer größer zu werden. Im Grunde kann dem knackigen südamerikanischen Apfel keine sinnvolle Aufenthaltsgenehmigung erteilt werden, sieht man von energieaufwendigen Lagerungen regionaler Äpfel ab. Saison und Region sind entscheidende Schlagwörter, wenn es darum geht, kurze Transportwege einzuhalten, keine Massenware einzukaufen und alte Sorten, die oft regionalen Bezug haben, zu erhalten. Das alles entspricht genau der Philosophie von Johannes King. Für ihn sind die Herkunft und natürlich auch die Qualität der Zutaten, die er in seinem Hotel-Restaurant Söl'ring Hof verwendet, ein wichtiges Auswahl- kriterium. Es gibt nur wenig auf seiner Speisekarte, das nicht in der näheren Umgebung produziert wird oder sogar in der freien Natur, in direkter Strandnähe um das Hotel herum, zu finden ist.

Regionaler Produktbezug

Schon in der Auffahrt zum Söl'ring Hof überwältigt der Blick auf das traditionell friesische Reetdachhaus. Mitten in den Dünen am Strand von Rantum liegt das Hotel an der Westküste der Insel Sylt. Der Name Söl'ring Hof bedeutet im alten nordfriesischen Dialekt

schlicht und ergreifend Sylter Hof, was nun wirklich nicht auf das luxuriöse Ambiente schließen lässt.

Der wunderbare Blick von der Hotelterrasse auf die Dünen, den Strand und das Meer könnte fast vergessen lassen, dass sich auf der anderen Seite der Veranda kulinarische Hochgenüsse abspielen. Hinter den wunderschönen Sprossentüren befindet sich das Restaurant mit der offenen Küche. Johannes Kings Gerichte dokumentieren sehr deutlich, welches Ziel er verfolgt: Wo manche Köche einer Idee nachgehen und auf der Suche nach passenden Produkten sind, entscheidet sich Johannes King zuallererst für ein bestimmtes Produkt. Diese Präzision, die sich geschmacklich auf den Tellern entfaltet, sollte jeder Gast wenigstens kurz auf sich wirken lassen. Johannes King ist konsequent und strich kurzerhand und folgerichtig viele Bestandteile einer klassischen Sterneküche von seiner Speisekarte. Eine Foie gras ist nicht mit dem Konzept des Söl'ring Hofs zu vereinen. Viele Faktoren müssen innerhalb dieser Attitüde bedacht und geprüft werden, bis er endgültig und zu einhundert Prozent hinter einem Produkt steht. Auf der Suche nach dem Optimum befindet er sich am Ende einer Kette von Produzenten und Lieferanten, steht in direktem Kontakt mit dem Gast und muss im Zweifel Rechenschaft über Unstimmigkeiten am Produkt ablegen. Die Kette sollte so kurz wie möglich gehalten werden, um Mängel und Unklarheiten zu vermeiden. Gerade im Zeichen der Regionalität liegt die direkte Zusammenarbeit mit Produzenten nahe.

Bei einigen Produkten wählt Johannes King sogar die ursprüngliche oder wilde Form, deren Produzent alleine die Natur ist. Mit einem Körbchen bewaffnet, stattet er den von seinem Hotel aus nahegelegenen Salzwiesen einen Besuch ab und findet dort Soden, Salzmelden, Salzmiere, die spießblättrige Melde, Strandmelde, Portulak-Keilmelde oder Strandwermut. Zum einen schmecken die Blätter dieser Pflanzen weitaus aromatischer und komplexer als gezüchtete Artgenossen, und zum anderen sind viele dieser Gewächse nur schwer über Lieferanten zu beziehen. Hinzu kommt, dass sich der gebürtige Schwabe fragt, weshalb er für etwas bezahlen soll, was die örtliche Natur produziert und ihm kostenfrei zur Verfügung stellt. Diesen Überlegungen zufolge legen immer mehr Köche die Beschaffung von Wildkräutern in die Hände von erfahrenen Sammlern oder werden selbst zu Experten.

Johannes King
Seine kreative Energie fließt gezielt in die Erforschung zumeist lokaler Produkte, weniger in die Suche nach neuen Kochtechnologien.

Aus der Salzwiese:
Portulak-Keilmelde, Strandwermut und Lamsoor.

JOHANNES KING SÖL'RING HOF

MARIA, DIE KRÄUTERFEE

Koch sucht Kräuterhexe

Johannes King war lange auf der Suche nach einer Person, die ihm bei der Suche und Bestimmung von Kräutern und Gemüsesorten mit Rat und Tat zur Seite stehen sollte. Zwar kennt sich der Koch selber ganz gut aus, doch er ist sich dessen bewusst, dass es ein Wissen jenseits aller Biologie- und Gartenbücher gibt – durch eigene Erfahrung oder jenes, das an Folgegenerationen weitergegeben wird. Solche Fachleute wissen nicht nur von Heilwirkungen und Verwendungen in der Küche alltäglicher und alter Pflanzensorten, sie kennen sich zumeist auch mit deren Pflanz- und Pflegeregeln aus. Diese Leute sind mit ihrem Latein nur ganz selten am Ende, denn sie haben in der Regel Spaß daran herumzuprobieren, wie Obst und Gemüse am besten behandelt werden möchten, um das beste Ernteergebnis zu erzielen.

Innerhalb der Fahndung nach so einer Hilfe gab Johannes King eine Anzeige in einer ortsansässigen Zeitung auf. Darauf meldete sich prompt eine Dame, die genau auf seine Beschreibung passte: Maria Schierz zeichnet eine leidenschaftliche Naturverbundenheit aus, und sie besitzt große Kompetenz in der allgemeinen Pflanzenkunde. Rauke- und Brokkoliblüten sind für sie nicht bloß hübsch anzuschauen, sondern auch eine würzige Zugabe in Salaten. Schon lange weiß sie Kräuter und Heilpflanzen wirkungsvoll einzusetzen, und sie vertraut den rein pflanzlichen Effekten mehr als jeder Schmerztablette. In einem luftigen, dunklen Raum trocknet sie verschiedene Kräuter und Heilpflanzen, die sie später zu Tee aufbrüht. Was sie aber letztendlich zur perfekten Besetzung für die Rolle der Gemüsefachfrau des Söl'ring Hofs macht, ist ihr grüner Daumen. Mit dem Wunsch und dem Ziel nach der größtmöglichen Regionalität in Kombination mit der bestmöglichen Qualität wagte Johannes King den Schritt in die Eigenproduktion, der für ihn früher oder später unausweichlich war. Der Garten, in dem Obst, Gemüse und Kräuter für den Söl'ring Hof angebaut werden, ist Marias Freilichtbühne. Sie besitzt den Mut zu testen, wo und wie Pflanzen am besten wachsen. Mit Kreativität verändert sie Standorte und Windverhältnisse, damit Erntevorhaben von schmackhaftem Erfolg gekrönt sind.

Das Haus am Meer

Durch die strategische Lage der Insel sorgten einst Walfang, Seefahrt und Austernzucht für einen bescheidenen Wohlstand in Teilen der Sylter Bevölkerung. Kleinbauern und Landarbeiter, die Gemüse anbauten und auf den kargen Inselboden angewiesen waren, blieben aber zumeist sehr arm. Das lag weniger an der Fruchtbarkeit des Bodens, sondern vielmehr an den unbarmherzigen Einflüssen von Seewind, Salzgehalt der Luft und Sandflug. Verwunderlich und zugleich sehr erfreulich ist, was Johannes King und Maria Schierz im Garten eines alten Hofs unweit des Söl'ring Hofs geschaffen haben. Der glückliche Fund des Hauses in Morsum mit dem verwilderten Gemüsegarten sollte den lang gehegten Plan, in die Eigenproduktion zu starten, wahr machen. Dort, wo der kleine Bauernhof steht, zieht sich entlang des Wattenmeeres ein schmaler Streifen Marschland, das stellenweise sandhaltig oder mit Sand- und Kiesablagerungen überdeckt ist. Sobald der Garten von jahrelang angesammeltem Unrat frei geräumt war, begannen Maria Schierz und Johannes King mit der Bepflanzung. Der alte Bestand an Mirabellen-, Apfel- und Quittenbäumen blieb natürlich erhalten. Aufgrund ihrer umfassenden Kenntnisse ist Maria im Garten regieführend. Ihre Pflanz- versuche von besonderen Gemüse- und Kräutersorten schließen keine Stelle und keine Pflanze ohne triftigen Grund aus. Alles könnte Erfolg versprechen. Inseltypisch ist der Garten von einem Friesenwall aus Granitfindlingen umgeben. Sogar zwischen diesen Steinen entsteht Lebensraum für einige Pflanzen.

Je mehr sich Maria Schierz und Johannes King in den Garten einarbeiteten, desto deutlicher sahen sie, dass dieser schon früher als Gemüselieferant diente. Im Boden versteckten sich einige vergessene Schätze, die zu neuem Leben erweckt werden wollten. Unter anderem entdeckten die beiden zwei alte Spargelwälle im Garten. Da auch Maria Schierz etwas ratlos diesem Blattgemüse gegenüberstand, zogen sie einen erfahrenen Spargelbauern zurate. Die Austriebe dieser Sprossen ließen auf eine alte, vergessene Sorte des Aspáragus officinalis schließen. Wo Spargelbauer heute das edle Gemüse in Längen von 20 bis sogar 30 Zentimetern anbieten, messen diese etwa zehn Zentimeter. Nach eingehender Begutachtung schätzte der unabhängige Spargelfachmann ein Alter von mindestens 60 Jahren und riet dazu, die Beete dem Erdboden gleichzumachen und mit dem Anbau einer modernen Sorte zu beginnen. Ganz klar, dass derjenige, der vom Spargel lebt, das Risiko von dürftigen Ergebnissen nicht eingehen kann. Er muss sich dem Gemüsediktat der Konsumenten unterwerfen, den Spargel nach gewissen Normen produzieren und dafür Sorge tragen, dass der Spargel rechtzeitig auf den Markt kommt. Wer als Erstes seine Ernte anbietet, macht den meisten Gewinn. So züchtet man immer früher austreibende, er-

Seefahrt und Landnahme
Bei Johannes King hat sich viel getan. Zum eigenen Hotel-Restaurant kamen sein Boot, sein Bauernhof und sein Garten.

Sand an den Füßen
Zwischen Kartoffeln, der alten Spargelsorte, Zwiebeln, Bohnen, Salaten, verschiedenen Kräutern und vielen weiteren Gewächsen gedeihen Meerkohl, Austernkraut und Strandportulak in Kings Garten. Eigentlich wachsen diese Pflanzen nur auf den nahen Salzwiesen, doch einen Versuch sollten sie Maria Schierz wert sein. Zunächst bestreute sie die Beete mit Sand, der vor allen Dingen eine unüberwindbare Barriere für Schnecken ist, die sich sonst an Kohl und Kraut vergreifen würden. Einmal in der Woche werden die Küstenpflanzen außerdem mit Salzwasser gegossen, mit dem sie doch in der freien Natur tagtäglich konfrontiert sind. Die Behandlung im Versuchsgarten scheint ihnen wohl zu bekommen, und bei ersten Proben konnten wohlschmeckende Ergebnisse verbucht werden. Die Versorgung mit Austernkraut und Meerkohl scheint auf dem Söl'ring Hof gesichert.

ALTER VOR SCHÖNHEIT

tragreiche Hybriden. Der Geschmack bleibt dabei oft auf der Strecke. Das widerspricht eindeutig der Philosophie von Johannes King, und das Spargelbeet bleibt erhalten. Es liefert geschmacksintensive Stangen im Miniaturformat mit violetten Köpfen. Doch um ein ernstzunehmender Konkurrent für Gemüselieferanten zu werden, muss der Garten natürlich mehr zu bieten haben als Spargel.

Besonders begeistert zeigt sich der Koch immer wieder von den aromatischen Bitternoten der Wilden Rauke. Außerdem gedeihen zwischen bunten Kartoffelsorten, Zwiebeln, verschiedenen Gartenbohnen, Salaten, Kräutern und vielen weiteren auch recht unbekannte Gewächse wie Meerkohl, Austernkraut und Strandportulak. Eigentlich wachsen sie auf den nahen Salzwiesen. Doch Maria Schierz wagte einen Versuch, pflanzte sie im Garten an und streute den zarten Pflänzchen unterstützend Sand an die Füße, der dafür sorgt, dass sich die Gewächse besonders wohlfühlen. Um das zu unterstützen, werden die Küstenpflanzen außerdem einmal in der Woche mit Salzwasser gegossen. Die Lieferungen von Meerkohl, Austernkraut & Co. sollten fürs Erste auf dem Söl'ring Hof gesichert sein, und das macht Johannes King in seiner Doppelposition als Koch und Produzent sehr zufrieden.

Pflanzenfunde am Ostseestrand, von links nach rechts: Soden oder Salzmelden gehören zur Gattung der Fuchsschwanzgewächse. Mehrere Sodenpflanzen wie Suaeda maritima sind Nahrungspflanzen. Ihre Blätter bilden salzige Zutaten für Salate. Die Samen können wie Mehl eingesetzt werden. Schräg darunter die Salzmiere, eine extrem robuste Pflanze aus der Familie der Nelkengewächse. Die spießblättrige Melde unterscheidet sich von der Strandmelde deutlich durch die Blattform. Letztere weist längliches Blattwerk auf. Darunter der Meerkohl, die Sandsegge und der giftige Mauerpfeffer.

Violetter Spargel
Ähnlich wie bei einem alten Weinstock die Trauben, treiben die mindestens 60 Jahre alten Spargel-Rhizome nur wenige kleine, aber dafür sehr gehaltvolle Sprossen aus.

Grüner Spargel
Der Spargel treibt aus und bildet zarte nadelförmige Blätter, Blüten und Beeren an bis zu 150 Zentimeter hohen Stängeln.

SALZKARTOFFEL UND MORSUMER GARTENSPARGEL MIT ZIEGENBUTTER-HOLLANDAISE

JOHANNES KING

Rezept für 6 Personen

Salzkartoffel:
1 kg grobes Meersalz • 6 große mehlig kochende Kartoffeln • 100 g Ziegenfrischkäse

Spargel:
200 g kleine weiße Spargelstangen • Saft von 1 Zitrone • 1 Prise Fleur de Sel • frisch gemahlener weißer Pfeffer

Reduktion:
1 Schalotte • 200 ml Noilly Prat • 10 ml Chardonnayessig • 4 Estragonzweige • 1 frisches Lorbeerblatt • 1 TL Koriandersamen • 1 TL weiße Pfefferkörner

Ziegenbutter-Hollandaise:
120 g Ziegenbutter • 3 Eigelb • 1 ganz kleine Msp. Cayennepfeffer • 1 TL frisch gepresster Zitronensaft • Meersalz • frisch gemahlener weißer Pfeffer

Gartenkräuter nach Belieben:
z. B. Schnittlauchhalme • junge Spitzwegerichblätter • Gartenmelde

Salzkartoffel: Backofen auf 160 °C vorheizen. Die Hälfte des Meersalzes in eine Auflaufform streuen. Die Kartoffeln in das Salzbett setzen, mit dem restlichen Meersalz bedecken und im Backofen ca. 45 Minuten weich garen. Kartoffeln aus dem Salz nehmen und mit einem Messer der Länge nach aufschneiden. Auseinanderdrücken, sodass eine Öffnung entsteht, und die Kartoffeln mit einem Teelöffel etwas aushöhlen. 1 EL Ziegenfrischkäse in jede Kartoffel geben und sofort anrichten.

Spargel: Die Stangen schälen und die holzigen Enden abschneiden. Schalen und Abschnitte mit reichlich Wasser, frisch gepresstem Zitronensaft, Fleur de Sel und Pfeffer in einen Topf geben und aufkochen. 10 Minuten köcheln lassen, dann durch ein Sieb gießen. Den Spargelfond aufkochen lassen und den Spargel darin kurz bissfest garen. Aus dem Fond nehmen, auf Küchenpapier abtropfen lassen und lauwarm anrichten.

Reduktion: Schalotte schälen und fein würfeln, dann mit Noilly Prat, 100 ml Wasser, Essig, Estragon, Lorbeerblatt, Pfefferkörnern und Koriandersamen in einen Topf geben und aufkochen. Die Flüssigkeit auf ein Drittel reduzieren, dann durch ein Sieb gießen. Die Reduktion lässt sich im Kühlschrank mindestens 1 Woche aufbewahren.

Ziegenbutter-Hollandaise: Ziegenbutter zu einer leichten Nussbutter erhitzen. Eigelb mit 80 ml Reduktion in eine Metallschüssel geben und über einem heißen Wasserbad auf 80 °C aufschlagen. Die leicht nussige Ziegenbutter durch ein feines Sieb gießen und langsam, unter stetigem Rühren, in das Eigelbgemisch fließen lassen. Diese Hollandaise mit Cayennepfeffer, Zitronensaft, Meersalz und weißem Pfeffer abschmecken.

Anrichten: Kartoffeln auf Teller setzen. Die lauwarmen Spargelstangen in die Kartoffeln stecken. Alles mit den Gartenkräutern garnieren. Die Ziegenbutter-Hollandaise separat dazureichen.

EINGELEGTE RÜBCHEN MIT GEGRILLTEN ZWIEBELN, AAL GRÜN UND GERAUCHT, BRATBIRNE UND SENFERDE

JOHANNES KING

Rezept für 6 Personen

Aal:
1 Aal im Ganzen • ½ Rauchaalfilet • 12 Scheiben Katenschinken • 12 frische Lorbeerblätter

Aalsauce:
1 große Schalotte • 5 Knoblauchzehen • 5 weiße Champignons • 1 EL Butter • 50 ml Noilly Prat • 250 ml heller Kalbsfond

Gegrillte Zwiebeln:
10 kleine Zwiebeln • 1 EL Butterschmalz • 30 ml Birnen-Most-Essig • 80 ml Birnensaft • Salz • Pfeffer

Rübchen:
70 g brauner Zucker • 70 ml Chardonnayessig • 500 g Teltower Rübchen • 1 EL englisches Senfpulver • je ½ EL Senfsaat, weiße Pfefferkörner, Fenchelsaat, Wacholderbeeren, Koriandersamen • 2 Lorbeerblätter • Salz

Geröstete Senfkörner:
200 g grober Senf • 100 g Pflanzenfett • 1 Prise Essigpulver • Salz • Pfeffer

Bratbirnen:
2 Birnen • 1 EL Butter

Sonstiges:
50 g Butter, geklärt • Fleur de Sel

Aal: Aal filetieren und Gräten ziehen. Karkasse für die Aalsauce verwenden. Geräucherten und frischen Aal in gleichmäßige Stücke schneiden, mit Katenschinken und frischem Lorbeer mit Küchengarn zu kleinen Paketen schnüren.

Aalsauce: Karkassen vom frischen Aal räuchern. Schalotte mit Knoblauch und Champignons in Butter glasig anschwitzen. Die Aalkarkassen kurz mitdünsten und mit Noilly Prat ablöschen. Kalbsfond zugeben und zum Köcheln bringen. Ca. 10 Minuten ziehen lassen, dann passieren.

Gegrillte Zwiebeln: Die Zwiebeln schälen und längs halbieren. In einer Pfanne mit wenig Butterschmalz grillen und mit Salz und Pfeffer würzen. Mit Birnen-Most-Essig ablöschen, einkochen und zuletzt den Birnensaft auffüllen. Zugedeckt ca. 10 Minuten garen. Die Zwiebeln sollten noch etwas knackig, aber auf keinen Fall roh sein.

Rübchen: Zucker in einem Topf leicht karamellisieren, mit dem Essig ablöschen und mit 1 l Wasser auffüllen. Die Rübchen schälen und in dem Sud mit etwas Salz weich kochen. Zuletzt Senfpulver und die Gewürze zugeben, sofort heiß in einem Glas eindünsten.

Geröstete Senfkörner: Groben Senf auswaschen und trocken tupfen. In einer Pfanne mit reichlich Pflanzenfett ausbacken. Auf ein Blech geben und weiter trocknen. Mit wenig Essigpulver, Salz und Pfeffer leicht abschmecken.

Bratbirnen: Die Birnen in Ecken schneiden, das Kerngehäuse entfernen und die Birnen langsam in Butter anbraten, 10 Minuten im Backofen bei 150 °C in der Pfanne weitergaren.

Fertigstellung: Die Aalpakete in schäumender, geklärter Butter von allen Seiten langsam anbraten, wobei der Aal nicht zu heiß werden sollte, da er sonst trocken wird. Mit Fleur de Sel würzen.

Anrichten: Alle Elemente in einer tiefen Schale anrichten und die Aalsauce angießen. Mit reichlich gerösteteten Senfkörnern garnieren.

RADIESCHEN MIT FRISCHKÄSE

JOHANNES KING

Rezept für 6 Personen

Gegarte Radieschen:
50 kleine erntefrische Radieschen • 200 ml kohlensäurehaltiges Mineralwasser • 2 ml Chardonnayessig • 1 TL Kristallzucker • 1 Msp. Meersalz • frisch gemahlener weißer Pfeffer

Radieschenpüree:
40 ml Traubenkernöl • 50 ml Radieschenwasser

Käsebruch:
500 ml Vollmilch • 25 g Sahne • 10 ml Buttermilch • 2 g Lab (Enzym zur Käseherstellung, in der Käserei erhältlich)

Glasierte Radieschen:
100 ml Radieschenwasser

Gegarte Radieschen: Von den Radieschen die grünen Blätter abschneiden. Die feinen grünen Blätter heraussuchen, in kaltes Wasser legen und bis zum Anrichten beiseitestellen. Die Wurzeln von den Radieschen nicht abschneiden. Radieschen mit Mineralwasser, Essig, Zucker, Meersalz und etwas weißem Pfeffer in einem Beutel vakuumieren. Den Beutel im heißen Wasserbad oder im Dampfgarer bei 95 °C ca. 30–40 Minuten weich garen. Anschließend den Beutel sofort in Eiswasser abschrecken. Radieschen herausnehmen und das Radieschenwasser auffangen.

Radieschenpüree: 14 gegarte Radieschen im Mixer sehr fein pürieren, dann langsam das Traubenkernöl hineinmixen. Sollte das Püree zu dickflüssig werden, mit etwas Radieschenwasser verdünnen.

Käsebruch: Milch in einem Topf auf 23 °C erwärmen. Dann Sahne, Buttermilch und Lab zufügen. Das Gemisch in einem Beutel vakuumieren und in ein auf 36,5 °C temperiertes Wasserbad geben. Ziehen lassen, bis die Konsistenz von frischem Feta erreicht ist. Den Käse in eine Schüssel geben und abkühlen lassen, anschließend mit einer Gabel grob zerbröseln und verrühren.

Glasierte Radieschen: Radieschenwasser in eine große Pfanne geben. 36 gegarte Radieschen darin unter ständigem Schwenken glasieren, die Flüssigkeit einkochen.

Anrichten: Radieschenpüree auf tiefe Teller verteilen, die glasierten Radieschen mit den Wurzeln nach oben daraufsetzen. Den Käsebruch in die Zwischenräume geben und mit den Radieschenblättern garnieren.

Tipp: Sie können für dieses Rezept auch Ziegenfrischkäse oder Schafsjoghurt verwenden. Eigentlich ist es kein ganzes Gericht, sondern eher eine Näscherei zum herzhaften Frühstück.

ENTSCHEIDENDE WECHSELWIRKUNG

Kann ein Chef alleine durch sein Selbst Neues schaffen oder bedarf es des Impulses durch ein neues Produkt, der Inspiration einer Fernreise oder der konstruktiven Kritik? Offen für alles zu sein, alles in sich aufzunehmen, zu reflektieren und daraus Neues zu schaffen, zeichnet einen großen Koch aus. Innovative Küche ist demnach ein Ergebnis aus der Wechselwirkung verschiedener Faktoren. Genau das beschreibt die Arbeitsweise von Christian Scharrer. Seine Entwicklung, die er in den letzten Jahren vollzog, ist Beweis dafür. Alt trifft Neu oder eher: Das Zeitlose liegt ganz nahe bei Innovationen. So könnte eine passende Überschrift für seine Küche lauten. Seine Gäste schätzen seine Kochkunst, die einer klassisch-modernen in ihrem Stilpluralismus gleichkommt, aber gleichzeitig verschiedene Avantgarde-Elemente aufweist. Das klare Verständnis für die klassische Küche erlernte Christian Scharrer im Restaurant Jörg Müller und in den Schwarzwaldstuben. Viele Restaurants, in denen er kochte, sind für ihre klassische Linie berühmt und gerade deswegen so geschätzt. Als Küchendirektor des Schlosshotels Bühlerhöhe war sein Stil eher traditionell beherrscht. Von 2009 an kochte Christian Scharrer ein sehr erfolgreiches, eigenes Süppchen im Restaurant Buddenbrooks in Travemünde. Dort schlug er ganz neue Wege ein. Seine Gerichte zeichnen sich seitdem durch ein perfektes Zusammenspiel von populären Harmonien und neuen Entwicklungen aus. Dafür wurde seine Arbeit mit zwei Michelin-Sternen garniert. Die würde er aber niemals für sich alleine beanspruchen. Deutlich betont er, dass alle Auszeichnungen nur im Team verdient werden können; jeder Koch ist nur so gut, wie es ihm seine Mannschaft erlaubt. Im Buddenbrooks entwickelte sich jede Gerichtkonzeption in enger Zusammenarbeit mit der gesamten Küche. Das wird sich auch im Luxus-Hotel Giardino Ascona, mit bestem Blick auf den Lago Maggiore, nicht ändern, in dem Christian Scharrer ab 2014 den Posten des Küchenleiters besetzt. Zufrieden beobachtet er, dass sich allgemeine Bemühungen von Köchen in den letzten Jahren überall stark verändert haben. Früher brauchte eine Küchenbesatzung vielleicht 17 Minuten, um ein Gericht zu entwickeln. Klassische Regeln wurden dabei befolgt, und zum Abschluss befanden sich neben einem prächtigen Stück Fleisch oder Fisch verschiedene Beilagen. Heute handelt es sich dagegen um einen langwierigen Prozess, der unter Umständen eine Arbeit von 17 Tagen bedeutet, bis die fertige Kreation das erste Mal auf der Speisekarte erscheint und dem Gast präsentiert werden kann. Ein Schaffensprozess, der auf gegenseitiger Motivation, Unterstützung und Qualifizierung beruht. Das Ziel bei diesen Entwicklungen ist immer, Perfektion zu erreichen. Jedes Produkt soll so gut und so neuartig wie nur irgend möglich schmecken. Einzeln und auch in seiner Kombination. Das geht natürlich mit den besten und innovativsten Produkten einher. Auf der Suche nach diesen stieß Christian Scharrer auf den Gemüsebauern Marko Seibold. Heute erblüht aus der Symbiose von Koch und Landwirt ein prächtiges Portfolio typischer unverwechselbarer Gemüse. Dabei geht es aber weniger um den Auftrag, bestimmte Besonderheiten aufzutreiben, als vielmehr um die eine ganz spezielle Idee, die neue Möglichkeiten eröffnet. Der Koch fand also nicht nur ganz besondere und alte Gemüsesorten, sondern zusätzlich jemanden, der ihn inspiriert und ihm ohne genaue Absprache entgegenarbeitet. Er kann fest damit rechnen, dass der Gemüsebauer immer wieder „alte" Neuigkeiten anzubieten hat, was seine Küche sehr positiv beeinflusst. Jede Woche informiert Marko Seibold Christian Scharrer über reifes Gemüse und erfolgreiche Pflanzvorhaben. Der Koch richtet sich dann nach dem aktuellen Angebot. Mit der Saison zu kochen, empfindet Christian Scharrer als Verpflichtung. Das ist genau so wichtig wie die Produktauswahl. Die Kreation moderner Gerichte muss stets beachten, dass die Produkte einen komplexen Kontext bilden. Kein Produkt steht an erster Stelle oder hintenan. Die Degradierung des Gemüses zur Beilage bezeichnet er als absolutes Unding. Es sollte doch mittlerweile verstanden sein, dass keine Komponente die andere ergänzt, sondern dass sich ein Gericht in der Sterneküche heute nur in seiner Gesamtheit als ein solches auszeichnet.

CHRISTIAN SCHARRER

GIARDINO ASCONA

Ein Spitzentrio
Christian Scharrer mit seinen Kollegen Rolf Fliegauf und Markus Rose. Rolf Fliegauf ist im Sommer Küchenchef im Ristorante Ecco am Lago Maggiore. Im Winter zieht er mit seinem gesamten Team in das Ristorante Ecco on Snow nach St. Moritz, wo Markus Rose Küchenchef im Guardalej, dem Hauptrestaurant des Hotel Giardino ist.

Christian Scharrer hat einen guten Fang gemacht.

PORTULAK UND ROTE BETE
AAL MIT ROTE-BETE-STRUKTUR UND KRABBEN

CHRISTIAN SCHARRER

Rezept für 4 Personen

Rote-Bete-Struktur:
100 g Tapiokastärke • 5 g Rote-Bete-Pulver •
150 ml Rote-Bete-Saft • 3 g Salz

Krabben-Brandade:
100 g Büsumer Krabben • 50 g Sahne • 60 g Kartoffeln •
1 TL Dill • Salz • Pfeffer

Rote-Bete-Krustentier-Gelee:
200 g Büsumer Krabben • 125 g Matignon (= feinblättrig geschnitten) von Karotte, Fenchel, Sellerie, Bleichsellerie und Schalotte • 200 ml Hühnerbrühe • 100 ml Rote-Bete-Saft •
1 Spritzer Champagneressig • je 1 TL Dill und Estragon • 1 Rote Bete, auf Salz abgeschoben • 1,25 g Agar-Agar • ½ Blatt Gelatine • Salz • Pfeffer

Aal:
100 g Zucker • 5 g Sternanis • 1 geräucherter Aal, ca. 600 g

Dillgel:
150 ml Champagneressig • 13 g Agar-Agar •
3 EL Dillmatte (Pacojet)

Senf-Dill-Sauce:
125 g Dijon-Senf • 60 g Puderzucker • 170 ml Olivenöl • 1 Bund Dill • Salz • Pfeffer

Aalschmalz:
1 Aalkarkasse • 1 Dillzweig • 125 g Butter • 35 g Crème fraîche •
Salz • Pfeffer

Rote-Bete-Struktur: Alle Zutaten miteinander vermischen. 40 g auf einen Teller ausgießen und 2 Minuten auf Stufe 4 in der Mikrowelle stocken lassen. Masse abziehen und 15 Minuten im Trockenautomat trocknen, danach wenden und nochmals 15 Minuten trocknen. In Stücke schneiden und diese bei 145–150 °C frittieren.

Krabben-Brandade: Krabben in Sahne auf 80 °C erhitzen, dann abgießen und Sahne auffangen. Krabben in Pacojet-Becher einsetzen und einfrieren. Anschließend vier- bis fünfmal pacossieren. Geschälte Kartoffeln in Salzwasser weich kochen, durch ein Sieb streichen und mit der Krabbensahne zu Püree verrühren. Die fein gemahlenen Krabben zugeben und gut unterarbeiten. Mit Dill, Salz und Pfeffer abschmecken und in einen Spritzbeutel füllen.

Rote-Bete-Krustentier-Gelee: Krabben anschwitzen, Matignon zufügen. Hühnerbrühe zugeben und reduzieren lassen. Mit dem Rote-Bete-Saft versetzen, mit Salz, Pfeffer und Champagneressig würzen. Kräuter zufügen und nach 10 Minuten passieren. Rote Bete mit dem Fond auf niedrigster Stufe anmixen und erneut passieren. In 200 ml Fond das Agar-Agar einmixen und dann zum Kochen bringen, Gelatine darin auflösen. In Rahmen füllen und erkalten lassen, dann in Würfel schneiden.

Aal: Zucker und Anis im Thermomix zu Pulver mahlen und durch ein Sieb streichen. Aal filetieren und von Haut und Tran befreien. Die Hautseite in den Aniszucker drücken und in einer beschichteten Pfanne karamellisieren, bei 50 °C warm halten.

Dillgel: Den Essig mit 1 l Wasser mischen (der pH-Wert sollte bei 3,8 liegen), Agar-Agar zugeben und aufkochen. Dillmatte zufügen und passieren. Gel auskühlen lassen. Wenn es fest ist, im Thermomix aufmixen und abschmecken.

Senf-Dill-Sauce: Senf mit Puderzucker glatt rühren. Olivenöl langsam einrühren, sodass eine Bindung entsteht. Mit reichlich Dill versetzen und mit Salz und Pfeffer abrunden.

Aalschmalz: Aalkarkasse mit Dill und Butter vakuumieren. Im Wasserbad 3 Stunden bei 70 °C ziehen lassen. Butter abgießen und auf Eis abkühlen, bis sie pomadig ist. Crème fraîche mit einem Handmixer weißschaumig aufschlagen, würzen und unter die Buttermasse heben. Die Masse 1 cm dick ausstreichen und durchkühlen lassen. Zum Servieren in Stücke brechen.

Anrichten: Die Krabben-Brandade auf Teller streichen. Würfel von Rote-Bete-Krustentier-Gelee und Stück von Aalschmalz verteilen. Den Aal anlegen und ein Stück der Rote-Bete-Struktur auf die Brandade setzen. Tupfen von Senf-Dill-Sauce und Dillgel platzieren.

TOPINAMBUR MIT PETERSILIE UND GÄNSESTOPFLEBER

CHRISTIAN SCHARRER

Rezept für 4 Personen

Petersilienpüree:
20 Bund Blattpetersilie

Petersiliengelee:
2 Blatt Gelatine • 400 ml Geflügelbrühe • 60 g Petersilienpüree •
2,8 g Agar-Agar • Salz • Pfeffer

Topinamburschaum:
200 g Topinamburpüree • 300 g Sahne • 3 g Iota-Carrageen •
50 g Eiweiß • Salz • Pfeffer

Topinamburragout und -püree:
3 kg Topinambur • 30 g Schalottenwürfel • 1 ½ kg Sahne • Salz •
Pfeffer

Topinambursauce:
2 kg Topinambur • 1 l Sonnenblumenöl • 50 g Schalottenwürfel •
100 ml Cognac • 100 ml Madeira • 3 l dunkle Geflügelbrühe •
1 Prise Muskatnuss • 5 g Xanthan • Salz • Pfeffer

Sonstiges:
500 ml Geflügelfond • 4 Scheiben Gänsestopfleber (ca. 2 cm
dick) • 30 g Sonnenblumenkerne, geröstet und gehackt • 2 EL
Petersilienstreifen • 2 Ringelblumen • 8 knusprig frittierte Topinamburscheiben • 2 EL rohe Topinamburwürfel (1 x 1 mm)

Petersilienpüree: Petersilie gründlich waschen und die Blätter von den Stielen trennen. Die Blätter auf gelochte Bleche verteilen und im vorgeheizten Dämpfer bei 100 °C für 6 Minuten dämpfen. Danach die Petersilie möglichst schnell, idealerweise in einem Schock-Gefrierer, abkühlen und in Pacojet-Dosen füllen. Nach ungefähr dreimaligem Fräsen im gefrorenen Zustand erhält man die gewünschte feine Petersilienpaste.
Petersiliengelee: Die Gelatine in Eiswasser rehydrieren und sorgfältig auspressen. Die restlichen Zutaten miteinander mischen und aufkochen. Die Gelatine hinzufügen, mit Salz und Pfeffer abschmecken und die Masse in eine mit Folie ausgelegte Form gießen. Nach dem Auskühlen mithilfe eines Metallrings große Kreise ausstechen und gut abgedeckt kühl stellen.
Topinamburschaum: Alle Zutaten bis auf das Eiweiß mischen und aufkochen. Die heiße Masse in einen Mixer geben und in die wirbelnde Masse das Eiweiß einmixen. Schaum mit Salz und Pfeffer abschmecken und in einen Syphon füllen. Syphon mit zwei N_2O-Kartuschen begasen.
Topinamburragout und -püree: Den Topinambur schälen und sorgfältig abwaschen. Die Knollen in ca. 3 mm dicke Scheiben schneiden und zusammen mit den Schalottenwürfeln in einem großen Topf glasig anschwitzen. Mit der Sahne bedecken, aufkochen und abgedeckt im Ofen bei 200 °C ca. 5–10 Minuten kochen. Nun die schönsten Scheiben aussuchen und kalt stellen. Den Rest zurück in den Ofen geben und für weitere 20 Minuten kochen. Die verkochten Scheiben auf ein Sieb geben und im Thermomix bei 90 °C zu einem glatten Püree verarbeiten – dafür nach und nach von der abgeseihten Sahne hinzufügen, bis die gewünschte Konsistenz erreicht wird. Mit Salz und Pfeffer abschmecken und die verbleibende Sahne für den Topinamburschaum aufbewahren.
Topinambursauce: Den Topinambur schälen und waschen. Die eine Hälfte der Knollen in 1 mm dünne, die andere in 4 mm dicke Scheiben schneiden. Die dünnen Scheiben bei 160 °C in Sonnenblumenöl knusprig frittieren und auf Küchenpapier abtropfen lassen. Die dicken Scheiben zusammen mit den Schalotten- würfeln in einem Topf glasig anschwitzen und mit dem Cognac und Madeira ablöschen. Etwas einkochen lassen und die Brühe hinzufügen. Nach ca. 30 Minuten leichtem Köcheln werden die frittierten Topinamburscheiben beigegeben. Den Topf dafür vom Herd nehmen und 10 Minuten ziehen lassen. Die Brühe nun durch ein Tuch passieren, aufkochen und das Fett abnehmen. Die Brühe mit Salz, Pfeffer und Muskatnuss abschmecken und mithilfe eines Pürierstabs so viel Xanthan einmixen, bis die gewünschte Konsistenz erreicht ist.
Fertigstellen: Den Geflügelfond in einem kleinen Topf aufkochen und die Gänsestopfleberscheiben hineingeben. Topf vom Herd nehmen und die Leber ca. 10 Minuten pochieren. Das Topinamburragout mit etwas Topinambursauce erwärmen und mit den Sonnenblumenkernen sowie einigen Petersilienstreifen abrunden. Das Gelee auf Tellern temperieren und die Sauce aufkochen. Den Topinamburschaum warm stellen.
Anrichten: Silberringe auf das Petersiliengelee aufsetzen und das Topinamburragout einfüllen. Die Gänseleberscheiben halbieren und so zurechtschneiden, dass sie in die Ringe passen. Danach mit dem Topinamburschaum auffüllen und mit den frittierten Topinamburscheiben und einigen Ringelblumenblättern garnieren. Die Topinamburwürfel und Petersilienstreifen in eine Sauciere geben und mit der heißen Sauce auffüllen, à part reichen.

KERBELRÜBCHEN MIT STEINBUTT UND MARK

CHRISTIAN SCHARRER

Rezept für 4 Personen

Kerbelrübchenpüree:
125 g Kerbelrübchen, geschält • ½ Bund Kerbel • 125 g Sahne • 50 ml konzentrierte Hühnerbrühe • 50 g Butter • 1 Prise Zucker • 1 Prise Muskatnuss • Salz • Pfeffer

Geschmorte Kerbelrübchen:
16 Kerbelrübchen • 30 g Butter • 125 ml Geflügelbrühe • 1 TL gehackter Kerbel • 1 Prise Zucker • 1 Prise Muskatnuss • kalte Butter • Salz • Pfeffer

Rindermark-Mayonnaise:
50 ml Milch • 180 g ausgelassenes Rindermark • Salz • Pfeffer

Steinbutt:
1 Steinbutt • 50 g Mehl, Type 405 • 1 EL braune Butter • Salz • Pfeffer

Markgelee:
200 ml Rinderbrühe • 2,6 g Agar-Agar • 1 g Xanthan • 150 g ausgelassenes Rindermark

Trüffelgelee:
40 g Trüffel • 1 TL Butter • 400 ml Trüffelsaft • 2,6 g Agar-Agar • 1 Blatt Gelatine

Kerbelrübchenpüree: Kerbelrübchen mit Kerbelgrün, Sahne und Brühe aufsetzen und weich kochen. Kerbelgrün entfernen, Sahne abgießen und im Thermomix mit kalter Butter zu glattem Püree mixen. Mit Zucker, Salz, Pfeffer und Muskatnuss abschmecken.

Geschmorte Kerbelrübchen: Rübchen schälen und in Butter andünsten. Brühe und Zucker angießen und die Rübchen abgedeckt im Ofen glacieren. Mit Zucker, Salz, Pfeffer und Muskatnuss würzen und mit kalter Butter aufschwingen. Mit gehacktem Kerbel bestreuen.

Rindermark-Mayonnaise: Milch erhitzen, das 60 °C warme Rindermark langsam einemulgieren und mit Salz und Pfeffer abschmecken.

Steinbutt: Steinbutt filetieren und in 80-g-Stücke portionieren. Mit Salz und Pfeffer würzen. Ober- und Unterseite leicht mit Mehl bestäuben und anbraten. Steinbutt in eine Kokotte setzen, etwas braune Butter zufügen und bei 200 °C ca. 7 Minuten garen. Rindermark-Mayonnaise auf den Steinbutt streichen und im Salamander bei großer Oberhitze überbacken.

Markgelee: Brühe mit Agar-Agar aufkochen, Xanthan einmixen und das 60 °C warme Rindermark langsam einemulgieren. In Rahmen füllen, erkalten lassen, in Würfel schneiden oder rund ausstechen.

Trüffelgelee: Trüffel in Würfel schneiden und in Butter anschwitzen. Trüffelsaft zufügen, Agar-Agar und eingeweichte Gelatine einmixen und ganz fein pürieren. Auf 90 °C erhitzen und dann in Rahmen füllen. Wenn das Gelee erkaltet ist, in Würfel schneiden.

Anrichten: Eine Linie des Kerbelrübchenpürees ziehen, den Steinbutt in der Mitte platzieren. Kerbelrüben seitlich anlegen, das Markgelee neben die Rübe setzen und mit Würfeln von Trüffelgelee ausgarnieren. Nach Bedarf mit frischem Kerbel dekorieren.

WILDER SPARGEL MIT POLTINGER LAMMRÜCKEN

CHRISTIAN SCHARRER

Rezept für 4 Personen

Spargel-Spirale:
250 g Spargel • 30 g Butter • 250 g Sahne • Saft von 1 Zitrone •
4,2 g Iota • 1,2 g Agar-Agar • Zucker • Salz

Lammrücken:
1 Lammsattel

Sonstiges:
50 g grüne Spargelspitzen • 50 g weiße Spargelspitzen •
30 g Pilze der Saison • 1 Bund Kleeblätter

Spargel-Spirale: Spargel schälen und klein schneiden. In Butter anschwitzen und mit Zucker und Salz würzen. Sahne zufügen und den Spargel weich kochen. Sanft anmixen und passieren. In 225 g der Spargelsahne Iota und Agar-Agar einmixen und aufkochen. In Rahmen füllen und erkalten lassen. In Bänder schneiden und diese zu Spiralen drehen. Danach bei 60 °C warm legen.
Lammrücken: Lammsattel auslösen. Fettauflage ziselieren und den Lammrücken auf der Fettseite anbraten. Kurz wenden und im Ofen bei 220 °C ca. 10 Minuten garen. Bei 55 °C ruhen lassen, dann tranchieren.
Anrichten: Die Spargel-Spirale auf den Teller legen. Spargelspitzen, Pilze und Kleeblätter locker darum verteilen. Den Lammrücken an einem Ende der Spirale anlegen.

TOMATE, MELONE UND SCHINKEN MIT ESTRAGON

CHRISTIAN SCHARRER

Rezept für 4 Personen

Klarer Tomatenfond:
3 kg Tomaten • 10 g Salz

Tomatenbaiser:
500 ml Tomatenfond • 2 g Salz • 5 g Zucker •
30 g Ovoneve-Eiweiß-Pulver

Tomatenmousse:
450 ml Tomatenfond • 7 Blatt Gelatine • 1 kg Crushed Ice

Kalbs- und Rinderschinken:
300 g Salz • 50 g Pökelsalz • 300 g Zucker • 20 g Sel Rosé •
5 Orangen • 250 g Kalbsfilet, pariert • 250 g Rinderfilet,
pariert • 10 Thymianzweige

Melonenwürfel:
½ kleine rote Wassermelone, entkernt • ½ kleine gelbe Wassermelone, entkernt • ½ Charantais-Melone • 150 ml Zitronensaft • 150 g Zucker • 20 ml Champagneressig • je 3 Dill- und Korianderzweige

Melonenschaum:
1 kleine rote Wassermelone, entkernt (ca. 550 g) •
4,7 g Agar-Agar • 25 g Eiweiß • 25 ml Zitronensaft

Zitronengel:
300 ml Zitronensaft • 160 g Zucker • 8 g Zitronenzesten •
8 g Salz • 20 Safranfäden • 19 g Agar-Agar

Estragonpüree:
8 Bund Estragon

Estragongel:
10 g Salz • 25 ml Branntweinessigessenz • 15 g Agar-Agar

Melonengranité:
1 Charantais-Melone • 30 g Puderzucker • 25 ml Zitronensaft

Klarer Tomatenfond: Tomaten waschen, Strunk entfernen und vierteln. Salz hinzufügen und im Küchenmixer pürieren. Tomatenpüree in ein Küchenpassiertuch geben und als Beutel zuknoten. Den Sack über einer Schüssel aufhängen und ohne Druck über Nacht abtropfen lassen.

Tomatenbaiser: Tomatenfond auf 250 g einkochen, salzen und abkühlen lassen. Den kalten Fond mit Zucker und Ovoneve-Eiweiß-Pulver vermengen und in einer Küchenmaschine steif aufschlagen. Die Masse ca. 4 cm dick auf eine Silikonbackmatte aufstreichen und im Ofen bei 45 °C ca. 5 Stunden trocknen. Zur Verwendung in einem luftdichten Gefäß aufbewahren.

Tomatenmousse: 300 ml vom Tomatenfond auf 150 ml einkochen. Gelatine in Eiswasser einweichen, ausdrücken und hinzugeben. Den restlichen Tomatenfond zugeben und die Flüssigkeit in einer Schüssel, auf Crushed Ice, mit einem Handrührgerät steif schlagen. Auf ein mit Frischhaltefolie ausgelegtes Blech streichen und kalt stellen.

Kalbs- und Rinderschinken: Salze, Zucker und Sel Rosé mischen. Eine Schale mit der Hälfte füllen. Die Orangen in Scheiben schneiden und das Salz damit bedecken. Die beiden Filets auf die Orangenscheiben platzieren und mit dem restlichen Salz-Zucker-Gemisch sowie den Thymianzweigen bedecken. Die Schale mit Frischhaltefolie abdecken und für 48 Stunden im Kühlschrank aufbewahren. Das Fleisch sollte nun eine mittlere Festigkeit aufweisen. Das Rinderfilet kann je nach Dicke 6 Stunden länger brauchen. Den fertigen Kalbsschinken kurz abwaschen und kalt

stellen. Den Rinderschinken in eine Serviette eindrehen, 10 Minuten im kalten Buchenrauch räuchern und dann ebenfalls kalt stellen.

Melonenwürfel: Die Melonen in 1,5 cm große Würfel schneiden und sortenrein flach in Vakuumbeutel legen. Den Zitronensaft mit Zucker und Essig einmal aufkochen und abkühlen lassen. Die Kräuter sowie den abgekühlten Sirup auf die drei Melonenbeutel verteilen und mit einem Vakuumierer verschweißen. Die Melonen 6 Stunden unter Druck marinieren lassen, danach abgießen und kalt stellen.

Melonenschaum: Melone entsaften und den Saft fein passieren. 400 ml Saft mit Agar-Agar verrühren und einmal aufkochen. Den Saft in einen Küchenmixer geben und im laufenden Betrieb Eiweiß und den Zitronensaft einmixen. Die Masse fest werden lassen und noch mal im Küchenmixer bei hoher Geschwindigkeit fein mixen, bis eine duschgelartige Konsistenz erreicht ist. Masse in einen Sahnespender füllen und mit einer N_2O-Kapsel versetzen. Kalt stellen.

Zitronengel: Alle Zutaten zusammen mit 700 ml Wasser in einen Topf geben und 1 Minute kochen. 20 Minuten ziehen lassen. Erneut aufkochen, Flüssigkeit fein passieren und kalt werden lassen. Das erkaltete Gelee in einen Küchenmixer geben und bei hoher Geschwindigkeit glatt mixen, bis eine duschgelartige Konsistenz erreicht ist. Das Gel in eine Spritzflasche füllen und kalt stellen.

Estragonpüree: Blätter von den Stielen abzupfen und auf einem Gitterblech bei 100 °C für 2 Minuten dämpfen. Schnell im Tiefkühlschrank oder Schockfroster abkühlen und in einem Pacojet-Becher einfrieren. Im tiefgekühlten Zustand die Masse mehrfach pacossieren und durch ein feines Sieb streichen. Kalt stellen.

Estragongel: 300 ml Wasser mit 400 g Estragonpüree verrühren und durch ein Passiertuch pressen. 1 kg von dem entstandenen Saft mit den restlichen Zutaten verrühren und aufkochen. 1 Minute kochen und erkalten lassen. Das Gelee nun in einen Küchenmixer geben und bei hoher Geschwindigkeit glatt mixen, bis eine duschgelartige Konsistenz erreicht ist. Das Gel in eine Spritzflasche füllen und kalt stellen.

Melonengranité: Melone schälen, vierteln und entkernen. Melonenviertel mit Puderzucker bestäuben und mit Zitronensaft einreiben. Die Segmente einzeln in Frischhaltefolie wickeln und tiefkühlen. Mit einer mittelgroßen Reibe die Melone auf ein gefrorenes Blech reiben und weiter tiefkühlen.

Anrichten: Tomatenmousse ausstechen und in der Mitte platzieren. Melonenwürfel verteilen und mit den Gelees, Estragonpüree und Tomatenbaiser arrangieren. Schinken auf die Würfel legen und mit Melonenschaum und Melonengranité vollenden.

BEKENNE DICH ZU DEINEN WURZELN

Volker Drkosch gehört zu den Chefs, in deren Küche immer etwas Neues, etwas Spannendes passiert. Nicht umsonst zählt er zu den kreativen Köchen, für die das Kochen mehr bedeutet, als der Geschmackssinn erfassen könnte. Diese Sorte von Koch möchte den Gast mit dem, was er tut, auf verschiedenen Ebenen erreichen, ihn direkt ansprechen und mit einem Gericht zum Nachdenken auffordern.

Ausgebildet wurde Volker Drkosch im Münchner Königshof. So wie es in nahezu allen Luxushotels üblich ist, war die Kulinarik auch dort schon immer ein wichtiger Bestandteil des Konzepts. Dem Gast soll es schließlich an nichts fehlen, und dafür müssen alle Mitarbeiter sehr viel Disziplin an den Tag legen. Das betrifft natürlich auch die Auszubildenden in der Küche, die hier für ihren bevorstehenden Werdegang geprägt werden. Wie sich die Jungköche dann weiterentwickeln, liegt an ihnen selbst. Bei Volker Drkosch kristallisierte sich schon ziemlich bald heraus, dass er hoch hinaus wollte. 1990 wechselte er in das Freiburger Hotel und Restaurant Colombi. Danach folgte eine bemerkenswerte Zeit bei Dieter Müller im Schloss Lerbach, dann das Tantris in München und der Tigerpalast in Frankfurt. In Berlin, wo er 1998 im Restaurant Portalis Küchenchef wurde, verlieh ihm der Guide Michelin 2000 endlich einen Stern. 2001 bis 2004 übernahm er die Posten des Küchenchefs und des Gastronomischen Leiters im Hotel Main Plaza in Frankfurt, wo er nach neuen Herausforderungen suchte. Der Michelin-Stern wurde hier prompt bestätigt.

Frech und ungewöhnlich waren seine Kompositionen, und das sind sie noch immer. In dieser Zeit perfektionierte er die „Shooter", kleine schnelle Gerichte aus dem Glas, die durch mutige Würze „flashen". Ebenfalls legendär sind seine Heiß- und Eis-Kompositionen. Diesen Stil verwirklichte er auch in Frankfurt am Main. Im ländlichen Außenbezirk der Stadt eröffnete Drkosch außerdem ein Kochatelier mit Chef's Table, das ihn für einige Zeit aus dem Zentrum der kulinarischen Szene warf. Seinen Wiedereinstieg fand er im Rüsselsheimer Restaurant Navette im Columbia Hotel, bis er 2009 schließlich die Leitung des legendären Restaurants Victorian nahe der Düsseldorfer Kö übernahm. Keine leichte Aufgabe für einen jungen Kreativen, denn der wohlhabende, jedoch zumeist traditionell denkende Stammgast war an die Klassiker der Koch-Vaterfigur Günter Scherrer gewöhnt. Fast zwei Jahrzehnte prägte Scherrer das Restaurant, bevor er 2001 in den Ruhestand ging. Viele seiner Nachfolger scheiterten im Victorian. Doch Volker Drkosch setzte sich durch. Mehr und mehr konnte er hier seinen eigenen Stil verwirklichen, und der Stammgast spielt sein kreatives Spiel mit. Dieser erfolgreiche Generationenwechsel im Restaurant Victorian wurde aber auch von Genießern bemerkt, die bislang nicht zur Zielgruppe gehörten. Jedes Mal, wenn der Koch die Karte ändert, kann sich das Team um Volker Drkosch des Ansturms kaum erwehren. Neu- und Stammgäste wollen erleben, was er sich dieses Mal hat einfallen lassen. À la Carte isst kaum noch jemand. Eigentlich wäre die Mannschaft damit ausgelastet, doch der Küchenchef steckt voller Ideen, die danach schreien, verwirklicht zu werden. Alle vier Wochen entwickelt er zusätzlich ein „Tapas-Menü" – neun Gänge für sensationell günstige 99 Euro. Verführt durch wohlklingende Namen wie „Sternenstaub", „Die Welt ist nicht genug" oder „November Rain" wählen 80 bis 90 Prozent der Gäste dieses Erfolgsmenü. Selbst auf der Kö isst man heutzutage preisbewusst.

Kreativ wird Volker Drkosch von Matthias Hein unterstützt. Dieser ist primär für die Produktentwicklung zuständig. In der Mannschaft springt er aber auch als Tournant ein, wenn Not am Mann ist oder der Chef auf Entdeckertour geht. Volker Drkosch hat seine Sinne für alles Neue und Spannende, was Zugang in seine Küche finden könnte, geschärft. Das betrifft nicht nur exorbitante Luxusprodukte, das können auch längst vergessene Gemüsesorten sein. Als er 2013 in der Versuchsküche des Centre Port Culinaire in Köln zu Gast war, erfuhr er eher zufällig von der Arbeit des Gemüsebauern Marko Seibold, der auf seiner „Arche" alte Gemüsesorten rettet. Eine seiner Gemüselieferungen war gerade frisch eingetroffen. Volker Drkosch erkannte sofort, dass sich in den Paketen aus Syke ganz besondere Schätze befinden. Auf das erste Probieren folgte sofort eine Bestellung. Mittlerweile sind die Gemüse von Marko Seibold in der Küche des Victorians tief verwurzelt.

VOLKER DRKOSCH VICTORIAN

Im Kohlfeld
Mitten im Kohl der Düsseldorfer Vorstadt. Volker Drkosch und sein „Produktentwickler" Matthias Hein.

Victorian
Das Restaurant Victorian nahe der Düsseldorfer Kö ist ein Kult-Ort der Gastronomie.

VON KOHL, RINDERN UND SCHNECKEN

VOLKER DRKOSCH

Rezept für 4 Personen

Rinderschulter:
1 Rinderschulter, ca. 2,5 kg • 800 g Mire Poix • 1 l Rotwein • 1 l Kalbsfond • Salz • Pfeffer

Rosenkohl:
1 lila Rosenkohl • 4 Petersilienstiele • 2 EL Kümmel • 50 g Speck • 1 EL Butter • Salz

Schnecken:
8 Weinbergschnecken • 50 ml Kalbsjus • 50 g Butter • ½ Bund Estragon • ½ Bund Petersilie

Rindermark:
Mark von 1 Rindermarkknochen • 200 ml Olivenöl • Salz • Pfeffer

Rosé Schalotten:
4 Schalotten • 50 g Zucker • 400 ml Rotwein

Rotweingel:
300 ml Rotwein • 1 Thymianzweig • 1 Lorbeerblatt • 100 ml Portwein • 2 g Agar-Agar • 0,2 g Xanthan

Sellerie:
100 g Sellerie mit Schale • 50 g Butter • 1 Thymianzweig • 1 Rosmarinzweig • Salz

Waldorfsalat:
100 g Sellerie • 50 g Staudensellerie • 50 g roter Apfel (z. B. Berlepsch) • 20 g Crème fraîche • 20 g Mayonnaise • 30 g Walnüsse • ½ Bund Petersilie

Sonstiges:
1 Bund Schnittsellerie, getrocknet und fein gemahlen

Rinderschulter: Fleisch würzen, anbraten und in einen Vakuumbeutel geben. Das Mire-Poix-Gemüse in derselben Pfanne anbraten, mit Rotwein ablöschen und reduzieren. Diesen Vorgang zweimal wiederholen und dann mit kräftigem Kalbsfond aufgießen. Abpassieren und zum Fleisch geben. Einvakuumieren und bei 78 °C für 20 Stunden garen.

Rosenkohl: Kohl und Petersilienstiele putzen, in gesalzenem Kümmelwasser abkochen. Mit ausgelassenem Speck und Butter glasieren.

Schnecken: Weinbergschnecken putzen und wässern. Kalbsjus und Butter erwärmen und die Schnecken darin warm legen. Fein geschnittene Kräuter dazugeben.

Rindermark: Das Mark wässern und mit Öl, Salz und Pfeffer vakuumieren. Bei 75 °C für 20 Minuten garen.

Rosé Schalotten: Schalotten vorsichtig mit Strunk und Spitze schälen. Zucker und 10 ml Wasser zu Karamell kochen. Mit einem Spritzer Rotwein ablöschen. Schalotten zufügen, einmal aufkochen. Schalotten herausnehmen, evtl. die äußere Haut abnehmen. 300 ml Rotwein auf 75 ml reduzieren und dann 75 ml Rotwein zugeben. Die Schalotten mit der Rotweinsauce einvakuumieren. Bei 85 °C für 6 Stunden Sous-vide garen.

Rotweingel: Rotwein auf 100 ml reduzieren. Thymian, Lorbeer und Portwein dazugeben und ziehen lassen, dann abpassieren. Agar-Agar und Xanthan einrühren, erwärmen und kalt stellen. In der Küchenmaschine zu einer homogenen Masse mixen.

Sellerie: Sellerie waschen, große Stücke mit Schale herausschneiden, gut salzen und im Ofen mit reichlich Butter schmoren. Zum Ende des Garvorgangs mit Thymian und Rosmarin arosieren.

Waldorfsalat: Sellerie schälen, waschen und in Stücke schneiden. Apfel waschen, vierteln, entkernen und in Stifte schneiden. Crème fraîche und Mayonnaise vermengen und über den Sellerie und Apfel geben. Gehackte Walnüsse und klein geschnittene Petersilie untermischen.

Anrichten: Die Rinderschulter auf Teller legen und mit etwas Fond übergießen. Den Rosenkohl halbieren und anlegen. Schnecken, Rindermark, Schalotten und Sellerie kreisförmig drumherum verteilen. Tupfen von Rotweingel setzen und den Waldorfsalat locker auf den Komponenten verteilen. Den gemahlenen Schnittsellerie am Rand platzieren.

„DOWN UNDER" – ALLES, WAS WURZELN KÖNNEN

VOLKER DRKOSCH

Rezept für 4 Personen

Haferwurzeln:
200 g Zucker • 50 g Haferwurzel • 200 ml Apfelessig • 200 g Haferwurzel • 200 ml Geflügelfond

Klettenwurzel:
1 Klettenwurzel • 100 ml Sonnenblumenöl • 1 EL Butter • 1 Thymianzweig • Salz

Sonnenblumenwurzel:
1 Sonnenblumenwurzel • 100 ml Haselnussöl • 50 ml weißer Balsamico • 200 ml Milch • Salz

Wurzelschaum:
200 g Kletten- und Sonnenblumenwurzel • 50 ml Riesling • 200 ml Mineralwasser • 200 ml Milch von Sonnenblumenwurzel • 1 Lorbeerblatt

Müsli:
40 g Zucker • 200 g Haferflocken • 5 ml Arganöl

Quinoa:
200 g Quinoa • 100 g Fett

Außerdem:
50 g Sonnenblumenkerne, in der Pfanne geröstet • 50 ml Kräuteröl • je 1 Schale Vogelmiere und Barbarakresse

Haferwurzeln: Zucker und Haferwurzel zu Karamell kochen und mit Apfelessig ablöschen. Geschälte Wurzeln zugeben und den Geflügelfond nach und nach beigeben, bis die Wurzeln gar sind, aber der Zucker nicht verbrannt ist.

Klettenwurzel: Wurzel schälen und kräftig in Öl anbraten. Etwas Butter dazugeben und schmelzen lassen. Thymian und Salz dazugeben und alles einvakuumieren. Bei 80 °C Dampf für 2 Stunden im Ofen garen.

Sonnenblumenwurzel: Die Wurzel 1 mm dick aufhobeln und Scheiben ausstechen. Mit Haselnussöl, Balsamico und Salz marinieren. Die Abschnitte mit Milch und etwas Salz vakuumieren und bei 90 °C im Wasserbad garen. Milch abgießen (für Wurzelschaum verwenden) und die Abschnitte im Thermomix pürieren.

Wurzelschaum: Wurzeln anschwitzen, mit Riesling ablöschen und reduzieren, bis Sirup entsteht. Mineralwasser eingießen und aufkochen. Milch beigeben und noch mal aufkochen. Lorbeerblatt einlegen, ziehen lassen und abpassieren.

Müsli: Zucker mit 10 ml Wasser zu Karamell kochen. Haferflocken im Ofen rösten und heiß zum Karamell geben. So lange rühren, bis alles gut karamellisiert ist. Arganöl dazugeben und rühren, bis die Haferflocken sich voneinander lösen. Auf Backpapier geben.

Quinoa: Quinoa 25 Minuten garen. Abtropfen, abschmecken und trocknen. Im qualmenden Fett frittieren.

Anrichten: Das Püree der Sonnenblumenwurzel auf Teller geben. Hafer- und Klettenwurzel mittig platzieren. Müsli, Quinoa und Sonnenblumenkerne verteilen, den Wurzelschaum dazugeben. Das Kräuteröl tröpfchenweise daraufgeben und mit Vogelmiere und Barbarakresse ausgarnieren.

DER ANGEBETETEN ...

VOLKER DRKOSCH

Rezept für 4 Personen

Rote Bete:
300 ml Rote-Bete-Saft • 100 ml Balsamico • 1 Msp. Piment • 1 Lorbeerblatt • 150 ml Walnussöl • 500 g Rote Bete • Salz

Gelbe Bete:
100 g Zucker • 200 ml Apfelessig • 200 ml Quittensaft • 1 TL Senfsaat • 1 TL Koriander, geröstet • 100 g Nussbutter • 500 g Gelbe Bete • Salz

Weiße Bete:
150 g Zucker • 150 ml Reisessig • 100 ml Reiswein • 1 TL grüner Kardamom • 500 g Weiße Bete

Vadouvanstreusel:
80 g Vadouvan • 100 g brauner Zucker • 120 g Butter • 150 g Mehl • 150 g Mandelgrieß

Quittenbaiser:
50 g Isomalt • 50 g Zucker • 100 ml Quittensaft • 12 g Albumin • 40 ml Quittensirup

Skrei:
1 Skrei • 10 g Salz • 100 ml Milch • 100 ml Traubenkernöl • 1 Lorbeerblatt

Vadouvan-Rote-Bete-Sauce:
30 g Zucker • 50 ml Himbeeressig • 50 ml Johannisbeeressig • 50 g Schalottenwürfel • 200 g Abschnitte von Rote Bete • 200 ml Mineralwasser • 500 ml Rote-Bete-Saft • 50 g Vadouvan

Rote Bete: Saft mit Essig und Gewürzen aufkochen und das Walnussöl beigeben. Rote Bete abschrubben, abwaschen und mit dem Fond einvakuumieren. Etwa 8 Stunden bei 80 °C garen. In Eiswasser abschrecken, auspacken und den Fond abpassieren. Schale abziehen und die Rote Bete im Fond wieder einvakuumieren.

Gelbe Bete: Zucker und 20 ml Wasser zu Karamell kochen. Mit Apfelessig ablöschen. Quittensaft, Salz, Senfsaat und Koriander zugeben und aufkochen. Dann die Nussbutter unterrühren. Gelbe Bete abschrubben, abwaschen und mit dem Fond einvakuumieren. Ca. 4 Stunden bei 80 °C garen. In Eiswasser abschrecken, auspacken und den Fond abpassieren. Schale abziehen und die Gelbe Bete im Fond wieder einvakuumieren.

Weiße Bete: Für den Fond alle Zutaten außer der Bete zusammen mit 50 ml Wasser aufkochen. Weiße Bete abschrubben, abwaschen und mit dem Fond einvakuumieren. Ca. 8 Stunden bei 80 °C garen. In Eiswasser abschrecken, auspacken und den Fond abpassieren. Schale abziehen und die Weiße Bete im Fond wieder einvakuumieren.

Vadouvanstreusel: Alle Zutaten im Thermomix vermengen. Bei 165 °C goldgelb backen. Nochmals im Thermomix zerkleinern und dann auf Küchenpapier im Dehydrator trocknen.

Quittenbaiser: Isomalt, Zucker und 50 ml Wasser zu einem Karamell kochen (bis 121 °C). Quittensaft mit Albumin leicht anschlagen, Karamell dazugeben und aufschlagen, bis eine kompakte Masse entsteht. Quittensirup zugeben und kalt schlagen. Auf eine Backmatte aufspritzen und bei 60 °C für 24 Stunden trocknen.

Skrei: 1 l Wasser und Salz verrühren und den Fisch mit Haut für 30 Minuten in das kalte Salzwasser legen. Herausnehmen und auf einem Tuch trocken legen. Milch, Traubenkernöl und Lorbeer vermengen und den Fisch damit einvakuumieren, ca. 12 Minuten bei 58 °C garen.

Vadouvan-Rote-Bete-Sauce: Zucker und 10 ml Wasser zu Karamell kochen. Mit den Essigen ablöschen. Schalottenwürfel und Rote-Bete-Abschnitte zugeben, Mineralwasser aufgießen und weich kochen. Rote-Bete-Saft und Vadouvan dazugeben, aufkochen und 45 Minuten ziehen lassen. Durch ein Sieb passieren und kurz aufmixen.

Anrichten: Vadouvan-Rote-Bete-Sauce auf Teller geben. Beten und Skrei darauflegen. Vadouvanstreusel am Tellerrand verteilen und mit Quittenbaiser dekorieren.

AFTER HOUR MIT CASANOVA

VOLKER DRKOSCH

Rezept für 4 Personen

Zichorien:
1 Kopf Zichoriensalat • 50 ml Rotweinessig • 100 ml Traubenkernöl

Sauerkleeknollen:
2 Sauerkleeknollen • 100 ml Mandelöl • 50 ml Balsamico

Mandeleis:
500 ml Buttermilch • 15 g Stärke • 120 ml Mandelmilch (Soripa)

Eingelegter Gorgonzola:
500 ml trockener Rotwein • 400 ml Portwein • 1 Lorbeerblatt • 160 g Gorgonzola

Teefrüchte:
200 g Trockenfrüchte (Physalis, Aprikose, Sauerkirsche) • 400 ml weißer Portwein • 30 g schwarzer Tee

Zichorien: Salat mit Rotweinessig und Traubenkernöl marinieren.
Sauerkleeknollen: Knollen waschen und mit einem Trüffelhobel dünn hobeln. Wässern. Mit Mandelöl und Balsamico marinieren.
Mandeleis: Alles vermengen und unter ständigem Rühren 2 Minuten kochen, kalt stellen und dann gefrieren.
Eingelegter Gorgonzola: Rotwein auf 100 ml einkochen. Portwein und Lorbeer zugeben und ziehen lassen. Den Gorgonzola in großen Stücken in den lauwarmen Wein einlegen.
Teefrüchte: Trockenfrüchte in Portwein über Nacht quellen lassen. Aufkochen und den schwarzen Tee im Gewürzbeutel 10–15 Minuten darin ziehen lassen.
Anrichten: Eine Nocke des Mandeleises auf Teller geben und den Zichoriensalat daneben verteilen. Gorgonzolastücke und Scheiben von Sauerkleeknollen locker verteilen. Mit Teefrüchten vollenden.

NEUIGKEITEN VOM BAUERNHOF

VOLKER DRKOSCH

Rezept für 4 Personen

Leberkruste:
100 g Butter • 50 g Stopfleber, durch ein Sieb gestrichen • 1 EL Methyl • 5 g Pankomehl • 1 TL Thymian • 1 TL Rosmarin • Salz • Pfeffer

Hühnerbrust:
1 Brust vom Lachshuhn • 1 EL Olivenöl

Keulenkugel:
2 Keulen vom Lachshuhn (ca. 500 g) • 200 ml Olivenöl • 1 Thymianzweig • ½ Bund Petersilie • 100 g Schalotten • 500 g Hühnerfleisch • 200 ml Weißwein • 200 ml Geflügeljus • 1 Spritzer Apfelessig • 1 Blatt Pflanzengelatine • 100 ml Geflügelbrühe • Salz • Pfeffer

Geschmorter Topinambur:
1 Topinamburknolle • 100 g Butter • 1 Thymianzweig • 1 Rosmarinzweig • Salz

Schwarzwurzeln mit Pilzerde:
4 Schwarzwurzeln • 300 ml Milch • 1 Lorbeerblatt • 100 g Trompetenpilze • 100 g Schalotten • 1 EL Butter • Salz

Walnussgel:
100 g schwarze Nüsse • 200 ml Quittensaft • 100 ml Saft von schwarzen Nüssen • 4 g Agar-Agar • 0,2 g Xanthan

Gelbe Karotten:
4 gelbe Karotten

Leberkruste: Butter aufschlagen, alle weiteren Zutaten zufügen und vermengen. Dünn ausrollen und einfrieren.

Hühnerbrust: Brust in Olivenöl anbraten und bei niedriger Hitze im Ofen garen. Mit der Leberkruste gratinieren.

Keulenkugel: Keulen in Olivenöl und Kräutern konfieren. Auslösen, kalt stellen und dann das Fleisch klein würfeln. Schalotten anschwitzen, Hühnerfleisch und Weißwein zugeben und weich kochen. Geflügeljus zufügen und mit Salz, Pfeffer und Apfelessig abschmecken. In Kugelmatten einsetzen und einfrieren. Zum Servieren mit Pflanzengelatine und Geflügelbrühe abziehen.

Geschmorter Topinambur: Topinambur waschen, gut salzen und im Ofen mit reichlich Butter schmoren. Zum Ende des Garvorgangs mit Thymian und Rosmarin arosieren.

Schwarzwurzeln mit Pilzerde: Schwarzwurzeln in Milch mit Salz und Lorbeer kochen. Trompetenpilze waschen, mit Schalotten anbraten und auf einem Sieb gut abtropfen lassen. Im Dehydrator trocknen und dann cuttern. Die gekochten Schwarzwurzeln in Butter anbraten und durch die getrockneten Pilze rollen.

Walnussgel: Alle Zutaten zusammen aufkochen und kalt stellen. Anschließend pürieren und durch ein feines Sieb streichen.

Gelbe Karotten: Karotten schälen, dünn hobeln und für 30 Minuten marinieren.

Anrichten: Hühnerbrust portionieren und auf Teller geben. In einer Linie die Keulenkugel, Topinambur und Schwarzwurzel anrichten. Die Scheiben von gelber Karotte dazwischensetzen und mit Punkten von Walnussgel vollenden.

ALL ABOUT ORANGE ...

VOLKER DRKOSCH

Rezept für 4 Personen

Bunte Karotten:
200 g bunte Karotten

Gewürzfond:
200 ml Apfelessig • 100 g Zucker • 3 Sternanis • 1 Zimtstange • 1 Nelke • 5 Pimentkörner • 1 EL Senfsaat • 2 Lorbeerblätter

Kürbiseis:
4 g Vitamin C • 6 g Super Neutrose • 60 g Glukosepulver • 100 g Zucker • 150 ml Karottensaft • 50 g Ingwer, in Scheiben • 50 g Zitronengras, in Scheiben • 500 g Kürbismark von Boiron • 220 g Karottenpüree

Joghurt-Kräuter-Mousse:
650 g Sahne • 2 Bund gemischte Kräuter • 100 g griechischer Joghurt • 20 ml Chartreuse • 5 Blatt Gelatine • 80 g Puderzucker

Karottenpüree:
200 g Bundkarotten • 150 ml Karottensaft • 1 EL Honig • 30 g Ingwer, geschnitten • 1 Zimtstange • 3 Blatt Gelatine • 100 g Butter

Schwarze Gewürzerde:
300 g Sahne • 65 g Mehl • 65 g Stärke • 20 ml Sepiatinte • 1 TL Honig • 1 Vanilleschote • 1 TL Piment • 1 TL Kardamom

Joghurtperlen:
100 ml Vollmilch • 100 g griechischer Joghurt • 50 g Puderzucker • 2 Blatt Gelatine • 30 ml Limettensaft

Macadamianuss-Schnee:
100 g Macadamianüsse

Bunte Karotten: Karotten gut waschen, abbürsten und die Stielansätze evtl. mit einem Messer abkratzen. Nach dem Garen ist es fast nicht mehr möglich, Schmutz oder Sonstiges zu entfernen. Karotten nach Farben sortieren.

Gewürzfond: Alles zusammen mit 200 ml Wasser aufkochen und auf die sortierten Karotten gießen. In Vakuumbeutel füllen, einvakuumieren und ca. 45 Minuten bei 85 °C im Wasserbad garen. Langsam auskühlen lassen.

Kürbiseis: Alle Zutaten außer Kürbismark und Karottenpüree zusammen aufkochen. Kürbismark und Karottenpüree unterrühren und die Masse in der Eismaschine gefrieren.

Joghurt-Kräuter-Mousse: 150 g Sahne aufkochen, Kräuter und Joghurt zugeben, ziehen lassen und abpassieren. Chartreuse erwärmen, eingeweichte Gelatine darin auflösen. Mit Puderzucker und dem Kräuterjoghurt verrühren. Zum Schluss die restliche Sahne schlagen und unterheben.

Karottenpüree: Grob geschnittene Karotten mit Saft, Honig, Ingwer und Zimtstange weich kochen. Zimtstange entnehmen und die Masse im Thermomix pürieren. Eingeweichte Gelatine und Butter untermixen. 2 Stunden kalt stellen.

Schwarze Gewürzerde: Alle Zutaten im Thermomix vermengen und dann abpassieren. Auf Backmatten streichen und bei 180 °C 10 Minuten backen. Auskühlen lassen und zerbröseln.

Joghurtperlen: Vollmilch, Joghurt und Puderzucker verrühren. Eingeweichte Gelatine in Limettensaft auflösen und mit der Joghurtmasse vermengen. Mit einer Spritzflasche in flüssigen Stickstoff tropfen.

Macadamianuss-Schnee: Macadamianüsse mit einem Bunsenbrenner abbrennen, dann mit einer Reibe als Schnee runterreiben.

Anrichten: Die bunten Karotten gemischt auf Teller verteilen. Nocken von Kürbiseis, Karottenpüree und Joghurt-Kräuter-Mousse dazusetzen. Mit Gewürzerde, Joghurtperlen und Macadamianuss-Schnee ausdekorieren.

GEMÜSEKÜCHE AUF ENGSTEM RAUM

Die Sauce des fränkischen Sauerbratens wird traditionell mit Saucenkuchen (schwach gesüßter Lebkuchen) gebunden und vornehmlich mit rohen Klößen serviert. Der waschechte Franke gibt sich daran zu erkennen, wenn er in Aussicht auf diese Art des Sauerbratens vorfreudig vom Essigbrätlein schwärmt. Der wahre Gourmet gibt sich zu erkennen, wenn er im Nürnberger Essigbrätlein essen geht.

Die Räumlichkeiten des heutigen Gourmetrestaurants blicken auf eine lange gastronomische Geschichte zurück. Seit dem 16. Jahrhundert wird es immer wieder mal als Schänke, als Wirtshaus oder als Weinstube erwähnt. So wie es heute besteht, wurde es 1989 von Andree Köthe übernommen. Selbst im gastronomischen Betrieb seiner Mutter aufgewachsen, lag seine Ausbildung bei Sternekoch Helmut Amann nahe. Den Traum von der Selbstständigkeit hatte er damals schon, und 1989 wurde er im Essigbrätlein endlich Wirklichkeit. Acht Jahre später, 1997, stieg Yves Ollech als zweiter Küchenchef in das Geschäft mit ein. Frisch aus den Schweizer Stuben in Wertheim, versprach er kreativen und ausdauernden Input für das gemeinsame Projekt. 1999 verlieh der Guide Michelin einen Stern für die Küche der Chefs und erhöhte diese Auszeichnung 2007 um einen weiteren Stern. Die beiden ließen den Testern keine andere Wahl.

Die Gemeinschaftsarbeit der Köche ist in jeder Hinsicht etwas ganz Besonderes, und sogar unter den 37 Restaurants, die vom Guide Michelin mit zwei Sternen ausgestattet sind, ist nur wenig Vergleichbares zu finden. Das beginnt schon bei den mageren 20 Sitzplätzen, die den begrenzten Restaurantraum an allen Ecken und Enden herausfordern und der wiederum dem Service beim Auftragen und Abräumen einiges abverlangt. Die Inneneinrichtung verspricht eine gutbürgerliche Küche, die der Name des Restaurants bestätigt. Sauerbraten war hier lange Zeit Programm. Die holzvertäfelten Wände und die Bleiglasfenster lassen keinen Zweifel an der Wirtshaus-Vergangenheit des Essigbrätlein. Auf dem kurzen Weg in die Küche setzt sich die Enge fort. Mancher Hobbykoch verfügt über

mehr Platz am heimischen Herd als die prämierten Profis, die sich dadurch aber kaum einschränken lassen. Ihre Gedanken sind frei, und ihre Schöpfungskraft überschreitet viele Werte und Konventionen einer klassischen Gourmetküche. Ein erstes Indiz dafür ist die Tatsache, dass hier typische Produkte dieser Kategorie vergebens gesucht werden. Das Angebot auf der Speisekarte ist immer ein Spiegel von dem, was die beiden Köche gerade beschäftigt, und das sind eben nicht die Klassiker der gehobenen Gastronomie. Andree Köthe und Yves Ollech lassen sich lieber von neuem Arbeitsmaterial inspirieren. Der Wareneinkauf, um den sie sich mit viel Hingabe kümmern, konzentriert sich schon lange auf die einfachen Dinge, wie Gemüse, Kräuter, ein bisschen Fleisch und ein bisschen Fisch. Regionalität ist erwünscht, und da kommt es den beiden gerade recht, dass die Viehwirtschaft rund um Nürnberg nicht sonderlich groß geschrieben ist, Gemüsebauern dagegen ganz gut vertreten sind. Wenn es die regionalen Produzenten ermöglichen, wählen die beiden Köche ihre Ware am liebsten in Bio-Qualität. Zumeist bieten die Züchter alter Gemüsesorten ihre Ware in dieser Form an, was für die Küche von Andree Köthe und Yves Ollech die perfekte Kombination bedeutet. Sortenvielfalt ist nicht nur in Nürnberg sehr populär. Die Gerichte, denen das alte Gemüse zugrunde liegt, unterscheiden sich aber sehr deutlich von Küchenchef zu Küchenchef. Der Umgang im Essigbrätlein mit Gemüse erfordert viel Mut, denn obwohl viele Gemüsesorten alt sind, ist ihre Präsentation ganz neu. Hier fehlt gänzlich der Versuch, Gemüse darzustellen, als wäre es nur die Beilage wert. Genauso wenig entsteht aber auch der Eindruck, als sei es in seiner Natur zu Höherem bestimmt. Ganz bewusst lässt man hier das Gemüse einfach Gemüse sein. Das hört sich simpel an, ist es aber nicht, wenn man bedenkt, dass das auf einem Zwei-Sterne-Niveau geschieht.

Im Essigbrätlein wird aber nicht nur Wert auf die anspruchsvolle Gemüseküche gelegt. Berühmt ist das Restaurant auch für seine einzigartige Aroma- und Gewürzküche. Eines der Erfolgskonzepte liegt wohl in der Kombination. Die Gerichte sind nie von wilden Gewürzmischungen bestimmt. Mit der Kombination von Gewürzen geht man hier sehr vorsichtig um, denn der Gast soll schmecken, was er isst. Gemüse und Gewürze werden ganz bewusst, dann aber kompromisslos und als emanzipierte Zutaten verwendet.

In der Nürnberger Altstadt arbeitet die Mannschaft in der kleinen Küche stetig daran, das Wesentliche neu zu definieren. Das verlangt nach einer intensiven Auseinandersetzung. Wer zu dieser nicht bereit ist, läuft Gefahr, etwas zu verpassen, denn die Konzentration auf die Reduktion ist hochmodern und verlangt die volle Aufmerksamkeit des Gastes, damit ihm keiner der angenehm subtilen Effekte verborgen bleibt.

Essigbrätlein in Nürnberg
Andree Köthe und Yves Ollech im begrenzten Restaurantraum des Essigbrätlein. Die Küche leiten die beiden gemeinsam.

Kressenzucht
Unter Wärmelampen werden Kressen, die in ihrem Garten nicht austreiben, gezogen.

ANDREE KÖTHE   ESSIGBRÄTLEIN

ROSENKOHLBLATT MIT EINKORNCREME

ANDREE KÖTHE / YVES OLLECH

Rezept für 4 Personen

Einkorncreme:
20 g Einkorn • 150 g Sahne

Rosenkohl:
4 ca. 10 cm große Rosenkohlblätter aus der Spitze
des Rosenkohlstocks • 1 EL Sonnenblumenöl • 2 EL Sahne •
Salz • Pfeffer

Fischgelee:
2 Saiblingsköpfe • 100 ml Sonnenblumenöl •
20 g Saiblingskaviar

Einkorncreme: Gemahlenes Einkorn mit 50 g Sahne und 100 ml Wasser köcheln und quellen lassen, mixen und durch ein Sieb geben. Die restliche Sahne cremig einkochen.

Rosenkohl: Die Rosenkohlblätter ca. 2 Minuten kochen, in Eis abkühlen und danach die Stiele ausschneiden. Rosenkohl in einer Pfanne mit Öl anbraten und mit Salz und Pfeffer würzen.

Fischgelee: Saiblingsköpfe mit Sonnenblumenöl vakuumieren und 1 Stunde bei 100 °C / 100 % Feuchte garen. Den Fischsud auf ein Sieb geben, vorsichtig ausdrücken und kalt stellen. Nachdem der Fischsud geliert hat, das Öl abgießen.

Anrichten: Rosenkohlblätter mit etwas Sahne bestreichen und zusammenrollen. Aus dem Fischgelee vier kleine Stücke ausstechen. Mit Saiblingskaviar garnieren.

ROMANESCO MIT BROTCREME

ANDREE KÖTHE / YVES OLLECH

Rezept für 4 Personen

Brotcreme:
200 g Roggenbrot, in Scheiben geschnitten • 35 g Butter • 1 EL Sonnenblumenöl • 500 ml Milch • 500 g Sahne • 3 Eier

Ricotta:
25 g Sahne • 250 ml Milch • Saft von ¼ Zitrone

Sonstiges:
150 g Romanescostiele und -abschnitte • 75 ml Joghurtmolke • 240 g geschossene Romanescospitzen • 40 g Romanescoblätter • 1 TL Magermilchpulver • 1 EL Butter • 1 TL Kirschpflaumenblüten • Zucker • Salz • Pfeffer

Brotcreme: Brot mit Butter und Öl braun braten. Milch, Sahne und Eier mixen. Ein Drittel der Eimasse auf das Brot geben und auf dem Herd unter ständigem Rühren einkochen. Das nächste Drittel zugeben, wieder einkochen, dann die restliche Eimasse zugeben und nur noch wenig einkochen. Im Thermomix 2 Minuten auf Stufe 10 mixen, weitere 5 Minuten auf Stufe 7 fertig mixen. Die Creme in einen Pacojet-Becher füllen, einfrieren und pacossieren.
Ricotta: Sahne, Milch und Zitronensaft vorsichtig erwärmen, bis die Flüssigkeit gerinnt. Den Ricotta auf einem Tuch abtropfen lassen.
Fertigstellen: Romanescostiele und -abschnitte entsaften und mit Joghurtmolke, Zucker, Salz und Pfeffer abschmecken. Romanescospitzen und -blätter in Salzwasser 2–3 Minuten kochen, auf ein Tuch geben. Magermilchpulver mit etwas flüssiger Butter anschwitzen. Ricotta in kleine Stücke zupfen.
Anrichten: Brotcreme auf den Teller geben, darauf die Romanescostiele und -abschnitte verteilen. Romanescospitzen und -blätter dazwischensetzen. Ricotta und Magermilchpulver darüberstreuen. Mit Kirschpflaumenblüten garnieren.

ROTKOHL MIT MOHN

ANDREE KÖTHE / YVES OLLECH

Rezept für 4 Personen

Rotkohl:
80 ml Klatschmohnsirup • Saft von 1 Zitrone • 1 Rotkohl • Salz • Pfeffer

Kornelkirschen:
100 g Kornelkirschen • 40 g Zucker

Klatschmohnblätter:
12 Klatschmohnblätter • 250 g Puderzucker

Sonstiges:
120 g Mohncreme • ½ Bund Schnittlauch

Rotkohl: Klatschmohnsirup mit 40 ml Wasser, Zitronensaft, Salz und Pfeffer abschmecken. Rotkohl putzen (Abschnitte für Rotkohlsaft aufbewahren) und 150 g Rotkohl fein hobeln. In der Marinade 3 Tage vakuumiert marinieren. Rotkohlmarinade auffangen.

Kornelkirschen: Kirschen mit Zucker vakuumieren und bei 100 °C / 100 % Feuchte 5 Minuten dampfgaren. Abkühlen lassen, für 3 Tage kalt stellen und entsteinen.

Klatschmohnblätter: Blätter mit Puderzucker vermischen und für mindestens 2 Tage vakuumiert lagern.

Fertigstellen: Vom Schnittlauch zwölf ca. 3 cm lange Spitzen schneiden. Aus den Rotkohlabschnitten 60 ml Rotkohlsaft entsaften und mit 60 ml Rotkohlmarinade vermischen.

Anrichten: Rotkohlmarinade auf Teller geben, Nocken von Mohncreme daraufsetzen und diese mit Rotkohl, Kornelkirschen und Klatschmohnblättern belegen. Mit Schnittlauch ausgarnieren.

PETERSILIENWURZEL UND TAUBE

ANDREE KÖTHE / YVES OLLECH

Rezept für 4 Personen

Tauben:
2 Tauben • 1 TL Fünf-Gewürz-Mischung •
50 ml Sonnenblumenöl

Petersilienwurzelsahne:
1,8 kg kleinere Petersilienwurzeln • 150 g Sahne

Petersilienwurzeljoghurt:
400 g Petersilienwurzeln • 200 g Sahne • 200 ml Milch •
25 g Joghurt

Getrocknete Petersilienwurzel:
300 g Petersilienwurzeln

Petersilienwurzelessig:
75 g Petersilienwurzeln • 15 g getrocknete Petersilienwurzeln •
150 ml Reisessig

Petersilienwurzelpulver:
225 g getrocknete Petersilienwurzeln

Petersilienwurzelscheiben:
6 Petersilienwurzeln (kleine und große)

Petersilienwurzelsaft:
550 g Petersilienwurzeln • Salz • Pfeffer

Sonstiges:
100 g Sahne • 100 ml Milch • 400 g Blattpetersilie • Salz •
Pfeffer

Tauben: Brüste und Keulen auslösen und mit Gewürzmischung und Sonnenblumenöl marinieren.

Petersilienwurzelsahne: Die Wurzeln waschen und schälen. Die Schalen mit Sahne aufkochen, 5 Minuten ziehen lassen und auf ein Sieb geben. Die Sahne später zum Abschmecken verwenden.

Petersilienwurzeljoghurt: Petersilienwurzeln klein schneiden und mit Sahne und Milch vakuumieren, im Dampfgarer 1 Stunde bei 100 °C / 100 % Feuchte garen. Gegarte Petersilienwurzeln auf ein Sieb geben, abtropfen lassen und auf 36 °C kalt rühren. Den Kochfond abwiegen, 6 % Joghurt zugeben und abgedeckt 12 Stunden bei 36 °C stehen lassen. Den Joghurt auf ein Tuch geben und kalt stellen.

Getrocknete Petersilienwurzel: Petersilienwurzeln in dünne Scheiben schneiden und 24 Stunden bei 60 °C trocknen.

Petersilienwurzelessig: Frische Petersilienwurzeln klein schneiden, getrocknete Petersilienwurzeln zugeben und mit Reisessig vakuumieren. Bei 100 °C / 100 % Feuchte 1 Stunde garen. Den Petersilienwurzelessig 7 Tage im Vakuum ausziehen lassen, durch ein Sieb geben und in ein Glas füllen.

Petersilienwurzelpulver: Petersilienwurzeln in einer Kaffeemühle mahlen.

Petersilienwurzelscheiben: Von zwei kleinen Petersilienwurzeln 4 EL in feine Taler hobeln. Die restlichen Petersilienwurzeln in lange dünne Scheiben hobeln.

Petersilienwurzelsaft: Aus den Petersilienwurzeln 150 ml Petersilienwurzelsaft entsaften, durch ein Sieb geben. Mit etwas Petersilienwurzelessig, Salz und Pfeffer abschmecken.

Fertigstellen: Taubenstücke mit Salz und Pfeffer würzen und rosa grillen. Petersilienwurzelpulver mit etwas Sahne und Milch zu einer Creme warm rühren. Petersilienwurzeltaler im Dampfgarer bei 100 °C / 100 % Feuchte 3 Minuten garen und mit etwas Petersilienwurzelsahne und etwas gezupfter Blattpetersilie abschmecken. Die restliche Blattpetersilie entsaften und mit Salz und Pfeffer abschmecken.

Anrichten: Aus den Petersilienwurzeltalern einen Turm schichten, daneben eine Nocke des Petersilienwurzeljoghurts setzen. Seitlich davon etwas Petersilienwurzelcreme geben und darauf die Petersilienwurzelscheiben anrichten. Zum Schluss die Reihe mit der Taube vollenden. Petersilienwurzel- und Blattpetersiliensaft links und rechts angießen.

ZUCKERRÜBEN MIT QUITTEN

ANDREE KÖTHE / YVES OLLECH

Rezept für 4 Personen

Zuckerrübeneis:
250 g Sahne • 250 ml Milch • 4 Eigelb • 10 g Zucker • 85 g Zuckerrübensirup • 1 Prise Salz

Zuckerrübencreme:
250 g Zuckerrüben, geschält und gewürfelt • 150 g Sahne • 150 ml Milch • Saft von 1 Zitrone • 1 Prise Salz

Scheinquittensaft:
120 ml Scheinquittensaft, frisch entsaftet • 80 g Puderzucker • 1 Msp. Guarkernmehl

Schokoladenstreusel:
100 g Vollmilchschokolade • 75 g Zucker

Luftschokolade:
250 g Vollmilchschokolade • 20 g Traubenkernöl

Buchweizen:
50 g Buchweizen • 12 g Puderzucker • 1 Prise Salz

Scheinquittenkompott:
2 Scheinquitten • 40 g Zucker

Zuckerrübenstreifen:
2 EL Zuckerrüben, in feinen Streifen • 1 TL Malzbier • 1 TL Zuckerrübensirup

Zuckerrübeneis: Sahne und Milch aufkochen, mit Eigelb und Zucker zur Rose (bis 84 °C) aufschlagen. Die Masse kalt rühren und mit Zuckerrübensirup und Salz abschmecken. Die fertige Masse in einen Pacojet-Becher füllen, einfrieren und kurz vor dem Servieren pacossieren.

Zuckerrübencreme: Zuckerrübenwürfel mit Sahne und Milch im Topf weich garen. Die Flüssigkeit sollte dabei auf die Hälfte reduzieren. Gekochte Zuckerrüben mit Kochfond im Thermomix bei 90 °C auf Stufe 10 ca. 10 Minuten mixen. Die Creme mit Salz und einigen Spritzern Zitronensaft abschmecken. Die kalte Creme in eine Spritzflasche füllen.

Scheinquittensaft: Saft mit Puderzucker abschmecken und mit Guarkernmehl abbinden.

Schokoladenstreusel: Vollmilchschokolade im Wasserbad schmelzen. Zucker in 75 ml Wasser auf 122 °C erhitzen und mit einem Schneebesen in die Schokolade einrühren, sodass sich kleine Klümpchen bilden. Im Wärmeschrank warm stellen. Zum Anrichten in Streusel bröseln.

Luftschokolade: Schokolade mit Öl im Wasserbad schmelzen, in eine iSi-Flasche füllen, mit 2 Sahnekapseln und 1 Sodakapsel bestücken. Spender schütteln, ein Drittel hoch in 500-ml-Weckgläser spritzen und mit Gummi, Deckel und Klemmen verschließen. Die Gläser vakuumieren, bis die Schokolade fast den Deckel erreicht hat. In den Tiefkühler geben und nach 20 Minuten in den Kühlschrank stellen. Vor dem Anrichten in Stücke brechen.

Buchweizen: Weizen mit Puderzucker und Salz in einer Pfanne warm rühren, bis der Puderzucker sich aufgelöst hat. Dann auf ein Backpapier geben. Nach der Trocknung in Stücke brechen.

Scheinquittenkompott: Scheinquitten in feine Scheiben hobeln und mit Zucker gut verkneten.

Zuckerrübenstreifen: Zuckerrübenstreifen mit einem Schuss Malzbier und Zuckerrübensirup marinieren.

Anrichten: Scheinquittensaft auf Teller geben, eine Nocke Zuckerrübeneis daraufsetzen. Kreisförmig abwechselnd drumherum Tupfen von Zuckerrübencreme, Luftschokoladenstücke, Schokoladenstreusel, Buchweizen und Scheinquittenkompott verteilen. Die Zuckerrübenstreifen auf der Zuckerrübencreme arrangieren.

REVOLUTIONÄRE ÖKOLOGIE

Als René Redzepi 2003, im Alter von 26 Jahren, das Restaurant noma in Kopenhagen-Christianshavn eröffnete, vermuteten viele, dass von dem jungen Küchenchef noch sehr viel zu erwarten wäre. Dass er eine Zeitlang einen Teil des legendären El Bulli von Ferran Adrià ausmachte, mag dabei vielleicht eine Rolle gespielt haben. Doch schon damals war ganz offensichtlich, dass Stil und Philosophie der beiden Restaurants weit auseinander liegen würden. Molekularküche versus nova regio – die neue regionale Küche. Im Moment hat die nova regio eindeutig die Nase vorn. 2005 wurde René Redzepi für seine Arbeit im noma mit einem Stern des Guide Michelin ausgezeichnet, 2008 mit dem zweiten. Dabei ist es bis heute geblieben. Kulinarisch Interessierte, die sich einzig und alleine am roten Führer orientieren, so wegweisend er auch sein mag, könnten den Eindruck erhalten, im noma wäre Routine eingekehrt. Weit gefehlt, denn René Redzepi und seine gesamte Mannschaft sind heute kreativer denn je. Die Themen, die zurzeit diskutiert werden, sind bahnbrechend. Die Ansätze sind oft verstörend innovativ und von so aktueller Brisanz, dass es manchmal sogar Branchenkennern schwerfällt, Verständnis dafür aufzubringen. Von keinem anderen Koch werden die Konzepte und Gerichte so intensiv und hitzig diskutiert wie die Kreationen von René Redzepi. Er polarisiert, wird aber gleichermaßen von Kritikern und Sympathisanten für seine beispielhafte Forschungsarbeit respektiert. Was er in einem alten Speicher in der dänischen Hauptstadt tut, kann nicht einfach ignoriert werden. Die Regionalität, die sich mittlerweile viele Köche auf die Fahne schreiben und mehr oder weniger kompromisslos verfolgen, setzt René Redzepi in konsequenter Art und Weise um: nova regio in Vollendung oder Avantgarde trifft Regionalität. Wilde Stranderbsen, Holunderbeeren, wildes Seegras und Meerkohl sind beispielsweise fester Bestandteil seiner Küche. Im noma geht es nicht um Alternativen zu überregionalen Produkten. Der bloße Ersatz wäre ein Schritt in die falsche Richtung, denn die noma-Philosophie verlangt vollkommene Unabhängigkeit und das schon im Ansatz jeder Überlegung. Ohne Wenn und Aber. Da kann es passieren, dass ein Gericht wetterbedingt von der Karte genommen werden muss, wenn ein plötzlicher Kälteeinbruch in Dänemark zarte Pflänzchen zugrunde richtet. Auch dann, wenn das gesamte Menükonzept über Bord geworfen werden muss, wird keine Bestellung bei (inter)nationalen Lieferanten aufgegeben. Regionalität ist eine der Säulen, auf denen das noma aufgebaut ist.

Ein anderer Pfeiler ist die Loslösung von festgefahrenen Essgewohnheiten. Speisepläne ganzer Gesellschaften werden von kulturellen Normen und industriellen Angeboten vorgefertigt übernommen. Problematisch dabei ist, dass der ökologische Trend, der sich immer weiter ausbreitet, damit nicht zu vereinbaren ist. Nachhaltigkeit, Massentierhaltung, Wirtschaftlichkeit und einseitiger Konsum lassen sich schlecht miteinander kombinieren. Im noma werden zum Beispiel alle essbaren Teile einer Pflanze oder eines Tieres verwertet. Das ist ziemlich ökologisch, aber nur der Anfang weitreichender Überlegungen, was die Zukunft der Ernährung betrifft. Es ist an der Zeit, weiter zu denken als nur bis zum eigenen Tellerrand. Dabei setzt René Redzepi auf die Unterstützung von vielen kleinen Gehilfen, die auf den wissenschaftlichen Namen Formicidae hören, aber besser als Ameisen bekannt sind. Die lebenden Tierchen wandern zwar nicht mehr über die Tische im noma, doch ein Pesto aus den Insekten wirkt nicht nur auf Profiköche inspirierend und richtungsweisend. Die Verarbeitung der Insekten ist als Zeichen und Anregung zu verstehen, alles Mögliche als Zutat in Betracht zu ziehen und prinzipiell nichts auszuschließen. Variantenabhängig schmecken Ameisen nach Zitronengras oder nach Koriander. Vor allen Dingen kann man sich aber ihre prägnante Säure in der Küche zunutze machen, wenn man sie zu einer Art Pesto verarbeitet. Doch darum geht es nur vordergründig. René Redzepi ebnet Wege und begeht dabei auch Irrwege. Er ist Koch und Laborant in einer Person, der den Gast mit kulinarischem Geschick dazu bringt, sich mit Nahrungsmitteln im Speziellen und im Allgemeinen auseinanderzusetzen. Ein Besuch im noma bedeutet die Konfrontation mit der Hochkultur Kochen, die genau wie zeitgenössische Musik oder modernes Theater ein wichtiger Teil einer offenen Gesellschaft sein sollte. René Redzepi ist davon überzeugt, dass die vegetarische Küche auch in den folgenden Jahren ein großes Thema sein wird. Mithilfe alter Techniken, wie beispielsweise der Fermentation, werden Gemüse zu avantgardistischen Kreationen verwandelt. Bioprodukte sind dabei längst überholt, grundsätzlich aber nicht ausgeschlossen. Das Zertifikat ist schließlich keine Garantie für Geschmack. Viel wichtiger als irgendein Siegel ist eine nachvollziehbare, sensorische Qualität. Nur so entdeckt René Redzepi neue Produkte, die in verschiedene Relationen gesetzt werden und so seine Küche immer detaillierter und feiner machen. Das ist revolutionär.

RENÉ REDZEPI NOMA

Das noma in Kopenhagen

Nordic Food Lab
In der Versuchsküche ist jeder Einzelne zum Forschen angehalten.

KARTOFFELN, GERÖSTETE GRAUPEN UND TANG

RENÉ REDZEPI

Rezept für 4 Personen

Fermentierte Graupen:
50 g Graupen • 1 Aspergillus Orzaye (Schimmelpilz)

Geröstete Graupenpaste:
100 g Sahne • 60 ml Milch

Thuja-Zapfen-Balsamico:
500 ml Apfelessig • 5 g Thuja-Zapfen

Seetangöl:
100 g gerösteter Seetang • 200 ml Traubenkernöl

Dillkronensalz:
4 g Salz • 2 g getrocknete Dillkronen (Blütendolden)

Sonstiges:
12 neue Kartoffeln • 48 g Kaviar

Fermentierte Graupen: Graupen 24 Stunden einweichen. Auf ein perforiertes Gastroblech geben und bei 100 °C für 90 Minuten dampfgaren. Abkühlen und zwischendurch mischen, sodass die einzelnen Körner nicht klumpen. Wenn die Temperatur 30 °C oder weniger erreicht hat, den Schimmelpilz darüberpudern, immer wieder mischen, damit alles bedeckt ist. Mit einem feuchten Tuch abdecken und bei hoher Luftfeuchtigkeit bei 30–35 °C mindestens 18 Stunden fermentieren lassen, dann vermischen und eventuelle Klumpen auseinanderbrechen. Nochmals 18 Stunden fermentieren, dabei alle 6 Stunden vermischen.

Geröstete Graupenpaste: Fermentierte Graupen bei 160 °C rösten. Alle 10 Minuten umdrehen oder schütteln. Nach ca. 1 Stunde werden die Graupen anfangen zu rösten und ein bisschen nach geröstetem Kaffee duften, bei ähnlicher Farbe. Abkühlen lassen. 75 g geröstete Graupen mit Sahne in einen Vakuumbeutel geben und 8 Stunden im Kühlschrank ziehen lassen. Wenn es gut durchgezogen ist, Sahnegraupen und Milch im Thermomix bei 70 °C zu einer Paste mixen. Noch warm durch ein Sieb passieren.

Thuja-Zapfen-Balsamico: Apfelessig bei 50 °C auf 50 ml reduzieren. Thuja-Zapfen zugeben und im Vakuumbeutel bei 80 °C 1 Stunde kochen. Abseihen und aufbewahren.

Seetangöl: Seetang bei 150 °C für 60 Minuten rösten, dann mit dem Öl 7 Minuten mixen. Im Vakuumbeutel über Nacht ziehen lassen. Durch ein Sieb passieren.

Dillkronensalz: Salz und getrocknete Dillkronen in einer Gewürzmühle mixen.

Fertigstellung: Kartoffeln abbürsten und je sechs mit der Hälfte der gerösteten Graupenpaste vakuumieren. Bei 72 °C für 45 Minuten kochen und in Eiswasser abschrecken. Sicherstellen, dass die Kartoffeln im Beutel gut bedeckt sind. Dann bei 90 °C noch einmal 20 Minuten dampfgaren.

Anrichten: Pro Teller drei Kartoffeln, sechs Punkte Thuja-Zapfen-Balsamico, 1 EL Seetangöl (12 g) und zwei Nocken Kaviar. Zum Schluss Dillkronensalz darüberstreuen.

KOHLRABI – NORDISCHE KOKOSNUSS

RENÉ REDZEPI

Rezept für 4 Personen

Aquavit Sirup:
14 g einfacher Sirup • 14 ml Medici Aquavit • 35 g Kerbelabschnitte

Strohhalme:
4 große spanische Kerbelstängel, 8 cm lang

Kohlrabi-Gewürzmischung:
1,4 g Kronen Dill • 3 g Liebstöckel • 0,8 g Angelica (Engelwurz) • 4 g Fenchel • 10 g Baby-Fenchel • 0,8 g Kümmel • 4 g Eisenkraut • 60 g rote Johannisbeeren

Verveine-Mark:
100 ml Traubenkernöl • flüssiger Stickstoff • 100 g Verveine (frisches Eisenkraut)

Gegrillte Stachelbeerjus:
250 g Stachelbeeren

Milchsäurefermentiertes Pilzwasser:
500 g Pilze • 10 g Salz

Kohlrabisaft:
700 g Kohlrabi • Kohlrabi-Gewürzmischung • 4 g gegrillte Stachelbeerjus • 2 % milchsäurefermentiertes Pilzwasser

Sonstiges:
4 Kohlrabi mit Grün, jeweils ca. 400–450 g • 20 ml Fenchelsaft • 60 ml Stachelbeersaft

Aquavit Sirup und Strohhalme: Alle Zutaten für den Sirup mit 140 ml gefiltertem Wasser vermengen und schnell mit einem Handmixer mixen. Durch ein Sieb passieren. Die Kerbelstängel im Sirup vakuumieren.

Kohlrabi-Gewürzmischung: Alle Zutaten mit einem Mörser zerkleinern.

Verveine-Mark: Das Öl für mindestens 30 Minuten in den Gefrierschrank geben. Flüssigen Stickstoff über die Verveine gießen und sofort im Thermomix zu einem Puder verarbeiten. Das kalte Öl zugeben und weitere 10 Sekunden mixen. Sofort in einem Vakuumbeutel verschließen und mindestens 8 Stunden (besser über Nacht) infusieren lassen. Dann durch ein Tuch in eine Schüssel auf Eis passieren, in Beutel geben und gefrieren.

Gegrillte Stachelbeerjus: Auf einem sehr heißen Grill Stachelbeeren grillen. Sie platzen schnell von unten auf, daher sofort umdrehen, damit das Innere nicht in die Kohle fließt. Eine Seite der Beeren auf dem Grill schwärzen. Dann durch ein Metallsieb streichen und bei 50 °C für 4 Stunden in den Dehydrator geben, bis eine marmeladenartige Konsistenz erreicht ist.

Milchsäurefermentiertes Pilzwasser: Pilze und Salz (2 Prozent per Pilzgewicht) in einen Vakuumbeutel verschließen und bei Raumtemperatur 3 Tage fermentieren lassen. Dann abseihen und kalt stellen.

Kohlrabisaft: Kohlrabi in kleine Stücke von 1 cm Dicke schneiden, mit 30 g Verveine-Mark vakuumieren und bei 80 °C für 4 ½ Stunden dampfgaren. Mit einer Saftpresse zu einer püreeartigen Konsistenz bringen. 200 ml Kohlrabisaft mit der Kohlrabi-Gewürzmischung und gegrillter Stachelbeerjus mixen und durch ein Spitzsieb geben. Pilzwasser zugeben.

Anrichten: Mit einer scharfen Metallröhre vorsichtig den Kohlrabi aushöhlen, bis eine Aushöhlung mit einem Volumen von etwa 60 g erreicht ist. Den Fenchel- und Stachelbeersaft mischen und die Aushöhlung mit 10 ml der Flüssigkeit füllen. Zweimal mit dem Vakuumierer bis 90 % Vakuum ziehen, dann jedes Behältnis mit 50 ml Kohlrabisaft füllen und je einen Kerbelstängel-Strohhalm einstecken.

BLUMENKOHL UND PINIE

RENÉ REDZEPI

Rezept für 4 Personen

Blumenkohl:
4 große Blumenkohlröschen, jeweils ca. 60 g • 50 g Butter • 4 Zitronenthymianzweige • 30 g Piniensprossen

Pinienöl:
100 g Piniennadeln, abgezupft • 100 g Petersiliengrün, abgezupft • 400 ml Traubenkernöl

Molkesauce:
200 g Molke • 1 TL Zitronensaft • 1 Prise Salz • 100 ml Pinienöl

Meerrettich-Schlagsahne:
20 g Meerrettich, gerieben • 200 g Sahne

Dekoration:
8 Pinienzweige

Blumenkohl: Den Blumenkohl an der Oberseite abschneiden, sodass die Röschen auf einer ebenen Unterlage stehen können. Die Blumenkohlröschen mit der Schnittfläche nach unten in einen Topf setzen und mit Butter, Zitronenthymian und Piniensprossen bei geschlossenem Deckel garen, bis der Blumenkohl karamellisiert und zart ist.

Pinienöl: Die Piniennadeln in kochendem Wasser ca. 4 Minuten blanchieren, danach in Eiswasser abkühlen und abtrocknen. Piniennadeln, Petersilie und Öl ca. 8 Minuten bei 60 °C mixen. Im Kühlschrank über Nacht ruhen, anschließend durch ein feines Sieb laufen lassen. In einer Dosierflasche kühl stellen.

Molkesauce: Molke langsam erhitzen und mit Zitronensaft und Salz abschmecken. Mit dem Öl vermengen und am Tisch angießen.

Meerettich-Schlagsahne: Den Meerrettich über Nacht in der Sahne ziehen lassen. Durch ein Sieb laufen lassen und zu einem luftigen Schaum aufmixen. Am Tisch in einem kleinen Schälchen servieren.

Anrichten: Eine Blumenkohlrose mittig auf Teller platzieren und mit Salz würzen. Mit je zwei Pinienzweigen dekorieren und mit Molkesauce und Schlagsahne servieren. Die Sauce und die Schlagsahne werden am Tisch angegossen und auf den Teller gegeben.

BESTECHENDES FARBENSPIEL

Das Haus, in dem sich heute das legendäre Restaurant Stucki befindet, wurde 1929 als Ausflugsrestaurant mit Gastgarten und Kinderspielplatz auf dem Hügel Bruderholz in Basel erbaut. Später gesellten sich viele kleinere und größere Stadthäuser an den Hängen dazu, und es entstand ein sogenanntes Villenviertel. Für Hans Stucki, den Gründer und ehemaligen Besitzer des Stucki, war dieser Ort mehr als ein Arbeitsplatz. Hier stand die Wiege seiner Kreativität und Leidenschaft. 2008 übernahm Tanja Grandits, die erfolgreiche Köchin aus Deutschland, das Stucki. Bis zu dieser Übernahme wurde dort gut, aber gnadenlos altmodisch französisch gekocht und serviert. Mit dem Einzug von Tanja Grandits und ihrem Mann René Graf sollte sich daran vieles ändern. Zuvor kochte die 1970 geborene Köchin sehr erfolgreich im sehr, sehr ländlichen Hotel Thurtal in Eschikofen (Kanton Thurgau) nahe dem Bodensee. 2006 wurde sie dort vom Gault Millau zur „Köchin des Jahres" gewählt, 2014 ist sie sogar geschlechtsneutraler „Koch des Jahres" für den renommierten Restaurantführer. Daneben werden zwei Sterne vom Guide Michelin für ihre Leistung verliehen. Bevor sie beruflich am Bodensee gefestigt war, kochte sie in London und in Südfrankreich. Dort verliebte sie sich in einen ihrer Küchenchefs, der heute ihr Mann ist.

Als das Ehepaar Grandits-Graf das Stucki übernahm, wechselte er bereitwillig in den Service und ließ sie in der Küche das tun, was sie am besten kann, nämlich leidenschaftlich und für alle Sinne kochen. Das verdankt sie sicherlich auch ihrer guten Ausbildung. Sie lernte in der Köhlerstube der Traube Tonbach, dort wo auch Joachim Wissler einst startete. Christian Bau war zu dieser Zeit Sous-Chef der Schwarzwaldstube unter Harald Wohlfahrt. So ergab es sich, dass Tanja auf der Hochzeit von Christian und Yildiz Bau kochte. 23 Jahre war sie damals, recht spät eigentlich, um eine Lehre anzutreten. Ihr Abitur war gut, und so hatte man sie überzeugt, das Studium der Chemie anzutreten. Doch eigentlich war es das Kochen, was sie immer wollte,

und heute stellt sie immer öfter fest, dass Kochen doch irgendwie auch Physik und Chemie ist. Vieles ist geblieben von ihrem Studium. Formelhaft bereitet sie ihre Gerichte und Menüs auf. Auf einem großen Block entsteht eine Matrix zur Komposition von Farbe, Aroma und Textur. Ihre Gerichte sind bestimmt von einem Tongeber, und der ist auffällig oft ein Gemüse.

Ihre Menüs bestehen aus neun Gängen und werden alle zwei Monate komplett erneuert. Sie achtet darauf, dass dem Gast und auch ihr nicht langweilig wird. Sie spielt mit Aromen, die sie mit unterschiedlichen Texturen in Verbindung bringt. Diesen Stil nennt sie Aromaküche. Auffälligstes Merkmal von Tanjas Gerichten ist aber ihr Farbkonzept. Jeder Gang kommt nahezu monochrom daher. Alles auf dem Teller ist gelb oder grün, rot oder in Tanjas Lieblingsfarbe Lila. Das ist keine Masche, sondern macht durchaus Sinn. Farben stehen auch für Aromen. Nicht zuletzt spricht man von roten, gelben oder grünen Aromen. Das Farbkonzept sichert somit Harmonie. Gerade alte Gemüsesorten, denen die neuen Zuchtsorten in Farbe, Form und Geschmack nicht das Wasser reichen können, sind fester Bestandteil ihrer Küche. Die Rote Bete Chioggia Randem in hippie-pink-geringelt ist zum Beispiel ein geschmackvoller und farbenfroher Tongeber in einem ihrer Menühauptgänge. Gelbwurz, eine Schlangengurkensorte, eine unbekannte Sorte der Roten Bete oder Fenchel können aber ebenfalls die Hauptrolle übernehmen.

Wildkräuter, -sprossen und Pilze liefert im Stucki die freie Natur. Warum nicht etwas nutzen, das in bester Qualität direkt vor der eigenen Haustür wächst? Viele Kräuter hat sie erst im Stucki kennengelernt. Das schult, denn die Entdeckung einer neuen Zutat bedeutet für jeden ambitionierten Koch große Inspiration und Herausforderung. Denen stellt sich Tanja Grandits ohnehin sehr gerne. Alte Tomatensorten wachsen in den Wäldern um Basel herum allerdings nicht. Sie sind aber trotzdem in ihrer Küche zu finden, weil es eben auch in der Schweiz Produzenten gibt, die gegen das Vergessen alter Sorten ankämpfen. Deren Fülle an Rottönen ist ein gefundenes Fressen für die Farbenköchin. Doch nicht nur die Farben prägen ihre Küche. Das wäre wohl ein bisschen zu simpel, gemessen an den Ansprüchen, die Tanja Grandits an sich selber hat. Ein wichtiges Anliegen ist ihr auch immer das Thema Nachhaltigkeit. Das muss man nicht populär auf Fleisch und Fisch beschränken, das betrifft genauso eine bewusste Produktion von Gemüse.

TANJA GRANDITS STUCKI

Kochen ist auch Chemie
Tanja Grandits erforscht Gemüse nach Aufbau, Eigenschaften und wandelt es in ihren bunten Kreationen um.

Stucki in Basel
Das Stucki in Basel ist legendär. René Graf leitet dort den Service.

GURKE, BRENNNESSELKNOSPEN, WILDE KRESSE, WASABI, ZANDER-„SUSHI"

TANJA GRANDITS

Rezept für 4 Personen

Gurkengelee:
1 Salatgurke • Saft von 1 Limette • 1 TL Pfefferminzsirup • 1 g Agar-Agar

Wasabidressing:
1 EL frischer Wasabi, gerieben • 2 EL vietnamesische Fischsauce • 1 EL Limettensaft • 2 EL Pflaumensauce • 1 TL Minzsirup

Zander-„Sushi":
4–5 kleine Snackgurken • 120 g Tapioka, 5 Minuten in Pfefferminztee gekocht • 50 g Zander, fein gewürfelt

Avocadocreme:
Abrieb und Saft von 1 unbehandelten Limette • 1 TL Sencha-Grüntee • 2 EL Crème fraîche • 1 TL Zucker • 2 Avocados • Salz

Dekoration:
1 Schale Wilde Kresse • 8 Brennnesselknospen • 1 Schale Portulak

Gurkengelee: Von der Salatgurke kleine Kugeln ausstechen und für die Dekoration beiseitestellen. Den Rest der Gurke entsaften und mit den weiteren Zutaten 2 Minuten köcheln lassen, im Kühlschrank erkalten lassen und mixen.
Wasabidressing: Alle Zutaten mixen.
Zander-„Sushi": Snackgurken in 3 cm große Zylinder schneiden und entkernen, sodass ein „Mantel" entsteht. Tapioka und Zander mit Gurkengelee und Wasabidressing marinieren und in den Gurkenmantel füllen.
Avocadocreme: Abrieb und Saft der Limette erwärmen, Grüntee darin ziehen lassen. Crème fraîche und Zucker zugeben und dann durch ein Sieb streichen. Creme mit den Avocados pürieren und abschmecken.
Anrichten: Je drei Sushi mit Gurkenkugeln, Avocadocreme, Kräutern und Wasabidressing anrichten.

ROTE BETE, SZECHUANPFEFFER, BULGUR-GRANOLA, KIRSCHBLÜTENSALZ, RIND

TANJA GRANDITS

Rezept für 4 Personen

Beizsalz:
100 g grobes Meersalz • 2 EL Szechuanpfeffer • 30 g brauner Zucker • 2 EL eingelegte Kirschblüten, gehackt • 1 EL Cognac • 1 kleine Rote Bete, geraffelt • 400 g Rinderfilet

Bulgur-Granola:
40 g Bulgur, in Rote-Bete-Saft weich gekocht und getrocknet • 400 ml Sonnenblumenöl • 1 TL Kirschblütensalz • 2 EL Kirschen • 1 EL Kirschessig • 1 EL Ahornsirup • 1 Prise Sumac • 5 g Buchennüsse, geröstet • 1 EL eingelegte Kirschblüten, getrocknet und gemahlen

Fond:
200 ml Apfelessig • 80 g Zucker • 2 g Koriander • 2 g Sternanis • 2 g Ingwer • 10 g Hibiskusblütentee • 10 g Salz • 2 g Szechuanpfeffer

Rote-Bete-Pickles:
2 Rote Bete

Kirschsenf:
125 g Dijon-Senf • 50 g Senfpulver • 150 ml Kirschessig • 250 g Honig • 350 g Kirschen, entsteint • Salz • gemahlener Szechuanpfeffer

Zwiebelfrittate:
1 rote Zwiebel • 1 TL Reismehl • 1 Prise gemahlene Hibiskusblüten • 1 Prise Sumac • Salz • Sonnenblumenöl zum Frittieren

Dekoration:
1 Schale Scarlettkresse

Beizsalz: Alle Zutaten für das Beizsalz von Hand vermischen und das Filet darin einlegen. Gut vom Salz bedeckt 48 Stunden im Kühlschrank marinieren. Unter kaltem Wasser abwaschen und in dünne Scheiben schneiden.

Bulgur-Granola: Bulgur im Sonnenblumenöl knusprig frittieren, abtropfen lassen und mit Kirschblütensalz würzen. Kirschen in Essig, Ahornsirup und Sumac aufkochen und 10 Minuten ziehen lassen, abgießen und im Ofen bei 80 °C trocknen. Hacken und mit Buchennüssen, Kirschblüten und Bulgur mischen.

Fond: Alle Zutaten für den Fond mit 140 ml Wasser aufkochen und 1 Stunde ziehen lassen.

Rote-Bete-Pickles: Rote Bete in feine Scheiben schneiden. Fond nochmals aufkochen und über die Rote-Bete-Scheiben passieren. Im Kühlschrank über Nacht ziehen lassen.

Kirschsenf: Senf und Senfpulver mit 50 ml Kirschessig verrühren. Honig erwärmen, bis er leicht dunkel wird. Kirschen darin mit restlichem Kirschessig 15 Minuten köcheln lassen. Vom Herd ziehen, mit der Senfmischung verrühren, mit Salz und Pfeffer abschmecken und mixen.

Zwiebelfrittate: Zwiebel in feine Ringe schneiden, mit Reismehl bestäuben und in 170 °C heißem Öl knusprig frittieren. Abtropfen lassen, mit Hibiskuspulver, Sumac und Salz würzen.

Anrichten: Fleisch mit Rote-Bete-Pickles auf Teller setzen. Senfpunkte aufspritzen, Granola und Zwiebelfrittate daraufgeben. Mit Scarlettkresse ausgarnieren.

KAROTTEN-SAFRANTEE, MANGOSENF MIT SAIBLING

TANJA GRANDITS

Rezept für 6 Personen

Karotten-Safrantee:
300 g Karotten, geschält und klein geschnitten • 30 g Ingwer, geschält und klein geschnitten • 1 rote Zwiebel, geschält und klein geschnitten • 3 Zitronengrasstangen, fein geschnitten • 1 EL Erdnussöl • 1 Prise Piment d'Espelette • ½ TL Safranfäden • 300 ml reduzierter Gemüsefond • 1 l Karottensaft

Karottenpüree:
1 EL Butter • 200 g Karotten, geschält und gewürfelt • 1 TL brauner Zucker • 1 Prise Safranpulver • 100 ml Orangensaft • 100 g Mangopüree • 50 g Kartoffeln • Salz

Karottengelee:
500 ml Karottensaft • 10 g Zucker • ½ Prise gemahlener Safran • Saft von 1 Limette • 5 Blatt Gelatine

Saibling:
200 g Saiblingsfilet, ohne Haut und Gräten • 50 g brauner Zucker • 1 EL Vietnamesische Fischsauce • 1 TL geriebener Ingwer • 1 EL Limettensaft • 1 Prise Safran, gemahlen • 1 TL Olivenöl • Fleur de Sel

Mangosenf:
2 EL Senfpulver • 3 EL Dijon-Senf • 2 EL Reisweinessig • 5 EL Honig • 500 g Mango, in 0,5 cm große Würfel geschnitten • 2 EL Limettensaft • Salz

Dekoration:
knusprig frittierte Karottenstreifen

Karotten-Safrantee: Karotten, Ingwer, Zwiebel und Zitronengras im Erdnussöl anschwitzen. Gewürze dazugeben und mit Gemüsefond ablöschen. Karottensaft dazugeben und 20 Minuten köcheln lassen, passieren und abschmecken.

Karottenpüree: Butter in einem Topf schmelzen, Karotten darin anschwitzen, mit Salz, Zucker und Safran würzen. Orangensaft und Mangopüree dazugeben, weich kochen und mit den gekochten Kartoffeln pürieren.

Karottengelee: Karottensaft mit Zucker und Safran auf die Hälfte reduzieren. Limettensaft und die eingeweichte, ausgedrückte Gelatine einrühren. Das Gelee 7 mm hoch auf ein Blech ausgießen, kühlen und kleine Kreise ausstechen.

Saibling: Saiblingsfilets in Stränge schneiden. Den Zucker schmelzen, 100 ml Wasser dazugießen, aufkochen und 10 Minuten köcheln lassen. Die übrigen Zutaten hinzufügen und weitere 5 Minuten köcheln lassen. Den Sud erkalten lassen und die Saiblingsfilets damit marinieren. Öl in einer beschichteten Pfanne erhitzen, den Fisch darin ganz kurz von allen Seiten anbraten. In 1,5 cm breite Scheiben schneiden und mit Fleur de Sel würzen.

Mangosenf: Senfpulver, Senf und Essig glatt rühren. Honig in einem Topf erwärmen, bis er leicht dunkel ist. Mango zum Honig geben und ca. 15 Minuten köcheln lassen. Limettensaft dazugeben, mit der Senfmischung gut verrühren und mit Fleur de Sel würzen.

Anrichten: Saiblingsscheiben und Karottengelee in tiefe Teller legen, Karottenpüree und Mangosenf aufspritzen und mit knusprig frittierten Karottenstreifen abschließen. Die Suppe in ein Kännchen füllen und vor dem Gast angießen.

EINSATZ IM FAMILIENBETRIEB

Wie die meisten Gourmetrestaurants in Österreich ist auch das Landhaus Bacher aus der Tradition der Wirtshäuser heraus entstanden. Mit Lisl Wagner-Bacher, der dritten Tochter der alteingesessenen Gastwirtsfamilie aus Mautern in der Wachau, erlangte das Restaurant höchste kulinarische Ehren: zwei Sterne im Guide Michelin, drei Hauben und 18 Punkte im Gault Millau. Wenn man so wie sie alles erreicht hat, ist es irgendwann an der Zeit, dem Nachwuchs Platz zu machen – auch wenn das schwierig ist, da der Beruf doch auch Leidenschaft aus tiefster Überzeugung bedeutet. 2010 fand dieser unausweichliche, aber dennoch glückliche Generationswechsel statt. Thomas Dorfer übernahm die Küche der Grande Dame der Haute Cuisine. Das war kein harter Bruch, keine Revolution am Herd, sondern ein sanftes Überblenden der Personen und Stile. Von einem Geschmacksbild zum anderen. Thomas Dorfer bestimmt mittlerweile maßgeblich die Küche im Landhaus Bacher. Auf der Karte werden vier Menüs angeboten: ein jahreszeitliches, das vegetarische, das Landhausmenü, und es gibt die Klassiker und Neues – eine kulinarische Kombination aus Lisl Wagner-Bacher und Thomas Dorfer. Unumstritten ist die Qualifikation des Küchenchefs, der das Niveau des Hauses nicht nur hält, sondern weiter nach oben treibt.

Das Wirtshaus der Bacher-Dynastie war ursprünglich eine Backhendl-Station. Diese gastronomische Tradition in Österreich beinhaltet hervorragende Gerichte. Das Anwesen der Bachers war bekannt für die Frische der Produkte. Lisl Bacher arbeitete zunächst im Service des elterlichen Betriebs. 1976 heiratete sie den Hochbauingenieur Klaus Wagner, und ein Jahr später war die Ankunft der ersten Tochter nicht mehr zu übersehen. Lisl – nun Wagner-Bacher – zog sich in die Küche zurück und entdeckte dort ihre wahre Profession. Die Powerfrau bildete sich fort, besuchte die großen Köche der Welt und verfeinerte ihre Rezepturen. Das Landhaus Bacher stieg schnell in den Charts der Gourmet Guides. Das Wichtigste in ihrem Leben ist aber die Familie geblieben. Ein Jahr nach der Geburt ihrer ersten Tochter Christine kam Susanne, die spätere Frau von Thomas Dorfer, zur Welt. Für die Kinder war das Leben im und mit dem Gasthaus Normalität, denn auch der Vater fand schnell seine Liebe zur Gastronomie. Aus dem Konstrukteur und passionierten Biertrinker wurde unter der Anleitung von Bacher Senior der Sommelier des Hauses. Schluck für Schluck lernte er den Wein im Allgemeinen und insbesondere die österreichischen Tropfen schätzen und lieben.

Thomas Dorfer hatte bereits ein paar Jahre zuvor im Landhaus Bacher als Koch gearbeitet. Dort lernten sich der junge Commis und Susanne, die Tochter von Lisl Wagner-Bacher und Klaus Wagner, kennen, schenkten sich jedoch gegenseitig kaum Aufmerksamkeit. Danach ging Thomas Dorfer nach St. Moritz und wurde anschließend Sous-Chef bei Claus-Peter Lumpp in Baiersbronn. 2001 gewann er den Grand Prix Culinaire Taittinger, worüber er seine ehemalige Chefin stolz in Kenntnis setzte. Die hatte herzlich gratuliert; nun wollte er sich dafür bedanken. Ohne Details zu kennen, lässt sich vermuten, dass das darauffolgende Telefonat mit Susanne ausgesprochen anregend war, denn letztlich entwickelte sich daraus eine große Liebe. Regelmäßig fuhr Thomas nun in die Wachau, um Susanne zu besuchen, und verzichtete ihretwegen auf eine Anstellung bei Alain Ducasse in Paris. Er zog nach Mautern und machte Susanne einen Heiratsantrag. Als Thomas Dorfer schließlich die Küche des Landhauses Bacher betrat, musste er seinen Stil an die niederösterreichischen Gegebenheiten anpassen. Bei Claus-Peter Lumpp hatte er ganz anders gearbeitet. Im Familienunternehmen Bacher ist der Stammgast das größte Kapital, er sollte deshalb nicht durch wilde Experimente verunsichert werden. Sei es nun der Pfarrer, der mittags schnell vier Gänge isst, ein bisschen Kaviar, Gänseleber und ein Fläschchen Wein dazu trinkt, die Wachau-Touristen, die regelmäßig aus Deutschland anreisen, oder die älteren Damen, die seit 30 Jahren immer das Gleiche essen. Stammgäste geleiten viele Restaurants sicher durch Krisenzeiten. Generationsübergreifend fesselt Thomas Dorfer weiterhin alte Bekannte und immer wieder neue an das Restaurant. Das spricht für seinen modernen Stil, der jedoch auch nicht die Tradition vernachlässigt. Thomas Dorfer emanzipierte sich zusehends. Heute steht er für neue, moderne österreichische Gerichte mit regionalen und internationalen Zutaten, die mit vorwiegend klassischen Techniken umgesetzt werden. Vieles von dem, was auf der Karte steht, ist österreichisches Urgestein. Er präsentiert allgemein Bekanntes überraschend neu. Dabei liegt der Fokus nicht selten auf knackigen, bunten Gemüsesorten, die in bester Qualität ihre kulinarische Vollendung finden.

Thomas Dorfer mit Lisl Wagner-Bacher

Landhaus Bacher
Das Landhaus Bacher ist Ausflugsziel, Hotel und Gourmetrestaurant in einem. Und ein Familienbetrieb, wie er im Buche steht.

THOMAS DORFER　　LANDHAUS BACHER

GESCHMORTER ROMANASALAT
GERÖSTETES MANDEL-PINIENKERN-PÜREE, BERGAMOTTE, LEINDOTTERÖL & MARINIERTER WASSERBÜFFELRICOTTA

THOMAS DORFER

Rezept für 4 Personen

Rosinentomaten:
16 Mini-San-Marzano-Tomaten • 1 TL Zucker • 2 EL Olivenöl • Salz

Mandel-Pinienkern-Püree:
200 g Pinienkerne, goldbraun geröstet • 200 g Mandeln, goldbraun geröstet • 500 ml Milch • 500 ml Geflügelfond • 1 Prise Zucker • 1 TL Pinienkernöl • Salz • schwarzer Pfeffer

Geschmorter Salat:
4 kleine Romanasalatherzen, halbiert • 50 ml Olivenöl • 50 g Butter • 1 TL Zucker • 50 ml weißer Balsamico • 50 ml Gemüsefond • 8 große Romanasalatblätter • braune Butter • 2 EL geröstete, gehackte Mandeln und Pinienkerne • Kräuter • Rosinentomaten • Salz

Bergamotte-Gel:
50 ml Zitronensaft • 150 ml Bergamottesaft • 40 g Zucker • 0,5 g Citras • 6 g Gellan • 1 Spritzer Orangensaft

Büffelricotta-Creme:
400 g Büffelricotta • 100 g Sahne • 100 ml Tomatenwasser, mit Xanthan gebunden • Salz • 1 Prise Cayennepfeffer

Leindotteröl-Marinade:
75 ml weißer Balsamico • 25 g Puderzucker • 10 g Salz • 0,6 g Xanthan • 75 ml Leindotteröl

Rosinentomaten: Von den Tomaten die Haut abziehen. Mit Salz, Zucker und Olivenöl leicht marinieren und 30 Minuten stehen lassen. Im Excalibur oder im Ofen bei 70 °C ca. 2 Stunden halb trocknen.

Mandel-Pinienkern-Püree: Pinienkerne und Mandeln in Milch und Geflügelfond ca. 20 Minuten leicht kochen lassen. Mit Salz, Zucker, schwarzem Pfeffer und Pinienkernöl abschmecken. Im Thermomix fein pürieren, in einen Pacojet-Becher füllen und einfrieren. Zur Verwendung zweimal pacossieren.

Geschmorter Salat: Romanasalatherzen leicht salzen und mit Olivenöl einvakuumieren. In kochendem Wasser ca. 4–5 Minuten vorgaren. Butter aufschäumen, Salatherzen darin rundherum anbraten und mit etwas Zucker karamellisieren, salzen und mit Balsamico ablöschen. Gemüsefond zugeben und kurz weiterdünsten. Romanasalatblätter in Salzwasser blanchieren und in gesalzenem Eiswasser abschrecken, auf Tüchern trocken legen und leicht plattieren. Mit Mandel-Pinienkernpüree bestreichen und etwas salzen. Gehackte Rosinentomaten darauf verteilen und je ein geschmortes, noch heißes Salatherz je nach Größe auf ein bis zwei bestrichene Salatblätter setzen und mithilfe von Klarsichtfolie fest einrollen. Mit etwas brauner Butter bepinseln und kurz unter dem Salamander gratinieren. Mit gehackten Pinienkernen und Mandeln bestreuen. Mit Kräutern und Rosinentomaten anrichten.

Bergamotte-Gel: Alle Zutaten außer Orangensaft verrühren und in 100 ml Wasser aufkochen, ca. 1 Minute leicht köcheln lassen und in eine Form gießen. Nach dem Auskühlen im Thermomix evtl. unter Zugabe von etwas Orangensaft auf Konsistenz bringen, durch das Mixen entsteht ein stabiles Gel. In eine Dressierflasche füllen und kühlen.

Büffelricotta-Creme: Alle Zutaten glatt rühren und 3 Stunden kühl stellen. Mit einem Löffel auf Teller portionieren.

Leindotteröl-Marinade: Alle Zutaten bis auf das Öl mit 150 ml Wasser verrühren. Leindotteröl mit einem Stabmixer einmixen.

Anrichten: Etwas Marinade über den Salat träufeln und in die zu Tropfen gezogene Mandelcreme geben.

DER KRONPRINZ VOM WIENERWALD

Unter allen österreichischen Gastronomen gehört Heinz Hanner wohl zu den ganz berühmten und ist für viele Gourmets auch über die Grenzen Österreichs hinaus eine bekannte Größe. 1989, im Alter von 26 Jahren, erhielt er seine erste Haube im Gault Millau für seine Arbeit im Restaurant Kronprinz. Das ist auch unter ausgezeichneten Köchen etwas Besonderes. Doch mit dem Wissen, dass Heinz Hanner keine klassische Kochausbildung genoss und bis zu diesem Zeitpunkt niemals als Küchenchef tätig war, ist das außerordentlich bemerkenswert. Der Kronprinz fand zunächst einmal aus dem effizienten Grund seine Berechtigung, dass ein Raum im nagelneuen Anbau des elterlichen Gastronomiebetriebs ohne Verwendung war und vorerst ungenutzt blieb. Heinz Hanner hatte die Idee, sich dort zu verwirklichen und einen Kochstil umzusetzen, der sich von dem der umliegenden österreichischen Küchen abheben sollte. Damit zog er sofort Aufmerksamkeit auf sich. Bis nach Wien vernahmen Gourmets die frohe Kunde von dem jungen Koch, der auf Taube, Hummer und Jakobsmuscheln setzte. Die Zutaten waren in den 1980er-Jahren nur in der äußerst gehobenen Gastronomie vorzufinden, was dazu führte, dass man Heinz Hanner kurz nach der Eröffnung des Kronprinzen anerkennend bescheinigte, er würde kochen wie „die Franzosen". Heute haben sich diese allgemeinen Gegensätze etwas relativiert, und auch in der französischen Haute Cuisine erkennt man den unendlichen Aromenreichtum von vermeintlich einfachem Gemüse an. Auch auf der Speisekarte von Heinz Hanner finden sich diese wiederentdeckten Leckerbissen: Erbsensprossen, Rote Rüben, Schwarzwurzel, Senfkohl und Kresse aus der umliegenden Gegend des Wienerwalds sind die neuen Stars im Restaurant Hanner. Die Zutaten haben sich schon stark verändert, bemerkt der erfahrene Koch. Außerdem ist es heute sehr einfach, über aktuelle Arbeiten von Kollegen informiert zu sein. Auch die Rezeptdokumentation habe sich weiterentwickelt, und es gebe kaum noch Köche in der gehobenen Gastronomie, die ein Geheimnis aus aktuellen Gerichten machten. Er hält amüsiert fest, dass Nachahmer heutzutage nur selten unentdeckt bleiben, denn auch das Gros der Gäste bringt ein umfassendes kulinarisches Wissen mit.

Die Inspiration, die junge Köche in unzähligen Kochbüchern großer Vorbilder und im Internet finden, ist schier grenzenlos geworden. Diese Offenheit und die Mannigfaltigkeit der Stile sorgt aber gleichzeitig dafür, dass es vergleichsweise schwierig geworden ist, einen eigenen Stil zu entwickeln. Fast hat Heinz Hanner den Eindruck, man müsse sich in anderen Küchen umschauen, um überhaupt zu wissen, was im Moment nicht infrage kommt. Er selbst hat seine Küche immer wieder neu erfunden, ohne andere zu kopieren. Immer war seine Küche innovativ, und zwar ohne sinnlos Trends zu verfolgen. Die Molekularküche war bei ihm nicht nur Effekthascherei, sie hatte Hand und Fuß und trug maßgeblich zu seiner Entwicklung bei. Heute konzentriert er sich auf eine Kombination von traditioneller und moderner Küche und orientiert sich stark an regionalen und saisonalen Gegebenheiten. „Back to the roots" ist in seinem Fall vielleicht etwas zu plakativ ausgedrückt, doch Heinz Hanner betont, dass seine Karriere auf saftigem Gugelhupf (den die Erzherzogin von Österreich Marie Antoinette an den Hof von Versailles gebracht haben soll) und luftig-leichten Salzburger Nockerln aufbaut. Seine Mutter, die selbst Köchin im Hannerschen Gasthof war, weihte ihn als kleinen Bub in die Geheimnisse der österreichischen Süßspeisen ein. Das gab den Anstoß zu seiner kochenden Leidenschaft.

In der Zwischenzeit ist aus dem Marienhof das Relais & Châteaux Hanner geworden, in dem die Gäste eben nicht nur komfortabel übernachten, sondern auch je nach legerer Lust oder nach raffinierter Laune den passenden Rahmen für ein gelungenes Essen finden. Und solange Mayerling in der Weinregion Niederösterreich liegt, versteht es sich von selbst, dass auch im Hotel Hanner dieses Angebot ausführlich ist. So wie der Wein unmittelbar mit einem guten Essen verbunden ist, kombiniert Heinz Hanner auch die Kunst mit seiner Kulinarik. Immer wieder legt er es darauf an, mit neuen Bildern und Kunstwerken die Atmosphäre im Restaurant zu verändern und so die Stammgäste auf neue Menüs einzustimmen. Diese entstehen im Hanner auf unterschiedliche Weisen. Mit dem Ziel, ein perfektes Gericht zu erschaffen, bringt Heinz Hanner z. B. selbst eine Idee mit in die Küche, wo diese mit der gesamten Küchenbesatzung ausgearbeitet wird. So bleiben alle Mitarbeiter kreativ, nachdenklich und flexibel. Im Falle einer Schaffenskrise empfiehlt der Koch, ganz von vorne anzufangen, zu versuchen zu vergessen, woran gerade gearbeitet wurde, und zunächst darüber nachzudenken, wo man räumlich und zeitlich steht. Heinz Hanner ist ohne Zweifel im Wienerwald verwurzelt und ganz sicher im Hier und Jetzt angekommen. Das betrifft seine Kochkunst und auch seinen Sinn für das gastronomische Geschäft.

HEINZ HANNER

RELAIS & CHÂTEAUX HANNER

Hotel-Schwimmteich
Heinz Hanner am Schwimmteich seines Hotels.

Relais & Châteaux Hanner
Heute kocht Heinz Hanner dort, wo er aufgewachsen ist. Aus dem Hotel Marienhof mit Gastbewirtung wurde das Relais & Châteaux Hanner – Restaurant, Hotel und Meetingpoint.

SÜSSES SPARGELFELD
MIT ERDBEERE UND RHABARBER

HEINZ HANNER

Rezept für 4 Personen

Rhabarber:
4 Rhabarberstangen • 100 g Zucker

Buttermilchgel:
150 ml Buttermilch • 2 g Vanillepulver • 35 g Holunderblütensirup • 1 g Agar-Agar • ½ Blatt Gelatine

„Erde":
10 g Malto • 3 g Haselnuss, geröstet und gehackt • 20 g Haselnuss, gemahlen • 20 g Heuasche (100 g Heu in Topf verbrennen) • 33 g Muscovadozucker • 15 ml Haselnussöl • 1 g Fleur de Sel • 15 g Mehl • 3 g Milchpulver

Brioche:
100 g Briochewürfel • 20 g Puderzucker • 20 g Butter

Spargel:
100 g brauner Zucker • 20 ml Zitronensaft • 20 Spargelspitzen und dünne Scheiben vom Spargel

Sonstiges:
200 g Erdbeersorbet

Rhabarber: Stangen schälen und in Sticks schneiden. Zucker karamellisieren und 100 ml Wasser angießen. Die Rhabarberstangenschalen dazugeben und die Rhabarbersticks 30 Minuten einlegen, dann auf 60 °C erhitzen, abseihen und kalt stellen.
Buttermilchgel: Buttermilch, Vanillepulver, Holunderblütensirup und Agar-Agar aufkochen. Gelatine dazugeben und kalt stellen. Dann im Mixer 30 Minuten aufschlagen.
„Erde": Alle Zutaten vermengen und bei 150 °C für 55 Minuten backen.
Brioche: Briochewürfel anrösten, mit Puderzucker und Butter leicht karamellisieren.
Spargel: Zucker und Zitronensaft mit 120 ml Wasser mischen und auflösen. Spargel darin ziehen lassen, bis er bissfest ist.
Anrichten: Spargel auflegen, Rhabarber und Briochewürfel daraufsetzen, Buttermilchgel und Erdbeersorbet aufdressieren, „Erde" darüberstreuen und Spargelspitzen dekorativ hineinstecken.

ÖKOLOGISCHER MIKROKOSMOS

Nur zehn Kilometer von Bilbao, der Hauptstadt der spanischen Provinz Biskaya, entfernt und fest im Baskenland verwurzelt, liegt ein ganz besonderes Restaurant. Das Azurmendi ist berühmt für sein ökologisches Gesamtkonzept. Das allein wäre Grund für einen Besuch, doch die sich offenbarenden Geschmackserlebnisse, die der junge Chef dort kreiert, lassen fast ein so wichtiges Thema wie die Nachhaltigkeit für einen kurzen Moment vergessen.

Eneko Atxa gehört zur zweiten Generation der großen baskischen Köche und steht Altmeistern wie Juan Mari Azak oder Pedro Subijana in nichts nach. Als er sein Azurmendi nach einer Auszeit im Februar 2012 wiedereröffnete, war der Betrieb komplett umstrukturiert. Auf dem Grundstück war ein weiteres Restaurantgebäude gebaut worden. Im Anschluss an diese Neuerungen erhielt er den dritten Michelin-Stern.

Das Anwesen beinhaltet heute einen Weinkeller, das alte und das neue Restaurant. Anstatt das vorhandene Gebäude einzureißen, blieb es erhalten und steht als Eventlocation zur Verfügung. Das hat schließlich auch etwas mit Ressourcenmanagement zu tun und entspricht genau Eneko Atxas Vorstellungen von Nachhaltigkeit. Mit dem neuen Haus, in dem sich jetzt das Restaurant befindet, gibt der Koch ein ganz deutliches Statement ab und bekennt sich zu seiner Heimat. Das ist neu, aber der atemberaubende Ausblick über die Landschaft von hier oben hat sich nicht verändert. Auch der Name des Restaurants ist der gleiche geblieben. Den hat das Azurmendi dem Berg zu verdanken, auf dem es liegt. Dieser bedeutet auf deutsch Dornenberg, der sich unter vielen großen und kleinen Erhebungen aus einer bäuerlich geprägten Landschaft emporhebt. Anfangs wirkte seine Vision von einem nachhaltigen Restaurant sogar auf Eneko Atxa selbst wie ein ferner Traum. Heute besitzt er das erste Restaurant auf der iberischen Halbinsel, das von einer nachhaltigen Arbeitsweise bestimmt ist. Das Gebäude fügt sich vollkommen in die geografischen Gegebenheiten ein. Schon von außen wird klar, dass hier niemand geplant hat, der wirtschaftlich denkt. Das was in diesem Projekt ausschließlich von Mitgliedern der Familie investiert wurde, wird sich vermutlich selbst durch ein Sterne-Restaurant nicht rentieren. Das neue Azurmendi ist ein Werk aus Liebe und Besessenheit. Umgesetzt hat die Idee der Architekt Naia Eguino. Er nutzte die Ressourcen des Umlandes konsequent für die prägenden Elemente des Bauwerks: Eisen und Stahl symbolisieren Kraft und den Herzschlag der nahen Industrieregion Bilbao. Der Naturstein versinnbildlicht die baskische Kultur, und das Holz aus den Wäldern steht für die heimischen Wurzeln. Geheizt wird mit Erdwärme, und die Energieversorgung wird zum großen Teil von einer Fotovoltaikanlage erbracht. Zur Bewässerung des Areals und der sanitären Anlagen macht man sich das Regenwasser zunutzen. Zudem verfügt das Haus über eine Kläranlage, die das Wasser aufbereitet und auch für die Bewässerung der Weinberge sorgt. Das Ziel, die Umwelt so wenig wie möglich zu belasten, ist allgegenwärtig.

Die baskische Heimatliebe setzt sich auch konsequent in der Einrichtung und dem Ambiente fort. Die Klänge einer baskischen Harfe begleiten den Gast beim Essen, und sein Auge erfreut sich an den Werken lokaler Künstler. Wie in einem baskischen Haus üblich ist auch die großzügige und offene Küche im Azurmendi der unübersehbare Mittelpunkt. Doch ein Ausdruck von Heimatliebe und Nachhaltigkeit kann in einem Restaurant dieser Liga nicht nur die Räumlichkeit sein. Gäste kommen, um die Kochkunst von Eneko Atxa zu erleben, deren Zutaten er allesamt aus der Region bezieht. Das Gemüse stammt größtenteils aus seinem eigenen Garten, wo er sich intensiv mit dessen Anbau beschäftigt. Dabei handelt es sich um die Aufzucht von Sorten, die noch so schmecken wie schon vor Hunderten von Jahren im Baskenland. Diese Produkte stellt er wieder in den Zusammenhang mit der Natur, indem er Karotten, Erbsen, Brokkoli und Rote Bete in einem essbaren Beet auf den Tellern platziert.

Das alles war fast vorauszuahnen, denn schon in der elterlichen Küche verbrachte Eneko Atxa als Kind sehr viel Zeit; dort wurde erzählt, gegessen und stets gelacht. Er lernte früh, traditionelle Gerichte und Produkte zu schätzen. Im Alter von 15 Jahren besuchte er die Gastronomie-Schule im nahen Leioa. Später folgten einige nationale und internationale Stationen. Beeindruckt erzählt er von seiner Zeit in Kyoto bei Chef Yoshihiro Murata, dem Großmeister der traditionellen japanischen Kochkunst. Der nahm ihn morgens um fünf Uhr mit aufs Land zu den Bauern. Und anders als es zu der Zeit in Spanien üblich war, orderte der Chef nicht nach einer Einkaufsliste, sondern fragte die Bauern, was heute das Beste sei und was er nehmen solle. Diese Bewusstseinserweiterung ist deutlich im Azurmendi zu spüren.

ENEKO ATXA   AZURMENDI

Azurmendi
Eneko Atxa gestaltete das Azurmendi ganz nach seinen Vorstellungen: Mit direktem Bezug zu der baskischen Region und nach strengen Regeln der Nachhaltigkeit.

GEMÜSEGARTEN

ENEKO ATXA

Rezept für 4 Personen

Gartenerde:
½ Rote Bete, gekocht • 6 ml Tintenfisch-Tinte • 40 g Mehl • 40 g gemahlene Mandeln • 20 g Butter • 0,6 g Salz

Emulsion von Tomaten:
250 ml Saft von reifen Tomaten • 50 ml Arbequina-Olivenöl • Resource Instant Protein • 1 Prise Zucker • 1 Prise Salz

Mini-Gemüse:
1 mittelgroße Kartoffel • 1 EL Arbequina-Olivenöl • 1 Knoblauchzehe • 1 Prise Salz • 8 Cherrytomaten • 0,5 g Rosmarin • 1 g Thymian • 1 g Oregano • 1 g Zucker • ¼ Brokkoli • ¼ Blumenkohl • 4 Mini-Karotten • 10 g Schälerbsen • 4 Mini-Zucchini • Öl • 4 Affila-Kresse-Keime • 4 Borretschblüte

Gartenerde: Rote Bete mit Tintenfisch-Tinte in den Thermomix geben und gründlich pürieren. Die restlichen Zutaten unterrühren, bis eine homogene Masse entsteht. Die Masse zwischen zwei Blättern Backpapier ausrollen und bei 160 °C 7 Minuten backen. Abkühlen lassen und erneut im Thermomix pürieren. Auf eine Warmhalteplatte stellen.

Emulsion von Tomaten: Tomaten pürieren, unter Rühren nach und nach Olivenöl hinzugeben und aufemulgieren. Instant Protein einrühren, bis eine mayonnaiseartige Konsistenz erreicht ist. Mit Zucker und Salz abschmecken. In einen Spritzbeutel füllen.

Mini-Gemüse: Aus der Kartoffel mit einem 15-mm-Ausstecher kleine Kartoffelkugeln mit Schale ausstechen. In Alufolie mit Olivenöl, Knoblauchzehe und Salz bei 110 °C 45 Minuten im Backofen garen. Die Tomaten überbrühen, abschrecken und häuten. In einer Panade aus püriertem Rosmarin, Thymian, Oregano und Zucker wenden und im Ofen bei 110 °C 70 Minuten garen (bei 0 % Feuchte und ohne Luft daran zu lassen).
Brokkoli und Blumenkohl zu Mini-Gemüse zurechtschneiden. Mini-Karotten schälen und einen 0,5 cm langen Strunk Grün daranlassen. Brokkoli 20 Sekunden, Mini-Karotten und Mini-Blumenkohl jeweils 30 Sekunden lang in kochendes Wasser legen, danach direkt in Eiswasser abschrecken.

Anrichten: Die Spitze des Spritzbeutels abschneiden, sodass eine 3 cm breite Öffnung entsteht. In die Mitte einer 20 x 13 cm großen Schieferplatte einen 12 cm langen Streifen Tomatenemulsion spritzen und mit reichlich Rote-Bete-Erde bedecken.
Kartoffeln, Brokkoli und Mini-Karotten in Öl anbraten. Zwei Mini-Kartoffeln in die Tomatenemulsion stecken und mit Rote-Bete-Erde bedecken. Das übrige Gemüse „einpflanzen": Mini-Karotten, Brokkoli, Blumenkohl, vier bis fünf Schälerbsen, eine Borretschblüte und einen Affila-Kresse-Keim. Die panierten Cherrytomaten an beiden Seiten des Gemüsegartens versetzt anrichten. Mit einem Tomatenschäler einen weichen Span Mini-Zucchini abhobeln, einrollen und auf dem Gemüsebeet dekorieren.

HERZHAFT SÜSSE KOMBINATIONEN

Nach der Eröffnung 2010 des Gourmetrestaurants La Mer auf Sylt trug sich eine ganz besondere Erfolgsgeschichte zu. Zwei Jahre nach der Eröffnung verlieh der Guide Michelin dafür zwei Sterne. Dafür müssen Chefkoch Sebastian Zier und sein rastloses Team verantwortlich gemacht werden. Der junge Küchenchef, Jahrgang 1977, profitiert eindeutig von seinen Stationen in Frankreich, auf der Burg Staufeneck und bei Harald Wohlfahrt in Baiersbronn. Dass die Personalentscheidung auf ihn fiel, ist wohl nicht nur auf seine Erfahrung und sein Talent, sondern auch auf seinen unbändigen Ehrgeiz zurückzuführen.

An seiner Seite befand sich von Anfang an ein junger Mann, der wesentlich zum Erfolg des Restaurants beigetragen hat und im Folgenden in den Vordergrund rücken soll. Vorab bleibt allerdings zu erwähnen, dass er sich Anfang 2014 neuen Projekten zuwandte und nicht mehr beruflich auf der Nordseeinsel anzutreffen ist.

Der Patissier Christian Hümbs engagiert sich in besonderem Maße für das süße Geschäft mit Desserts und schlägt dabei ganz neue Wege ein. Auf seinen Zutatenlisten stehen nicht nur süße Beeren, sondern auch aromatisches Gemüse, das manchmal recht außergewöhnlich, oft von einer alten Sorte und immer von einzigartiger Qualität ist. Grüne und weiße Petersilie finden sich zum Beispiel zusammen mit Brombeeren in einem Sauerteig wieder. Ein glücklicher Nebeneffekt ist dabei, dass seine Gemüse-Desserts nur wenig Zucker enthalten und so im Vergleich zu anderen keine Kalorienbomben sind. Dabei helfen auch immer wieder herrlich milde Karottensorten. Auch Erbsen haben eine natürliche Süße, die er gekonnt herausarbeitet. An der Seite von Sebastian Zier wurde er zu einer zweiten tragenden Säule für das Restaurant La Mer, und man kommunizierte das auch deutlich nach außen.

In den Anfängen seiner Karriere stieg der Oberhausener zunächst als Stuckateur in die kreative Berufswelt ein. Doch der künstlerische Umgang mit Schokolade und Zucker lag ihm letztlich mehr als Wand- und Deckenverzierungen. So absolvierte er eine Lehre als Konditor, danach eine zweite als Koch. Er versteht die beiden Bereiche miteinander zu vereinen, und so haben seine Kreationen heute einen ganz besonderen eigenen Stil. In beiden Sparten zu Hause, konzentrierte er sich aber intensiv auf die Welt der Süßspeisen. Seine Wege führten ihn zu Johann Lafer auf die Stromburg, ins Louis C. Jacob, in Sven Elverfelds Aqua und eben auch in das Restaurant La Mer. Diese Anstellungen haben ihn nachhaltig geprägt. Bei Elverfeld wurde ihm endlich klar, dass er einen bedeutenden kulinarischen Stellenwert in der gehobenen Gastronomie erlangen wollte, der den Desserts noch nicht in aller Deutlichkeit zugestanden hatte und vielerorts immer noch nicht wird. Ein Restaurant wie das Aqua wirkt offensichtlich beflügelnd. Unter den aufmerksamen Augen der gastronomieinteressierten Medien ist es ein Dreh- und Angelpunkt internationaler Küchenchefs, die miteinander über ihre aktuelle Arbeit sprechen und so ein aktives Netzwerk bilden. Beste Gesellschaft für einen jungen Patissier, der wissbegierig auf der Suche nach neuen Zielen ist.

Christian Hümbs wirkt perfekt in allen Techniken der Patisserie und weiß diese geschickt zu kombinieren. Er zaubert knusprige Crumbles mit Eis, Schaum, Gelee, Esspapier, und immer sind frische Zutaten ein wichtiger Bestandteil seiner Kreationen. Mit den herkömmlichen schweren Desserts der alten Schule haben seine Kreationen nichts gemein. Sie wirken leicht, abwechslungsreich, spielen mit Säure und Süße. Eine Kombination von unterschiedlichen Temperaturen, Geschmacksvariationen und Konsistenzen kitzelt auch noch die letzten Geschmacksnerven. Konzeptionell geht der Patissier noch einen Schritt weiter, denn seine Desserts erzählen oft atemberaubend schöne Geschichten, indem sie ganz subtil Impressionen vermitteln. Sein Aromenmenü ist nur eine seiner beeindruckenden Arbeiten. Er macht sich die Tatsache, dass es Produkte gibt, die traditionell entweder herzhaft oder süß verarbeitet werden, zunutzen, um mit diesen alten Regeln zu brechen. Das führt bei ihm allerdings nicht zur Verwirrung, sondern zu einer angenehmen Überraschung. Gewagte Kombinationen müssen lediglich schon im Ansatz einander angepasst werden. Ein Dessert mit Rotkohl und weißer Schokolade oder seine eigenwillige Interpretation einer Ofenkartoffel lösen immer wieder Verblüffung aus. Aber nicht, weil der Geschmack die Sinne irritiert. Genau das Gegenteil ist der Fall: Die Gerichte von Christian Hümbs sind extrem fein differenziert, durchdacht, und die einzelnen Elemente verschmelzen zu einem übergreifenden Thema.

Sebastian Zier

CHRISTIAN HÜMBS

Doppel(t)spitze: Christian Hümbs und Sebastian Zier waren bis Anfang 2014 gleichberechtigte Tongeber in der Küche des Restaurant La Mer auf Sylt.

OFENKARTOFFEL

CHRISTIAN HÜMBS

Rezept für 4 Personen

Quark-Zitronen-Eis:
20 g Glycerin (Sosa) • 320 g Sahne • 900 g Quark • 320 g Zucker • 150 ml Zitronensaft • 5 ml Fruchtsäure (Fertigprodukt)

Kartoffelschalensauce:
100 g Kartoffelschalen, gewaschen • 0,6 g Xanthan • 2 g Maldon Sea Salt

Dehydrierte Bratkartoffel:
250 g Kartoffeln • 50 g getrocknete Petersilie

Kartoffelpüree:
1 kg Kartoffeln • 1 TL Trüffelöl • 50 g Nussbutter • 1 Prise Muskatnuss • Salz • Pfeffer

Kartoffelchips:
100 g Kartoffelschalen • Salz • Pfeffer

Zwiebelhonig:
500 ml Zwiebelwasser • 125 g Glukose • 1 Vanilleschote • 50 g Zucker

Zitronen-Quark-Creme:
250 g Quark • 40 g Puderzucker • Abrieb von 3 unbehandelten Zitronen • Fruchtsäure

Quark-Zitronen-Eis: Glycerin in Sahne auflösen. Alle Zutaten vermengen, in Pacojet-Becher füllen und einfrieren.

Kartoffelschalensauce: Kartoffelschalen im Ofen bei 160 °C rösten, bis sie knusprig sind. Im heißen Zustand mit 500 ml Wasser einmal aufkochen. Im Thermomix mixen und passieren. Mit Xanthan und Salz fertigstellen.

Dehydrierte Bratkartoffel: Kartoffeln waschen, schälen und in 4 x 4 mm große Würfel schneiden. Kochen, ausspülen und im Excalibur antrocknen. In heißem Fett aufpoppen lassen und mit Petersilie vermengen.

Kartoffelpüree: Kartoffeln waschen und mit Schale kochen. Schale abziehen und die Kartoffeln durch eine Kartoffelpresse geben. Mit Trüffelöl, Nussbutter, Muskatnuss, Salz und Pfeffer abschmecken. Anschließend durch ein feines Sieb streichen und auf Temperatur halten.

Kartoffelchips: Schalen in gewünschte Form schneiden und bei 190 °C ca. 15 Minuten im Ofen rösten. Mit Salz und Pfeffer bestreuen und trocknen.

Zwiebelhonig: Zwiebelwasser mit Glukose, Vanille und Zucker bei mittlerer Hitze auf die gewünschte Konsistenz reduzieren.

Zitronen-Quark-Creme: Quark mit Puderzucker und Zitronenabrieb vermengen. 1 Tag ziehen lassen und durch ein Sieb passieren. Mit Fruchtsäure und Puderzucker abschmecken.

Anrichten: Würfel von Bratkartoffel auf Teller geben, daneben Kartoffelpüree anrichten. Eine Nocke Quark-Zitronen-Eis daraufsetzen. Diese mit einem Kartoffelchip vollenden. Tupfen von Zitronen-Quark-Creme und Zwiebelhonig setzen. Kartoffelschalensauce angießen.

GOLDENE ZEITEN IM SCHWARZWALD

Das Berühmteste, was der Schwarzwald vermeintlich zu bieten hat, ist die Schwarzwälder Kirschtorte. Das Kirschwasser-Sahne-Rezept stammt allerdings nicht aus dem Schwarzwald. Die Torte verdankt ihren Namen nicht ihrer Herkunft, er bezieht sich vielleicht auf den schwarzen Schokoladen-Raspel-Belag, der annähernd an einen dunklen Wald erinnert, oder ihre Farben, die der einer Schwarzwaldtracht gleichkommen, oder aber dem Kirschwasser, das gerne und gut im Schwarzwald hergestellt wird. Heute ist die Torte nahezu überall auf der Welt bekannt.

Der Empfang im Hotel Sackmann fällt immer sehr liebenswert aus. Stilecht tragen alle Mitarbeiter Tracht und umsorgen den Gast mit einer offenen Freundlichkeit, die so ehrlich ist, dass sie nicht vorgetäuscht werden könnte. Das gilt gleichermaßen für den Service der Restaurants und des Hotels. Zwei Generationen Sackmann sorgen für einen unvergesslichen Aufenthalt, und die dritte Generation steht schon in den Startlöchern. Die beiden Söhne von Jörg und Annemarie Sackmann sammeln derzeit Wissen und Erfahrung in anderen Welten der Hotellerie und Gastronomie, während die Großeltern Anita und Reinhold Sackmann nicht aus dem Betrieb wegzudenken sind. Viel mehr Worte müssen über das Haus Sackmann nicht verloren werden, das seit Jahrzehnten eine Institution ist und Gourmets aus aller Welt nach Baiersbronn zieht.

Oft wird diskutiert, ob man einen angestellten Koch in einem Hotelrestaurant, der sich voll und ganz auf das kreative Schaffen konzentrieren kann, nicht anders bewerten müsse als einen Koch, der zusätzlich die unternehmerische Sorge für sein Geschäft trägt. Wenn ja, wie muss man die Arbeit von Jörg Sackmann bewerten, der nicht nur Chef und Unternehmer ist, sondern der auch die drei ganz unterschiedlichen Restaurants seines Hotels aus einer Küche versorgt? Für ihn und seine 21-köpfige Küchenbrigade bedeutet das einen täglichen Spagat zwischen Avantgarde und Frühstücksbuffet. Und der gastronomische Alltag in den Anita Stuben und dem Hotelrestaurant geht sicherlich auch auf die Kosten manch konzentrierter, kreativer Stunde. Sicher wäre interessant zu erfahren, wie sich die avantgardistische Küche des Zwei-Sterne-Restaurants Schlossberg entwickelte, würden die anderen beiden Gastronomien wegfallen. Jörg Sackmann könnte all seine Zeit der Kochkunst widmen. Aber das wird man wohl nie erfahren, denn das Hotel Sackmann ist eben nicht nur Sternegastronomie, und so ist der Küchenplan für alle recht straff angelegt. Der Sous-Chef Thorsten Brodal ist dabei eine große Entlastung, und Jörg Sackmann kann durch diese Unterstützung seiner unbändigen Experimentierfreude ausreichend nachgehen. Mit scheinbarer Leichtigkeit verdient er sich zwei Sterne im Guide Michelin, andere Auszeichnungen, viele Bewunderer und so manchen Nachahmer. Was aber wirklich hinter dieser Mühelosigkeit steht, sind genaue Analysen, auf denen sich ein komplexer Kreativitätsprozess aufbaut.

Am Anfang der Entwicklung eines Gerichts steht immer ein bestimmtes Thema. Es ist erstaunlich, wie unterschiedlich kreative Prozesse bei Jörg Sackmann eingeleitet werden können. Zum Beispiel kann eine Jahreszeit der Ausgangspunkt von kulinarischen Überlegungen sein. Er bezeichnet seine Küche kreativ-saisonal und orientiert sich am Warenkorb der Natur und setzt dabei die saisonalen Produkte in aromatische Zusammenhänge. Im Spätherbst und Winter sind die Gerichte von deftigen, kräftigen Aromen geprägt. So haucht er Kartoffelpüree Rauch ein oder den Gast erwärmt ein Senfsud durch seine leichte Schärfe.

Glücklicherweise bietet die Gegend eine Vielzahl an Produkten, die es zu erkunden gilt. Der Chef wählt sorgsam aus. So bezieht er von den umliegenden Bauernhöfen Obst und Gemüse von so manchen alten Sorten, die im Schwarzwald heimisch sind. Aus den umliegenden Wäldern kommen Pilze und Wild, und die Hecken und Wiesen liefern Löwenzahn, Bach- und Brunnenkresse. Dabei ist natürlich klar, dass eine Beschränkung auf das Angebot des Schwarzwalds für ein Hotel- und Gastronomie-Konzept wie diesem nicht möglich ist. So findet man natürlich auch klassische Luxusprodukte und kulinarische Köstlichkeiten aus anderen Regionen.

Jörg Sackmann spricht oft selbst von seiner Aromenküche. Sie ist eine Säule seines Menükonzepts. Ein scheinbar bekannter Geschmack entwickelt sich plötzlich feiner oder strukturierter und erreicht ungeahnte Intensität, ohne Verstärker irgendeiner Art zu verwenden. Jörg Sackmann gewinnt unvergleichliche Extrakte, die parfümieren und ihre frischen Noten an das Gargut weitergeben. Progressive, aromenbetonte Küche findet man wohl schwerlich besser und perfekter als im Gourmetrestaurant Schlossberg.

Restaurant Schlossberg
Im Schwarzwald kocht Jörg Sackmann seine ganz typische und hochmoderne Aromenküche.

JÖRG SACKMANN | SCHLOSSBERG

TOPINAMBUR MIT KÜRBISKERNKROKANT, MANGALIZA SCHWEINEBACKE UND BIRNENESSIGGELEE

JÖRG SACKMANN

Rezept für 4 Personen

Fond für die Bäckchen:
1 Thymianzweig • 1 Lorbeerblatt • 1 kleine Knoblauchzehe • 10 weiße Pfefferkörner • 4 Pimentkörner, zerstoßen • 8 Korianderkörner, zerstoßen • 15 Senfkörner • 1 Prise Salz

Mangaliza Schweinebäckchen:
8 schiere Jungschweinebäckchen (ohne Fett) • 3 Jungschweinebäckchen mit Fett und Schwarte

Krokantkaramell:
250 g Fondant • 125 g Glukose • 125 g Isomalt • 100 g geröstete Kürbiskerne • 3 g Piment d'Espelette • 5 g Meersalz

Birnengelee:
350 ml Birnensaft • 60 ml Weißwein • 100 g Zucker • 2,2 g Agar-Agar • 1 ½ Blatt vegetarische Gelatine • 40 ml Birnenessig

Essigzwetschgen:
12 sehr kleine getrocknete Pflaumen • 100 ml Birnenessig • 100 ml Rotwein • 1 EL Butterflocken

Birnenspalten:
2 Conference Birnen

Birnenessigjus:
250 g Schalotten, gewürfelt • 150 ml Portwein • 200 ml Birnenessig • 2 Thymianzweige • ½ Lorbeerblatt • 2 Pimentkörner, zerstoßen • 1,2 l kräftige Kalbsjus • 1 EL Olivenöl • Salz • weißer Pfeffer aus der Mühle

Topinambur:
12 Topinamburknollen • 100 ml Olivenöl • 500 ml Frittierfett

Tropea-Zwiebeln:
2 Tropea-Zwiebeln • 1 Thymianzweig • 1 Rosmarinzweig • 1 Lorbeerblatt • 2 EL Olivenöl • Salz • Pfeffer

Fond: Aus Kräutern, Gewürzen und 500 ml Wasser einen Fond zubereiten. Einmal aufkochen und danach wieder erkalten lassen.

Mangaliza Schweinebäckchen: Die verschiedenen Schweinebäckchen in zwei Vakuumbeutel geben. Den Kräuterfond auf beide Beutel verteilen, vakuumieren und im Wasserbad bei 85 °C ca. 8 Stunden (Bäckchen ohne Fett) bzw. 12 Stunden (Bäckchen mit Fett und Schwarte) garen. Anschließend die Bäckchen mit Schwarte zwischen zwei beschwerte Bleche pressen, sodass eine gerade Fläche entsteht, und gut durchkühlen lassen. Dann mit einem scharfen Messer die Schwarte dünn abtrennen und in ein Backpapier einschlagen. In einer Pfanne die Schwarte mit einer zweiten Pfanne beschweren, bei milder Hitze kross auslassen und bis zur Weiterverarbeitung warm halten. Den unteren Teil der Backe in gleichmäßige Würfel schneiden und auf einem Blech mit etwas von dem Pochierfond abgedeckt warm stellen.

Krokantkaramell: Fondant, Glukose und Isomalt auf 165 °C aufkochen, auf eine Silpatmatte gießen und trocknen lassen. Im Thermomix mixen und durch ein Sieb 3 cm große Quadrate auf eine Silpatmatte sieben. Kürbiskerne und Piment d'Espelette fein mixen und auf die Quadrate streuen. Im Ofen kurz schmelzen, von der Matte lösen und mit Meersalz bestreuen.
Die in Würfel geschnittenen Schweinebacken mit dem Krokantkaramell belegen und im vorgeheizten Backofen bei 180 °C 2–3 Minuten schmelzen lassen, sodass eine gleichmäßige Karamellschicht darüberliegt.

Birnengelee: Birnensaft mit Weißwein und Zucker erhitzen. Agar-Agar zugeben und alles zusammen kurz aufkochen. Eingeweichte Gelatine in der Masse auflösen und Birnenessig zugeben. Flüssiges Gelee in eine Viereckform (15 x 15 cm) geben und erkalten lassen. Kaltes Gelee in 1 x 1 cm große Würfel schneiden.

Essigzwetschgen: 100 ml lauwarmes Wasser über die getrockneten Pflaumen geben und ca. 1 Stunde quellen lassen. Birnenessig und Rotwein hinzufügen und nochmals 1 Stunde ziehen lassen. Danach abpassieren. Den Essigfond auf die Hälfte reduzieren und die Butterflocken hinzufügen. So lange reduzieren, bis die Butter bindet. Bis zum Anrichten warm stellen.

Birnenspalten: Birnen schälen, Kerngehäuse entfernen, tournieren und mit den Essigzwetschgen einlegen. Ziehen lassen und anschwitzen. Vor dem Servieren mit dem Fond erhitzen.

Birnenessigjus: Das Olivenöl in einem Topf erhitzen, Schalotten zufügen und anschwitzen, bis sie leicht karamellisieren. Mit Portwein ablöschen und zu Sirup reduzieren. Birnenessig zugeben und nochmals auf die Hälfte einkochen. Thymian, Lorbeer und Piment einlegen und mit Kalbsjus auffüllen. Bei kleiner Hitze um die Hälfte reduzieren. Die Sauce passieren, mit Salz und Pfeffer abschmecken und bis zum Anrichten warm stellen.

Topinambur: Die Hälfte der Topinamburknollen schälen, bissfest kochen und abschrecken. Im Olivenöl erhitzen und würzen. Die restlichen Topinamburknollen sehr weich kochen, abpellen und abschmecken. Im Thermomix bei 80 °C mixen und mit Olivenöl emulgieren, würzen und in eine Sauteuse geben. Abgepellte Topinamburschalen trocken tupfen, im Dehydrator 1 Tag trocknen lassen und im heißen Fett ausbacken, bis die Schale aufpufft. Zum Schluss salzen.

Tropea-Zwiebeln: Zwiebeln mit Kräutern und Gewürzen bei 180 °C 40 Minuten in Alufolie garen. Abkühlen lassen und die Zwiebelherzen aus der Schale lösen. In Glasage heiß ziehen lassen.

Anrichten: Topinamburpüree mittig auf Teller geben, Schweinebäckchen mit Birnenessigjus anrichten, karamellisierte Schweinebacke dazusetzen. Mit frittierter Topinamburschale und -stücken, Zwiebeln, Birnengelee und Früchten heiß anrichten und mit Sauce nappieren.

HERZBLUT IN DER GEMÜSEKÜCHE

Die Region Het Heuvelland bedeutet im Deutschen Land der Berge, wobei es sich doch eher um ein paar bessere Hügel handelt, die wohl nur in Westflandern zu Bergen taugen.

Die Straßenverbindung, die immer mehr Gourmets aus der ganzen Welt in das belgische Restaurant In de Wulf führt, ist, gelinde gesagt, abenteuerlich. Nebenstraßen werden zu Feldwegen und umgekehrt, und es entsteht leicht das Gefühl, vom rechten Pfad längst abgekommen zu sein. In der Nähe des Dorfes Dranouter, nahe der französischen Grenze, liegt ein charmant renovierter, alter Bauernhof inmitten endlos vieler Äcker und Weiden. Dort sind Restaurant und ein kleines Hotel untergebracht. Angesichts der abgeschiedenen Lage ist die Übernachtungsmöglichkeit in dem bäuerlichen Ambiente eine gute Idee. Der rustikale, äußere Eindruck des Gebäudes setzt sich in seinem Inneren fort. Einfache Holztische, Geschirr aus scheinbar grobem Steingut und glanzlose Stumpenkerzen wirken auf den ersten Blick ruhig und gemütlich. Schaut man genauer hin, besteht aber kein Zweifel über ein perfekt durchdachtes Konzept, das sich bis in die Hotelzimmer fortsetzt.

Die Eltern von Kobe Desramaults eröffneten hier das Restaurant, das ihr Sohn Jahre später in einen Vorreiter der kulinarischen Avantgarde verwandeln sollte. Mit 18 Jahren lernte er in einem nahen Restaurant auf Drängen seiner Mutter das Kochen. Ungeahnt stellte sich dort heraus, dass er das Kochen nicht nur als seinen Beruf, sondern auch als seine Berufung empfindet. Anscheinend machte er sich dabei gar nicht schlecht, und die darauffolgende Anstellung im berühmten Oud Sluis, das zu dieser Zeit schon mit zwei Michelin-Sternen ausgezeichnet war, erweiterte merklich seinen Horizont. Im Alter von nur 23 Jahren kehrte er nach Hause zurück und übernahm die elterliche Küche. Bis heute ist das Restaurant In de Wulf mit einem Stern des Guide Michelin bewertet. Die durchaus gute Beurteilung verrät zwar, dass sich der Besuch in Dranouter lohnt und dass sich hier ein junger Küchenchef mit seiner flämischen Heimat identifiziert, doch die innovative Arbeit muss schon selbst erfahren werden, um zu verstehen, was gemeint ist.

So unspektakulär die Einrichtung des Gastbereichs ist, so modern ist die Küche ausgestattet, in die der Gast durch ein großes Sprossenfenster Einblick hat. Von der Terrasse ergibt sich eine wunderschöne Aussicht auf das umliegende Hügelland. Nahe des Hauses befindet sich neben Gemüse- und Kräutergarten ein Holzbackofen, der für das Frühstück und Abendgeschäft frisches Brot backt. Außerdem gibt es hier mehrere Räucher- und Grillmöglichkeiten. Das Gesamtbild deutet schon darauf hin, dass sich Kobe Desramaults intensiv mit den Produkten aus seiner Region beschäftigt und am liebsten Lebensmittel aus der näheren Umgebung verwendet. Sein Glück ist es, dass sich viele benachbarte Bauern von seinem Enthusiasmus haben anstecken lassen und nun gezielt und kreativ für ihn arbeiten. Er ist einer dieser Köche, die mit Herzblut eine neue Art des Kochens, beziehungsweise eine neue Sichtweise auf das Produkt, prägen. Der Fokus liegt ohne Kompromisse auf der Regionalität – eine neue regionale Küche sozusagen. Unbekannte oder vergessene Produkte aus dem Gemüsegarten und der freien Natur wurden genau unter die Lupe genommen und erforscht. Dann beschäftigt sich die Mannschaft um den jungen Koch mit bestimmten Techniken und Zubereitungsarten, die ebenso wichtig sein können. Diese Vorgänge sind weitestgehend abgeschlossen, wenn daraus resultierende Erkenntnisse weiter ausgearbeitet werden. Die Ergebnisse stehen der klassischen Sterneküche in nichts nach, an vielen Stellen überragen sie herkömmliche Zubereitungsweisen an Einfallsreichtum allemal.

Kobe Desramaults beschreibt seine Küche als nicht-saisonal, wobei er immer darauf konzentriert ist, dass sie sich stetig verändert. Er bezeichnet sie als eine organische Küche, die den Gesetzen der Natur unterliegt. Gerichte lassen sich schlecht streng nach den Jahreszeiten Frühling, Sommer, Herbst und Winter sortieren. Eine Abgrenzung, ein Wandel und ein Übergang müssen ganz subtil funktionieren, denn die Natur und somit auch seine Speisekarte ändern sich nicht plötzlich und ganzheitlich. Das ist der Lauf der Dinge, ein ewiger Kreislauf, und so wird auch Kobe Desramaults mit seiner Arbeit nicht fertig. Er hat den Anspruch, dass seine Gerichte echt und natürlich sind. Jedes weitere Merkmal, das seine Gerichte haben können, ist optional und reicht von existenziell-brutal bis lebenslustig-federleicht.

In de Wulf in Belgien
Sehr ländlich liegt das Restaurant In de Wulf in Belgien. Die bäuerliche Idylle und die einfache Einrichtung täuschen nur kurz über die avantgardistische Kochkunst von Kobe Desramaults hinweg.

KOBE DESRAMAULTS IN DE WULF

KÜRBIS UND SANDDORN

KOBE DESRAMAULTS

Rezept für 4 Personen

Kürbispüree:
1 kg Hokkaido-Kürbis • 100 ml Milch • 4 EL Butter • 1 TL Muskatnuss • Salz • Pfeffer

Kürbisparfait:
100 g Eigelb • 150 g Ei • 50 g Honig • 50 g Zucker • 500 g Sahne, geschlagen • 3 Blatt Gelatine • 600 g Kürbispüree

Kürbiseis:
1 kg Kürbispüree • 50 ml Pflanzenöl • 300 ml Sanddornsaft • 100 ml Zuckersirup • 400 ml Milch • 120 g Procrema

Sanddorngelee:
160 ml Sanddornsaft • 16 g Glukose • 4 Blatt Gelatine • 4 g Pektin • 19 g Zucker

Sonstiges:
4 Mini-Gartenkürbisse (Jack Be Little)

Kürbispüree: Kürbis schälen, entkernen und grob würfeln. In Salzwasser ca. 20 Minuten weich kochen. Abgießen und zusammen mit Milch und Butter pürieren. Mit Muskatnuss, Salz und Pfeffer abschmecken.

Kürbisparfait: Mit Eigelb, Ei, Honig und Zucker ein Sabayon schlagen. Restliche Zutaten untermengen und in eine Vakuumdose füllen. Im Vakuumierer die Luft herausziehen und die Masse gefrieren.

Kürbiseis: Kürbispüree in Öl anrösten, mit den restlichen Zutaten mixen und im Pacojet-Becher einfrieren.

Sanddorngelee: Alle Zutaten zusammen aufkochen, in eine rechteckige Form gießen und abkühlen lassen. Danach in Würfel schneiden.

Anrichten: Den Gartenkürbis aushöhlen und als „Schale" verwenden. Kürbisparfait, eine Nocke des Kürbiseises und Würfel von Sanddorngelee darin anrichten.

KULINARISCHE DOPPELBESETZUNG

Im Essener Ortsteil Kettwig, der sich gelassen an das Ufer der Ruhr anschmiegt, engagiert sich Berthold Bühler seit 1980 in gleich mehreren Positionen. Lange Zeit war er der Koch, der die Résidence mit zwei Sternen auf den Plan von Gourmet-Touristen und Stammgästen rief, außerdem führte er als Inhaber des Gebäudes das Hotel. Heute funktioniert er offiziell als Patron, denn Anfang 2012 hat er mit Erik Arnecke und Eric Werner zwei neue Küchenchefs an Land gezogen, die die Küche mit gleichen Rechten leiten. Seitdem hat sich ein neuer Stil in der Résidence eingefunden, in dem auf bemerkenswerte Weise auch immer wieder Gemüse allen anderen Zutaten den Rang abläuft.

Ursprünglich diente die Résidence als „Parkhotel am Sanatorium" Übernachtungsgästen, die erkrankte Bergleute in der nahegelegenen Heilanstalt besuchten. Nach einer abwechslungsreichen Geschichte bis hin zur Enteignung durch die Nazis kauften schließlich in den 1970ern zwei Ingenieure das Haus und bauten es nach ihren Vorstellungen um. Berthold Bühler vertrauten sie die Küche an. Das sollte sich als Glücksgriff erweisen, denn Bühler ist ursprünglich Koch und Küchenmeister, der mehr zufällig in das Administrative gerutscht ist. Bühler holte seinen alten Freund, den Koch Henri Bach, mit dem er schon im Hilton in Düsseldorf gearbeitet hatte, nach Essen. 1984 bekam das Haus den ersten Stern und 1989 den zweiten, den das Haus bis heute hält.

Henri Bach verließ die Résidence im Februar 2012. Berthold Bühler nahm das zum Anlass, die Küche etwas deutlicher umzustrukturieren, als lediglich einen Ersatz zu finden. Gleich beide Stellen der Küchenchefs wurden neu besetzt. Die beiden jungen Chefs Erik und Eric kamen wie gerufen. „Die sind wie Zwillinge, die streiten sich nie. Oder nur dann, wenn ich nicht da bin", schmunzelt Bühler, der seine badische Heimat nicht verleugnen kann. Aufgewachsen auf einem Bauernhof am Bodensee, kam er schon früh mit Hausschlachtung sowie ursprünglichen und guten Produkten in Berührung. Nach fast 30 Jahren mit Henri Bach war ihm an einem Neuanfang auf ganzer Linie gelegen. Er versteht Kollegen nicht, die noch im hohen Alter vor dem Herd stehen, ohne dem Nachwuchs und seinen Ideen Raum zu geben. Darum auch die beiden jungen Küchenchefs, die eine Brigade mit sieben gelernten Köchen und zwei Azubis führen. „Mir war klar, dass wir nicht alle Gäste mit

Berthold Bühler

auf die Reise nehmen konnten, aber es scheint überwiegend gelungen. Manchmal müssen wir uns natürlich auch ein wenig bestimmten Gästewünschen anpassen, aber nur so weit, dass wir uns nicht verbiegen." Berthold Bühler bleibt dem neu eingeschlagenen Weg treu und blickt dabei auch mal zurück auf die Zeiten, als er noch Sous-Chef bei Heinz Scherrer war. Auch damals herrschte Aufbruchstimmung. Die Gänsestopfleber wurde im Kinderwagen von Straßburg nach Deutschland geschmuggelt, Nussöle oder besondere Essige galten als ungeheure Errungenschaften und wurden im Triumphzug in die Küche getragen. Vieles davon kannten selbst die Köche in Deutschland noch nicht, und davon profitierten die folgenden Generationen. Heute sind Produkte im Vergleich zu damals sehr einfach zu beschaffen, und durch den weltweiten Informationsfluss bleibt kaum noch eine Zutat unentdeckt. Dessen sind sich die beiden Küchenchefs der Résidence sehr bewusst, und sie freuen sich besonders über die Neuigkeit, wenn eine Gemüsesorte, die längst vergessen war, unverhofft in ihrer Küche auftaucht.

Eric Werner ist nach seiner Lehre ein wenig durch die Welt gezogen, hat in der Nähe von Toulon ebenso gearbeitet wie bei Jens Rittmeyer in Portugal, bei Heiko Antoniewicz und bei Jean Claude Bourgueil. Sein Partner Erik Arnecke war nach der Lehre ein Jahr bei der Bundeswehr auf Sardinien und hat das Offiziersheim und die Pilotenlounge bekocht, im The Grill des Wolfsburger Ritz Carlton als Commis und Demi-Chef gearbeitet, war im Fährhaus Munkmarsch auf Sylt tätig und bei Sven Elverfeld im Aqua. Zufall oder Vorsehung: Erik und Eric lernten sich 2009 in der Résidence kennen. Ihre Wege trennten sich, sie verloren sich aber nicht aus den Augen, bis sie in der Résidence 2012 die Führung übernahmen. Abend für Abend beweisen sie nun, dass sie ein eingespieltes Team sind. Dass einer nur den Pass, der andere nur Administration regelt, ist nicht ihre Sache. Getrieben werden sie „von großer Leidenschaft, die Menschen glücklich machen soll." So lautet ihr Küchencredo. Eine moderne, zeitgemäße Küche wollen sie den Gästen der Résidence bieten. Und wenn dann auf der aktuellen Karte eine alte Gemüsesorte erscheint, dann wollen die beiden gar nichts von Dekonstruktionen traditioneller Rezepte wissen, denn Gutes darf so bleiben, wie es war, ist und hoffentlich noch lange sein wird.

Eric und Erik
Eric und Erik sind Berthold Bühlers erste Wahl. Mit vereinten Kräften halten sie dem Patron den Rücken frei und die Messlatte noch ein Stückchen höher.

ERIC WERNER / ERIK ARNECKE RÉSIDENCE

HOKKAIDO-KÜRBIS MIT MANDARINE, KERNÖL UND SAFRAN-ZAUBER-BALSAM

ERIC WERNER / ERIK ARNECKE

Rezept für 4 Personen

Marinierter Kürbis:
1 kleiner Butternusskürbis • 3 EL Asfar Zitronenöl • 150 ml Mandarinensaft • 30 ml Läuterzucker • 10 ml Chardonnayessig • 1 Zimtstange • 1 TL Nelkenpfeffer • 1 TL Mumbai Curry • 1 Zitronenthymianzweig • 1,5 g Safranpulver • 1 EL Safran-Zauber-Balsam (Doktorenhof) • 1 Prise Salz

Kürbiskernkrokant:
3 EL Zucker • 50 g Kürbiskerne • 1 Spritzer Kürbiskernöl • 1 Prise Salz

Kürbiseis:
100 g Hokkaido-Kürbis • 100 g Butternusskürbis • 20 g Ingwer • 1 Stück Zitronengras • 1 g Safran • ½ rote Chilischote, entkernt • 30 g Karotte • 20 ml Kürbiskernöl • 50 ml fruchtiger Weißwein • 50 ml weißer Portwein • 30 ml Noilly Prat • 2 Limonenblätter • 1 Vanillestange • 300 ml Läuterzucker • 20 g Glukose • 1 Blatt Gelatine • 50 ml Mandarinensaft (Boiron) • 30 ml Limettensaft

Kürbiskernkuchen:
4 Eigelb • 190 g Zucker • 4 Eiweiß • 100 g gemahlene Haselnüsse • 190 g Hokkaido-Kürbis, fein gerieben • 90 g Kürbiskerne, gemahlen • Saft und Abrieb von 1 kleinen unbehandelten Zitrone • 60 g Mehl, gesiebt • 1,5 g Safranpulver • 12 g Backpulver • 1 Prise Zimtpulver • 1 Prise Nelkenpulver • 1 Prise Curry • 1 Spritzer Kirschwasser • 1 Spritzer Kürbiskernöl • Salz

Sonstiges:
2 TL Kürbiskernöl • 16 Kürbiskerne • 1 Schale Atsina-Kresse

Marinierter Kürbis: Butternusskürbis schälen und an der Aufschnittmaschine sehr dünn aufschneiden. Danach rund ausstechen. Es werden zwei Scheiben pro Person gerechnet. Den Rest des Kürbises mit einem Gemüseschneider mit Spaghetti-Aufsatz aufschneiden. Aus den Zutaten einen Sud herstellen und die Kürbisscheiben und -julienne darin vakuumieren. 1 Tag ziehen lassen. Zum Anrichten die Julienne aufdrehen und die Scheiben aufrollen.

Kürbiskernkrokant: Den Zucker mit etwas Wasser auflösen und aufkochen. Kürbiskerne dazugeben, Zucker absterben lassen (der Zucker wird hellbraun und beginnt zu schäumen) und dann erneut erhitzen, sodass sich ein gleichmäßiger Karamell um die Kürbiskerne bildet. Zum Schluss Kürbiskernöl und Salz zugeben.

Kürbiseis: Gemüse waschen und putzen. Ingwer, Zitronengras, Safran, Chili, Karotte und Kürbis mit dem Kürbiskernöl anschwitzen. Anschließend mit den Alkoholika ablöschen. Limonenblätter und Vanille dazugeben und mit Läuterzucker auffüllen. Alles leicht kochen lassen, bis der Kürbis weich ist. Dann die Masse zusammen mit Glukose, Gelatine, Mandarinensaft im Thermomix bei 80 °C für 7 Minuten mixen, anschließend durch ein Sieb passieren, mit Limettensaft abschmecken und in der Eismaschine abdrehen.

Kürbiskernkuchen: Eigelb mit 120 g Zucker in der Küchenmaschine schaumig schlagen. Das Eiweiß mit dem restlichen Zucker steif schlagen. Haselnüsse, Kürbis und Kürbiskerne, Zitronensaft mit Abrieb, Mehl, Safran und Backpulver zum Eigelb geben und vermengen. Mit den restlichen Zutaten abschmecken. Anschließend den Eischnee unterheben. Die Teigmasse auf ein Backblech mit Backpapier geben und bei 160 °C ca. 30–40 Minuten backen. Wenn der Kuchen ausgekühlt ist, im Froster anfrieren und nach Wunsch zuschneiden.

Anrichten: Einen Halbmond vom Kürbiskernkuchen ausstechen und auf Teller geben. Darauf eine Nocke vom Kürbiseis setzen. Kürbiskernkrokant daneben arrangieren und mit den Rollen vom mariniertem Kürbis dekorieren. Tropfen von Kürbiskernöl auf das Eis geben und mit Kürbiskernen und Atsina-Kresse vollenden.

ROCK AROUND THE CLOCK

Mit seiner Harley Davidson sieht er eher aus wie ein Rockstar und eher nicht, wie sich die Allgemeinheit einen Sternekoch vorstellt. Dem wird doch mehr Feingefühl nachgesagt als dem typischen Motorradfahrer, dem klischeegetreu nur seine Freiheit und seine Maschine etwas bedeuten. Das eine schließt aber das andere nicht aus. Auch das Äußere von Jonnie Boer sollte nicht über seine filigranen, kulinarischen Fähigkeiten hinwegtäuschen. Trotzdem ist an vielen Vorurteilen ein Funken Wahrheit dran. Das was er in seiner Küche im niederländischen Zwolle vollbringt, ist waschechter Rock'n Roll. Er hat sich der Masse nie angepasst und steht zu jeder Entscheidung, die er traf. Auch zu denen, die sich im Nachhinein als nicht so gut herausstellen mussten. Auf der einen Seite zeigt er keine falsche Bescheidenheit, auf der anderen Seite weiß er aber auch, dass man aus Fehlern klug wird. Trotz oder besser aufgrund seiner Eigenwilligkeit und seiner Vielseitigkeit steht Jonnie Boer heute an der Spitze der internationalen Avantgarde-Küche. Neben Sergio Herman dominiert er deutlich die niederländische Szene mit seiner konsequent modernen Arbeit und der konstanten Einbindung innovativer Entwicklungen in sein eigenes Konzept.

Der Mix aus geschmacklicher Einzigartigkeit und Regionalität zieht sich beharrlich durch seine kulinarischen Kreationen. Er steht in ständigem Kontakt zu regionalen Anbietern, lässt sich Fleisch von ansässigen Jägern und Züchtern liefern und bezieht Fisch aus den angrenzenden Gewässern oder fängt ihn dort einfach selbst. Auch einen Gemüsespezialisten hat er an seiner Seite. Dieser zieht in einem Gewächshaus, das speziell für Jonnie Boer reserviert ist, Gemüse und Kräuter, unter denen sich viele besondere Sorten aus alten Zeiten befinden. Hier stehen auch kleine Fässer, in denen der Koch viele verschiedene Gemüsesorten fermentiert. Einzige Regel bei der Gemüseauswahl ist, dass das Gemüse auch roh schmeckt, denn dann ist es dazu geeignet, milchsauer vergoren zu werden. Jonnie Boer macht sich für viele seiner Gerichte das molekulare Niedrigtemperatur-Garen, also die Fermentation, zunutze. Das fermentierte Gemüse und auch der dabei entstandene Saft kommen in seiner Küche reichlich zum Einsatz. Die milde Säure der Flüssigkeit ist eine perfekte Ergänzung zu Essig, Zitrone oder Wein.

Der Koch legt eine beeindruckende Unnachgiebigkeit an den Tag, wenn es darum geht, seine Küche zu perfektionieren. Er war einer der Ersten, der pure Aromen in seinen Gerichten gezielt zur Geltung kommen ließ. Ganz dezente Verarbeitungsmethoden lassen diese zu virtuosen Kreationen werden. Das verblüfft den Gast, und gleichzeitig wird er für eine gewisse Art von Einfachheit sensibilisiert. Jonnie Boer beeindruckt zusehends, vor allem wenn bedacht wird, dass er sich gegen die langen Wanderjahre entschied und nicht von Lehrmeister zu Lehrmeister zog, wie es in der kochenden Branche eigentlich üblich ist, wenn es steil nach oben gehen soll.

1986, mit gerade einmal 21 Jahren, trat er eine Stelle im De Librije an. Drei Jahre später war er dort Küchenchef. Dieses Restaurant, das im Zentrum der holländischen Stadt Zwolle liegt, früher ein Kloster war und danach als Bücherei genutzt wurde, übte auf ihn von Anfang an eine große Faszination aus und nicht erst, seitdem seine heutige Frau Thérèse dort Restaurantleiterin und Sommelière ist. 1992 kaufte das Paar dem damaligen Besitzer Ed Meijers das Restaurant ab. Für die Boers hatte die Selbstständigkeit unschlagbare Argumente und Vorzüge. Anscheinend wirkt sich diese Unabhängigkeit auch positiv auf seine Arbeit aus, denn kurz nach dem Kauf erhielt er seinen ersten Michelin-Stern. Zwei Jahre später waren es schon zwei, und seit 2004 hält er souverän drei Sterne. Die Einrichtung des Restaurants ergibt einen perfekten Mix aus solider Gediegenheit und wildem Glamrock. Genau das zieht sich wie ein roter Faden durch das gesamte Konzept der Boers. Sie selbst, ihr ganzer Lebensstil, scheinen dieser etwas paradoxen Idee entsprungen. So entsteht eine einzigartige Atmosphäre. In diesem Kontext wirken ihre schweren Motorräder gar nicht so ungewöhnlich. Die Gäste kommen aber natürlich in erster Linie, um die Kochkunst von Jonnie Boer zu genießen. Die ist offensichtlich und geradezu verpflichtend. 2005 war er Koch des Jahres und ist mit 19,5 von 20 möglichen Punkten des Gault Millau bewertet. Das würde eigentlich für ein Leben reichen, doch der Koch und die Restaurantleiterin wollten mehr. 2008 eröffneten sie in Zwolle, nicht unweit vom De Librije entfernt, ein Hotel. Das ist prinzipiell erst mal nicht ungewöhnlich, viele Gastronomen weiten ihr Arbeitsfeld auf die Hotellerie aus. Die Boers wären aber nicht die Boers, wenn ihr Hotel nicht doch etwas ganz Besonderes wäre. Sie renovierten ein altes Frauengefängnis, die Gäste schlafen heute in luxuriösen Versionen der ehemaligen Zellen. Wie es sich für ein Hotel im Luxussegment gehört, befindet sich auch hier eine Gelegenheit zu speisen. Das Hotelrestaurant Zusje (Schwesterchen), in dem Jonnie Boer ebenfalls die Küche fest im Griff hat, wurde vom Guide Michelin mit zwei Sternen ausgezeichnet. Genau genommen ist Jonnie Boer also ein Fünf-Sterne-Koch und ein agiler Unternehmer. Das bedeutet Arbeit oder besser: Rock around the clock.

De Librije
Jonnie Boer und seine Frau Thérèse haben im holländischen Restaurant De Librije alles fest im Griff.

Das Gewächshaus
Im eigens für Jonnie Boer angelegten Gewächshaus wird gepflanzt, geerntet und auch fermentiert.

JONNIE BOER DE LIBRIJE

REDUZIERTE TOMATEN
SÜSS-SAURE ROTE BETE, ZIMT UND GEREIFTER KÄSE

JONNIE BOER

Rezept für 4 Personen

Tomatenreduktion:
5 kg überreife Tomaten • 1 Schalotte, fein gehackt • 10 Basilikumblätter • 4 Estragonzweige • 1 Knoblauchzehe • 8 schwarze Pfefferkörner • 500 ml Rosé Champagner • 1 TL weißer Balsamico • 2 Zimtstangen • Salz • weißer Pfeffer

Süß-saure Rote Bete:
4 kleine, junge Rote Bete • 2 Lorbeerblätter • 500 ml Rote-Bete-Saft • 100 ml süß-saure Sauce • Salz • 5 Pfefferkörner

Käseschaum:
500 ml Milch • 500 g Sahne • 500 g gereifter Käse, gerieben • 300 g Eigelb

Sonstiges:
50 ml Tomatenöl • 50 g ostindische Kirschblätter und -blüten • 60 g Rote-Bete-Blätter • 1 Bund Bärlauch • 50 g Sauerampfer

Tomatenreduktion: Alle Zutaten grob hacken und vermischen. Die Mixtur in ein Küchentuch geben, den Saft über Nacht abtropfen lassen und auffangen. Die Flüssigkeit mit Salz, Pfeffer und Balsamico würzen, sachte erhitzen und die Zimtstangen für 2 Stunden dazugeben.

Süß-saure Rote Bete: Beten mit Salz, Pfefferkörnern, Lorbeerblättern und Rote-Bete-Saft kochen. Schälen, mit der süß-sauren Sauce in einem Beutel vakuumieren und 1 Tag marinieren.

Käseschaum: Milch und Sahne bei 80 °C im Thermomix erhitzen. Den Käse hinzufügen und verrühren, bis er sich aufgelöst hat, dann das Eigelb zugeben. Die Käsemischung sieben, in eine iSi-Flasche füllen und mit zwei Patronen bestücken.

Anrichten: Tomatenreduktion in Teller füllen. Rote-Bete-Stücke verteilen. Käseschaum aufsprühen und mit Tomatenöl, ostindische Kirschblättern und -blüten, Rote-Bete-Blättern, Bärlauch und Sauerampfer vollenden.

WEISSE BOHNEN UND SCHWARZE OLIVEN IN TOMATENBOUILLON MIT ETWAS ZIMT

JONNIE BOER

Rezept für 4 Personen

Tomatenbouillon:
1 kg reife Tomaten, vorzugsweise Tasty Tom • 1 Schalotte, fein gehackt • 10 Basilikumblätter • 4 Estragonzweige • 1 Knoblauchzehe, zerdrückt • 200 ml Roséwein • 1 Zimtstange • Salz • 10 schwarze Pfefferkörner, zerdrückt

Weißes Bohnengelee:
900 g weißes Bohnenpüree • 750 ml Hühnerbrühe • 120 g Instantgel • 21 g Agar-Agar • 1 TL Chiliöl • Salz • Pfeffer

Olivengelee:
900 g schwarzes Olivenpüree • 750 ml Gemüsebrühe • 120 g Instantgel • 15 g Agar-Agar

Sonstiges:
50 g Olivenpüree • 50 g Bohnenpüree • 100 g rote und gelbe Rüben • 1 Lorbeerblatt • 8 Cherrytomaten • 80 g Tonburisamen • 50 ml Gemüsebrühe • 1 g Ponzu • 1 g Xanthan • 1 Schale Kapuzinerkresse • Salz • Pfefferkörner • Stickstoff

Tomatenbouillon: Alle Zutaten außer der Zimtstange klein schneiden und in einem Tuch über Nacht abhängen. Den Saft auffangen und mit Salz und Pfeffer würzen. Die Zimtstange für 1 Stunde im Saft marinieren lassen.

Weißes Bohnengelee: Die Zutaten mischen und im Thermomix mindestens 3 Minuten kochen lassen. Die warme Masse in eine flache Schale gießen und abkühlen lassen.

Olivengelee: Die Zutaten mischen und im Thermomix mindestens 3 Minuten kochen lassen. Die warme Masse in eine flache Schale gießen und abkühlen lassen.

Fertigstellung: Aus den Gelees Ravioli stechen und diese jeweils mit Oliven- und Bohnenpüree füllen. Die Rüben mit Lorbeerblatt, Salz und Pfefferkörnern weich kochen. Schälen, in Scheiben schneiden und in Stickstoff gefriertrocknen. Die Cherrytomaten entkernen und die Kerne beiseitestellen. Tonburisamen mit Gemüsebrühe marinieren und mit Ponzu und Xanthan leicht binden.

Anrichten: Tomatenbouillon in Teller geben, je eine Bohnengelee-Ravioli und Olivengelee-Ravioli darin platzieren. Die Kerne und Samen drumherum verteilen, mit Blättern und Blüten der Kapuzinerkresse garnieren und würzen.

VON DER BRASSERIE ZUM STERNE-KOCH

Das Restaurant Hertog Jan ist schon seit 1992 in Brügge aufzufinden. Im Stadtteil Sint-Michiels, der südlich durch Eisenbahnschienen von der mittelalterlichen Innenstadt abgetrennt ist, war es aber nicht immer Anlaufpunkt für Feinschmecker aus der ganzen Welt. Ursprünglich sollten sich die Gäste in einer typischen Brasserie, bei einfachen Speisen und in angenehmer Atmosphäre, wohlfühlen. So hatte es der ehemalige Besitzer Guido Francque angedacht. Den Koch, den er 2002 in sein Team holte, war kein Geringerer als Gert de Mangeleer, der heute ordentlich Furore um die Küche des Hertog Jan macht. Das war damals allerdings noch kaum abzusehen. Zeitgleich stellte er, um der Weinauswahl und der dazugehörigen Beratung einen Kick zu verschaffen, den Sommelier Joachim Boudens ein. Koch und Weinkenner hatten sich zuvor beim belgischen Zwei-Sterne-Koch Danny Horseele kennengelernt und wussten um ihre gute Zusammenarbeit. Folgenträchtige Personalentscheidungen für den ehemaligen Besitzer des Hertog Jan, wie sich herausstellen sollte. 2005 kauften ihm die beiden die Brasserie ab, die schon zu diesem Zeitpunkt eine überarbeitete Speisekarte anzubieten hatte. Fortan waren Koch und Sommelier ihre eigenen Herren, und eine rasante Entwicklung nahm ihren Lauf. Schon nach einem Jahr unter Eigenregie erhielt das Restaurant einen Stern des Guide Michelin, und das sollte nur der Anfang sein. Bis 2012 hatte sich das Hertog Jan verdient zu einem Drei-Sterne-Restaurant gemacht. Genau in diesem Jahr wurde Joachim Boudens zum Sommelier des Jahres ernannt. Eine kongeniale Erfolgsgeschichte, die anscheinend das gesamte Restaurant betrifft. Trotz der geschichtsträchtigen Auszeichnungen arbeitet das Team immer noch ohne Berührungsängste. Das entspricht ganz den Vorstellungen der meisten Gäste, und es geht weiterhin, auch mit drei Sternen und anderen wichtigen Auszeichnungen, sehr entspannt zu.

Der Charakter einer Brasserie ist also immer noch gegenwärtig, das Essen unterscheidet sich allerdings an Geschmack, Aussehen und Aufwand. Auch von außen lässt das Haus mit der weißen Holzverkleidung und dem roten Ziegeldach nicht auf die hohe Küchenkunst schließen. Davon könnte sich jeder aufmerksame Zuschauer überzeugen, denn die Küche ist von draußen durch die großen Fenster zu beobachten und auch von innen gut einsehbar, denn die Gäste trennt keine geschlossene Wand von der etwa dreizehnköpfigen Crew.

Gert de Mangeleer spielt in technischer Vollendung mit Texturen und Temperaturen und verbindet wie nur wenige Tradition mit Moderne. Genauso bringt er auch regionale Zutaten mit den besten Produkten aus der ganzen Welt in einen sinnvollen Zusammenhang. Grundprodukte stammen zumeist aus seiner flämischen Heimat, wobei Gemüse eine immer größere Rolle spielt. Der Feinschliff kann auch schon mal von weither angereist sein, ohne aber vom Wesentlichen abzulenken. Die Leidenschaft, mit der er arbeitet, kommt nicht von ungefähr. Schon in seiner Kindheit wollte er immer nur Koch werden. Seine Mutter bereitete mit einfachen Zutaten das Essen zu und erzielte trotzdem geschmackliche Erlebnisse, die er niemals vergaß. So wundert es auch nicht, dass ein einfacher Tomatensalat zu seinen liebsten Gerichten zählt. Dabei steht das Produkt Tomate vor der Zubereitungsart, die aber natürlich auch nicht ganz unwichtig ist. Das wird auch in seinen Kreationen deutlich, in denen er in subtiler Einfachheit ganz beeindruckende und komplexe Geschmacksbilder erzeugt. Für einen Koch in seinem Alter, er ist 1977 geboren, hat Gert de Mangeleer erstaunlich viel erreicht. Er und Joachim Boudens bestehen auf die Betonung einer Gemeinschaftsarbeit zwischen ihnen und ihren Mitarbeitern, ohne die das alles nicht möglich wäre. Denn das Restaurant ist gut besucht und hat auch mit dem Mittagstisch alle Hände voll zu tun.

Das wird wohl auch so bleiben, wenn das Restaurant den schon länger geplanten Umzug vollzogen hat. Als ein alter Bauernhof in der Nähe zum Verkauf stand, wussten die beiden, dass das einen großen Glücksfall und eine noch größere Chance bedeuten sollte. Das Anwesen bietet nicht nur eine neue Räumlichkeit für Küche und Speiseraum, die ganz nach ihren Vorstellungen und Wünschen geplant und umgesetzt werden könnten, der alte Hof eröffnet eben auch die Möglichkeit, selbst zu produzieren, was es nicht in gewünschter Qualität zu kaufen gibt. Hier baut der Gärtner Bart Praet bekannte und unbekannte Gemüsesorten und Kräuter an, die Gert de Mangeleer seinen Tests unterzieht. Besteht kein Zweifel mehr über beste Qualität, haben Gemüse und Kräuter ihren Platz in einem Gericht sicher. Der besondere Clou soll darin bestehen, dass der Gast sieht, wo das, was sich auf seinem Teller befindet, herkommt. Die Felder, die genau vor der Restauranttür liegen, funktionieren dann als deutlicher Hinweis auf eine bewusste Wertschätzung der Nahrungsmittel, die gegessen werden.

GERT DE MANGELEER HERTOG JAN

Ein starkes Team
Gert de Mangeler und sein Geschäftspartner Joachim Boudens verstehen sich blind. Der eine steht hinter dem anderen und umgekehrt.

GERÄUCHERTE ROTE BETE MIT GÄNSELEBER, OOSTERSCHELDE-AAL, KIRSCHEN UND VANILLE

GERT DE MANGELEER

Rezept für 4 Personen

Geräucherte Rote Bete:
200 ml Rotweinessig • 200 ml Vanilleöl • 4 Rote Bete, geräuchert • 40 g Brunoise von Rote Bete • 10 g Schalotte, gehackt • Rote Bete, 12 runde Scheiben • grobes Salz

Gänseleber und Oosterschelde-Aal:
12 runde Stücke Gänseleberterrine • 12 Scheiben geräucherter Oosterschelde-Aal

Sonstiges:
12 Himbeerbaiser • 150 g Kirschcreme • 20 roter Sauerampferzweige

Geräucherte Rote Bete: Rotweinessig mit Vanilleöl mischen und die Hälfte davon erhitzen. Die Rote Bete bei ca. 60 °C räuchern und dazugeben. Mit grobem Salz würzen.
Die andere Hälfte als Marinade für die Brunoise von Rote Bete, Schalotte und Rote-Bete-Scheiben verwenden. Mit grobem Salz würzen.
Gänseleber und Oosterschelde-Aal: Die Gänseleberstücke in den Oosterschelde-Aal einrollen.
Anrichten: Rote-Bete-Varianten auf Tellern platzieren, zwei Aalrollen anlegen. Himbeerbaiser und Kirschcreme anrichten und mit Sauerampfer garnieren.

GANZ NATÜRLICHE AVANTGARDE

Der niederländische Drei-Sterne-Koch Sergio Herman gehört zu den Allerbesten seiner Zunft. Sein Restaurant Oud Sluis führten bereits sein Großvater und sein Vater als damals bekanntestes Muschelrestaurant von Zeeland und Flandern. Daraus ist ein Restaurant der Spitzenklasse geworden, das von Gourmets aus der ganzen Welt besucht wurde. Den ersten Stern verlieh der Guide Michelin 1995, seit 2005 leuchteten drei Sterne über der Tür des Oud Sluis. Der Gault Millau machte Sergio Herman 2007 und 2008 zum Koch des Jahres, und 2010 erhielt er als erster Koch außerhalb Frankreichs die Höchstpunktzahl des Gault Millau von 20 Punkten. Das alles macht es umso trauriger, dass das Restaurant im Dezember 2013 geschlossen wurde. Denn so geht nicht nur eine Koch-, sondern auch eine Familienära zu Ende. Sergio Herman arbeitete hier mit Begeisterung, Enthusiasmus, Spaß, Inspiration und Leidenschaft und sorgte so an jedem Tag dafür, dass diese Funken auch auf seine Mannschaft übersprangen. Langweilig wurde es nie, Sergio Herman stand immer unter Strom, und genau das wurde ihm und somit auch seinem Oud Sluis zum Verhängnis. Irgendwann musste er feststellen, dass sich die Drei-Sterne-Maschinerie zu einem Monster entwickelt hatte, das ihm keine Freiheiten mehr ließ und das nicht mehr zu bändigen war. Ein Zurückschrauben der Ansprüche an sich selbst und der Erwartungen der Gäste war an diesem Punkt unmöglich geworden. Hört sich zunächst danach an, als würde er die Kochjacke an den Nagel hängen. Davon kann aber nicht die Rede sein. Für Sergio Herman gibt es keinen Stillstand, den gab es noch nie, er ist immer ein Fanatiker gewesen. Trotzdem kann er aber auch „Stopp" sagen, wenn er bemerkt, dass ein Projekt erschöpft ist und ihm und seinen Mitarbeitern nicht mehr guttut. Zwar ist das Kochen sein Leben, doch kann es nur zur Kunst werden, wenn alle äußeren Bedingungen stimmen.

Während der Zeit, die er im Oud Sluis verbrachte, hat er alles erreicht, was ein Koch erreichen und was er sich in seinen kühnsten Träumen vorstellen kann. Wie sollte es auch anders sein, bleibt das Restaurant immer ein Teil von ihm, der ihn begleitet, welche Projekte er auch immer in Angriff nimmt. Das betrifft vielleicht weniger seine Kreationen als vielmehr die Erfahrung, seine Intuition und eigentlich jede Faser seines Körpers. Wehmütig und mit großer Lust auf Neues schloss die Oud-Sluis-Mannschaft die Türen hinter sich. Die Hälfte von ihnen unterstützt im Anschluss das neue Restaurant von Sergio Herman. The Jane befindet sich in einer alten Kapelle in Antwerpen. Die andere Hälfte hilft dabei, die Küche des Pure C in Cadzand-Bad, seinem zweiten Restaurant, zu verfeinern. Hier genießen die Gäste ausgezeichnetes Essen, eine hervorragende Auswahl an Weinen, verschiedenen Cocktails und den freien Blick aufs Meer.

In beiden Restaurants gibt es Küchenchefs, die in der Lage sind, Entscheidungen zu treffen. Die beiden entlasten Sergio Herman in hohem Maße, sodass er nach den stressigen Jahren in Ruhe in seinem Labor tüfteln und neue Gerichte mit Muße kreieren kann und zur verbesserten Abwechslung kein laufender Drei-Sterne-Betrieb in seinem Nacken sitzt.

Sergio Herman ist vielseitig interessiert, lässt sich gern inspirieren und erfindet sich ständig neu. Für ihn gibt es nur einen richtigen Weg, und der verfolgt die beste Qualität und die höchsten Ansprüche an sich selbst. Mit der Masse zu schwimmen oder einem Trend nachzujagen, liegt nicht in seiner Natur. Die Feinheiten seines Handwerks hat er sich nach der Absolvierung einer klassischen Ausbildung zum Koch selbst beigebracht und über die Jahre perfektioniert. Als Vertreter der Natural Avantgarde legt er großen Wert auf beste Produkte und produktbezogene Arbeit. Experimentelle Technologien verwendet er seltener als viele seiner Kollegen, seine Gerichte sind trotzdem hochmodern. Das liegt auch daran, dass er es versteht, Gemüse und Kräuter in Szene zu setzen. Immer öfter ist die grüne Kost als Zentrum seiner kulinarischen Arbeit platziert. Bei seinen Kreationen geht es nicht um die Inszenierung spektakulär aussehender Präsentationen, die Aufmerksamkeit erregen, sondern um die hoch verfeinerte Abrundung moderner Geschmacksbilder. Gerichte, die seine Küche verlassen, sind mit großer Sorgfalt komponiert, das sieht man und das schmeckt man.

Ein Abschied kann ein Anfang sein – bei Sergio Herman mit ganz bestimmter Sicherheit.

Restaurant Oud Sluis
2012 hatte das Restaurant noch geöffnet. Nun warten neue Projekte auf Sergio Herman.

SERGIO HERMAN THE JANE & PURE C

JUNGES BIO-GEMÜSE, CEVICHE VON OOSTERSCHELDE-HUMMER, JALAPEÑO UND KREUZDORN

SERGIO HERMAN

Rezept für 4 Personen

Ceviche-Bouillon:
2 Schalotten • 1 Knoblauchzehe • 4 Kaffirblätter • 1 Zitronengrasstange • 1 Stück Ingwer, 2 cm • 1 rote Peperoni • 3 EL Minze • 3 EL Koriander • 2 Limetten • 400 ml Geflügelfond • 200 ml Sushi-Essig

Pastille:
100 g frische Kreuzdornbeeren • 125 ml Läuterzucker (1:1) • 75 ml Kreuzdornsirup • 165 ml Limettensaft • 410 ml Sake • 100 ml Wodka • 3 g Ingwer

Thaibasilikumcreme:
1 Bund Thaibasilikum • 40 g Eiweiß • 75 ml Hühnerbrühe • 2 EL Reisessig • 300 ml Traubenkernöl • 200 ml Olivenöl • Salz • Pfeffer

Aloe-Vera-Vinaigrette:
4 EL Sushi-Essig • 8 EL Olivenöl • 3 EL Aloe-Vera-Sirup • Saft von 1 Limette • Salz • Pfeffer

Hummer:
4 schöne Oosterschelde-Hummer • 1 l Court Bouillon • 2 Schalotten • je 1 EL fein geschnitte Minze und Koriander • 1 TL Piment-d'Espelette-Paste • 1 TL Fleur de Sel • Pfeffer

Jalapeño:
100 g saure Sahne • 2–3 EL Jalapeñosaft • Salz

Gemüse:
1 grüne Tomate (Green Zebra) • 4 Mini-Gurken • 4 Mini-Klee • 4 Mini-Kohlrabi • 2 Radieschenspitzen • 4 Mini-Rüben • 8 Jerusalem Artischockentriebe • 1 Dattelpflaume • 1 Zucchini • ¼ süße Zwiebel • 4 Mini-Gurkenblüten

Salat:
1 Schale Rucola-Kresse • 150 g Brokkoli • 1 Bund Mönchsbart • 1 Schale Bio-Senf-Kresse • 8 Rucolablüten • 8 Radieschenblüten • 8 Baby-Radieschen • 50 g Landalgen

Sonstiges:
100 g Beurre blanc • 2 Scheiben Graubrot, im Ofen geröstet

Ceviche-Bouillon: Gemüse und Kräuter klein hacken, für 24 Stunden in Geflügelfond und Sushi-Essig marinieren und durch ein Küchentuch passieren.

Pastille: Kreuzdornbeeren über Nacht in Läuterzucker einweichen. Dann mit den restlichen Zutaten im Thermomix pürieren und durch ein Küchentuch passieren. In Pastillenform gefrieren.

Thaibasilikumcreme: Alles im Thermomix pürieren und mit Traubenkern- und Olivenöl zu einer Mayonnaise aufschlagen. Menge des Öls gegebenenfalls anpassen, bis eine dickflüssige Konsistenz entstanden ist. Mit Salz und Pfeffer würzen.

Aloe-Vera-Vinaigrette: Die Zutaten zu einer Vinaigrette verrühren und mit Salz und Pfeffer würzen.

Hummer: Die 4 Hummer in Court Bouillon zubereiten. Das Scherenfleisch in feine Brunoise schneiden, die Schwanzstücke auslösen. Alles kühl beiseitestellen.
Hummerbrunoise mit gewürfelten Schalotten, Pfeffer und Fleur de Sel vermengen. Anschließend gehackte Minze und Koriander, ein wenig der Aloe-Vera-Vinaigrette, etwas Ceviche-Bouillon und Piment-d'Espelette-Paste zufügen.

Jalapeño: Saure Sahne mit Jalapeñosaft und Salz nach Geschmack verrühren, dann zu einer dicken Creme verquirlen.

Gemüse: Das gesamte Gemüse klein schneiden.

Salat: Zutaten putzen und in mundgerechte Stücke schneiden.

Fertigstellung: Die Hummerschwanzstücke in der Beurre blanc erhitzen, mit etwas Court Bouillon ablöschen.

Anrichten: Die Hummerbrunoise in einen Ring füllen und auf Teller geben. Pastille daraufsetzen. Die Hummerschwanzstücke anlegen, Gemüse und Salat im Halbkreis außenherum anrichten. Tupfen von Thaibasilikumcreme und Jalapeño dazwischensetzen. Mit der Aloe-Vera-Vinaigrette beträufeln und mit Chips von geröstetem Graubrot ausgarnieren.

ZEITGENÖSSISCHER KÜCHENKÜNSTLER

Kein Unbedarfter würde vermuten, dass sich hinter den erdfarbenen Wänden in der Via Stella 22 im italienischen Modena eines der besten Restaurants der Welt befindet – laut Liste der World's 50 Best Restaurants. Seit 2011 werden hier vom Guide Michelin drei Sterne verliehen.

Der Eintritt in das Restaurant von Massimo Bottura ist der Eintritt in eine andere Welt. Fast kommt es einem Museum gleich. Contemporary Art soweit das Auge reicht. Das hält sich im öffentlichen Teil des Restaurants in geordneten Grenzen. In seinen Büroräumen, wo sich auch eine kleine Versuchsküche befindet, in der allerlei große und kleine Gerätschaften aus Labor und Technik auf ihren Einsatz warten, reiht sich ein Kunstwerk an das andere. An den Wänden gibt es schon lange keine freie Stelle mehr. Zu viele Bilder, die mehr oder weniger den Koch und seine Arbeit dokumentieren, wuchsen über die Jahre zu einer beachtenswerten Sammlung von ganz persönlichem Wert heran. Nicht zuletzt zeigt sich hier der Einfluss seiner charmanten Frau Lara Gilmore, einer amerikanischen Kunstkuratorin. Sie ist für ihn nicht nur die Liebe seines Lebens, sondern auch eine wichtige Inspirationsquelle für seine Arbeit. Obwohl alleine diese kleine Kunstausstellung eine Reise in die Osteria Francescana wert ist, haben es die meisten Gäste auf die Gerichte von Massimo Bottura abgesehen. Schnell wird dann für jeden offensichtlich, dass die beiden Stilrichtungen, die der bildenden und die der kochenden Kunst, nicht gänzlich voneinander zu trennen sind. Auch die Gerichte von Massimo Bottura lassen in ihrer Darbietung und in ihren Geschmacksbildern auf seine Denkweise schließen. Gemüse hat dabei schon immer eine tragende Rolle gespielt. Das ist er seiner Heimat einfach schuldig, denn von Italien aus traten schließlich viele Gemüsesorten ihren Siegeszug durch ganz Europa an. Hier ist eine Tomate nicht bloß eine Tomate, gerade hier weiß man um die Sortenvielfalt wie in keinem anderen Land. Das schätzt der Spitzenkoch sehr, und sein Ruf eilt ihm mittlerweile voraus. Ein Besuch in der Osteria Francescana fällt schon länger nicht mehr in die Kategorie „Essen gehen", es ist ein erlebtes Gesamtkonzept, das mit allen Sinnen genossen wird. Dafür sorgt jeder einzelne Mitarbeiter des Restaurants und viele weitere Personen, mit denen Massimo Bottura eng zusammenarbeitet. Da gibt es beispielsweise Lidia Cristoni, die wahrscheinlich die besten Tortellinis Italiens macht. Die beiden lernten sich in seinem ersten Restaurant in Modena kennen. Das war der Anfang einer kulinarischen Freundschaft, an der hungrige Gäste noch immer ihre wahre Freude haben. Obwohl Lidia Cristoni heute fast erblindet ist, erteilt sie den jungen Köchen in der Osteria immer noch Lehreinheiten in der Herstellung von Pasta. Das ist auch ganz im Sinne von Massimo Bottura, der als avantgardistischer Sternekoch eng mit der traditionellen italienischen Küche verbunden ist. Immer wieder setzt er klare Verweise auf seine Wurzeln. Bei ihm passt beides, Tradition und Moderne, in einen Topf. Selbst die Tortellinis, die am Abend den Gästen serviert werden, sind derart raffiniert gefüllt und kunstvoll zubereitet, dass auch der avantgardistische Teil nicht zu kurz kommt. Gegen das, was auf den Tellern im Speiseraum präsentiert wird, wirkt die Küche, die große Wirkungsstätte des Künstlers, erstaunlich normal. Die sehr klassische Geräteausstattung überrascht. Momentan scheint er stärker denn je die Ressourcen des Landes, seiner Region und die italienische Kochkunst aufzugreifen. Auch die kulturelle Herkunft ist dabei ein wichtiger Faktor. Oft ist es ihm ein inneres Bedürfnis, das ganz deutlich zu machen. So kann es vorkommen, dass er sich an einem Abend spontan mit Klebezetteln bewaffnet und jedem Tisch im Restaurant einen kleinen Besuch abstattet. Vielleicht malt er eine Italienkarte auf den gelben Zettel und erklärt, dass sein Menü eine Reise durch das Land darstellt. Dabei kritzelt er Bilder der typischen Produkte einer Region an den geografischen Punkt.

Modena liegt wie Parma, Ravenna und Ferrara in der Emilia-Romagna. Das größte Anliegen des Spitzenkochs ist es, seine Heimat insofern in der Welt beachtet zu wissen, dass sie wirtschaftlich gefestigt ist. Gerade bei den beiden schlimmen Erdbeben im Mai 2012 sind die Landwirtschaft und die Lebensmittelindustrie der Provinz Modena stark in Mitleidenschaft gezogen worden und meldeten Schäden von 400 Millionen Euro. Modena kann mit der vollen Unterstützung von Massimo Bottura rechnen. Von einer Sache muss er allerdings absehen: Obwohl auch der italienische Sportwagenhersteller Maserati in Modena beheimatet ist, fährt der Koch ein deutsches Auto. Das funktioniert nicht als Statussymbol, das ist er seinem Rücken schuldig.

OSTERIA FRANCESCANA

MASSIMO BOTTURA

Osteria Francescana
In der Versuchsküche der Osteria Francescana ist auch noch Platz für ein Fotoshooting.

Ein ästhetisches Werk:
Gedeckte Tische im Restaurant. Was ist Kunst und was gehört zum nötigen Teil, um die Gäste zu bewirten?

THINK GREEN – HERBSTVERSION

MASSIMO BOTTURA

Rezept für 4 Personen

Kräuter-Chlorophyll:
200 g Petersilie • 20 g Weinraute • 2 cl Wermut • 20 g Eberraute • 20 g Estragon • 20 g Thymian • 20 g süße Minze • 150 ml stilles Mineralwasser • 1 Prise Zucker • Salz

Steinpilze:
100 g Steinpilze

Käsebruchsauce:
60 g Käsebruch (Parmigiano Reggiano) • 4 Farnblätter • 20 g Joghurt (Razza Bianca Modenese) • Salz

Chlorophyllpuder:
20 g Spinat • 200 g Mangold (nur das Grüne) • 100 g Petersilie

Pilzgel:
je 100 g Steinpilze, Champignons und Pfifferlinge • 20 g schwarze Trompetenpilze

Marinierte Steinpilze:
2 kleine Steinpilze • 100 ml Pilzöl • 50 g frische Kräuter der Saison

Kürbiscreme:
200 g Hokkaido-Kürbis • Salz

Marinierte Radieschen:
4 Radieschen • 100 ml Himbeeressig

Sonstiges:
10 g getrocknetes Steinpilzpuder • 10 g gefriergetrocknetes Trüffelpuder • 10 g schwarzer Trüffel, dünn geschnitten • 20 g Daikon-Kresse, sehr dünn geschnitten • 4 Blätter rote Basil-Kresse • 4 rote Shisoblätter • 20 g Blätter von frischen Blumen der Saison

Kräuter-Chlorophyll: Die Kräuter vorsichtig säubern, waschen und trocknen. Für 5 Sekunden in kochendes Wasser geben und anschließend sofort in Eiswasser abkühlen. Ausdrücken und dann mit kaltem Mineralwasser, Zucker und Salz mixen. Passieren und den Saft über Nacht bei 2 °C ruhen lassen. Es entsteht ein natürliches Gel.

Steinpilze: Pilze putzen und in Scheiben schneiden. Auf dem Grill braten und ruhen lassen.

Käsebruchsauce: Den Käsebruch über Nacht auf Farnblättern abziehen lassen. Mit Joghurt und Salz mixen und in einen Spritzbeutel füllen.

Chlorophyllpuder: Gemüse säubern und waschen. Anschließend für einige Minuten dampfgaren und dann schnell in Eiswasser abkühlen. Trocknen und vorsichtig im Thermomix mixen, bis eine grobe Mischung erreicht ist. Diese auf einer Matte ca. 3 cm hoch ausbreiten und bei 40 °C für 2 Tage im Dehydrator trocknen. Die

getrocknete Masse auf höchster Stufe mixen und durch ein Sieb streichen. Man erhält ein grünes Puder mit extremer Mineralität.

Pilzgel: Alle Pilze in wenig mit 2% Salz versetztem, kaltem Wasser marinieren. Das Wasser auf 80 °C erhitzen und die Pilze ruhen lassen. Alles mixen, durch ein feines Sieb streichen und abkühlen lassen. Das natürliche Pilzgel wird die gewünschte Konsistenz erhalten.

Marinierte Steinpilze: Pilze trocken säubern und in einer Keramikschüssel mit Pilzöl und frischen Kräutern marinieren. Die Schüssel in den Vakuumierer setzen, drei- bis viermal mit maximaler Stärke Vakuum ziehen. Hierbei wird die Konsistenz der Pilze ähnlich wie die von gekochten Pilzen, ohne dass sie ihren Duft verlieren. Zudem wird das Öl aufgenommen. Die Pilze anschließend abgießen, gut trocknen und bei 10 °C für 1 Stunde stehen lassen. In Spalten schneiden.

Kürbiscreme: Den Kürbis in Alufolie gewickelt bei 160 °C für 40 Minuten im Ofen garen. Anschließend schälen, mixen und salzen, dabei die süße Note beibehalten.

Marinierte Radieschen: Radieschen und Essig in einem Vakkumbeutel 24 Stunden marinieren lassen. Radieschen anschließend in Sechstel schneiden.

Anrichten: Steinpilze vierteln und auf Teller verteilen. Marinierte Steinpilze und Radieschen dazu anrichten. Tupfen von Kürbiscreme, Käsebruchsauce, Kräuter-Chlorophyll und Pilzgel dazwischensetzen. Mit verschiedenen Pudern, Trüffelscheiben, Kresse, Shiso- und Blütenblättern vollenden.

EHEMALIGES PARALLELUNIVERSUM

Auf der Liste der World's 50 Best Restaurants tauchten sie 2011 als „one to watch" auf. Noch nicht in den Charts der 50 Best Restaurants, aber aussichtsreicher Kandidat auf eine Platzierung. Wie zu erwarten, schnellte das Restaurant Frantzén/Lindeberg aus Stockholm im nächsten Jahr auf Platz 20 der Rangfolge. Der Aufstieg der beiden Chefs, die gemeinsam für ihre zwei Sterne arbeiteten, schien unaufhaltsam. Besonders für Schweden wäre die Verleihung eines dritten Sterns eine Sensation gewesen. Alle Zeichen sprachen dafür, doch manchmal kommt es anders, als man denkt. Aus dem Restaurant Frantzén/Lindeberg ist das Restaurant Frantzén geworden. Daniel Lindeberg hat sich im Mai 2013 aus dem Geschäft zurückgezogen und überlässt seinem Kollegen Björn Frantzén wohlwollend das Feld. Die gemeinsame Arbeit der beiden bleibt trotzdem unvergessen und inspiriert andere auch noch im Rückblick zu innovativer Kochkunst.

Das Restaurant wurde 2008 am Rande des Stadtteils Gamla Stan, der Altstadt von Stockholm, eröffnet. Hier, in der Nähe des Riddarfjords, findet man eine natürlich gewachsene Nachbarschaft, die sich in zwanglosen Cafés und Kneipen trifft. Angenehm unaufgeregte Restaurants bieten hier unkomplizierte Gerichte an. Authentische, inhabergeführte Läden verkaufen entlang der natursteinernen Gassen individuelle, oft selbst gefertigte Waren. Hier sind lokale Kunsthandwerker, Schuhmacher und alternative Boutiquen in ungewöhnlich großer Zahl zu finden. Die beiden jungen Köche passten mit ihrer eigensinnigen und individuellen Kochkunst sehr gut in diese Gegend. Vieles von dem, wofür sie standen, entsprang der nordischen Kochkultur. Trotzdem behielten die beiden den Rest der kulinarischen Welt genau im Auge, um Entwicklungen und innovative Ideen mit ihrer Arbeit zu kombinieren. Gleichzeitig blieb kein Zweifel darüber, wo ihre Wurzeln liegen. Das war damals in den Anfängen ihrer Kochkarriere so und zog sich bis zum Schluss durch ihre erfolgreiche Zusammenarbeit. Gerade die archaischen Zubereitungs- und Konservierungsmethoden der Nordländer prägen den Charakter vieler ihrer Gerichte. So wie der Rauch, die Art, Fleisch zu reifen, die Verwendung vieler wilder Kräuter und typischer Beeren der nordischen Wildnis, wie bei-

spielsweise die Cloudberries. Gemüse war bei ihnen immer ein ganz großes Thema. Naheliegend, dass es sich nicht um alltägliche Sorten handelte. Wenn sich zwei Köche in ein Thema einarbeiten, dann bleiben die Zutaten nicht von gewöhnlicher Natur. Da ist es einleuchtend, dass das Gemüse aus ihrem eigenen Garten Bestandteil in allen Gängen war, inklusive der Desserts. Besondere Beten, Kohl, Rüben und Wurzeln waren überall präsent. Die Zusammenarbeit von Björn Frantzén und Daniel Lindeberg basierte auf einem immer populärer werdenden Prinzip, in dem die Patisserie eine tragende Rolle übernimmt und den herzhaften Teil der Küche maßgeblich beeinflusst. Frantzén war zwar der Chef der Küche, der die Verantwortung für das Menü bis zum süßen Finale übernahm, und sein Partner Lindeberg trat in den Vordergrund, wenn krönende Desserts verzauberten – das Ergebnis war aber immer Gemeinschaftsarbeit. Der Gast hatte die Wahl zwischen fünf oder sieben Gängen. Das war die einzige Information, die die „Karte" preisgab. Hatte sich der Gast entschieden, verriet der Service die Zutatenliste für den heutigen Abend. Die bestimmten nicht die beiden Köche, sondern sie war von der Natur festgelegt. Nur die Zutaten, die sich in Frische und Qualität auszeichneten, wurden verwendet. So präsentierte sich das Menü als unaffektierte Überraschung, der sich kaum einer widersetzen konnte. Nach über zehn Jahren, in denen Frantzén und Lindeberg beruflich alles miteinander teilten, lernten sie sich so gut kennen, dass sie wussten, dass sie im Team nicht mehr besser werden konnten.

Es lohnt sich aber immer noch, das kleine Restaurant mit seiner offenen Küche aufzusuchen. Heute steht der Name Frantzén selbstbewusst alleine. Das Restaurant hat den Plan, auch den dritten Stern zu holen, nicht aus den Augen verloren. Alten Mustern hängt Björn Frantzén nicht nach. Er hat den Laden auch ohne seinen früheren Geschäftspartner fest im Griff, wobei das selbst angebaute Gemüse immer noch einen großen Wert einnimmt. Daniel Lindeberg widmet sich der Patisserie seit seinem freiwilligen Ausscheiden intensiver als jemals zuvor. Er übernahm die kreative Führung in einer traditionellen Konditorei in Stockholm, dem Wienercaféet.

DANIEL LINDEBERG / BJÖRN FRANTZÉN

Teambesprechung
Björn Frantzén bespricht mit einigen Mitarbeitern, was auf dem Tagesplan steht.

Frantzén
Das Restaurant ist klein, aber fein.

Ganz nah am Gast
Auf einem Platz an der Bar geht man mit den Köchen auf Tuchfühlung.

SATIO TEMPESTAS – 47 ZUTATEN

FRANTZÉN/LINDEBERG

Rezept für 4 Personen

Pastinaken-Porridge:
250 g Pastinaken • 1 EL Butter

Salzig überbackene Rote Bete:
1 kg grobes Salz • 150 g Eiweiß • 4 Rote Beten, à ca. 200 g

Karottenpüree:
500 g bunte Karotten • 120 ml Karottensaft • 1 EL Butter

Eingelegter Fenchel:
1 kg Fenchel • 100 ml Ättika (schwedischer Essig) • 200 g Zucker

Salzig geröstete Nüsse:
250 g Pekannüsse • 1 TL Salz

Rote-Bete-Vinaigrette:
100 g Rote Bete • 1 TL Zucker • 4 EL Sherryessig

Sonstiges:
20 g schwedisches Meersalz • 50 g hausgemachte Butter • 20 g Fischschuppen • 2 Chioggia-Rüben • 2 gelbe Rüben • 2 weiße Rüben • 2 Tomaten • 1 Blumenkohl • 1 Bund Petersilie • 1 Zitrone • 4 Kürbiskerne • 4 Mandeln • 100 g Brokkoli • 50 g Sorana Bohnen • 3 Rüben • 1 rote Zwiebel • 1 gelbe Zwiebel • 1 grüne Zucchini • 1 Kohlrabi • 50 g Mais • 20 ml Zuckerschnaps • 1 Lauch • 1 Gurke • 1 Mangold • 1 Rotkohl • 2 Eier • 1 gelbe Zucchini • 1 weiße Karotte • 50 g französische Bohnen • 1 Bärlauch-Kapsel • 1 Klettenwurzel • 1 Kartoffel • 20 g Knoblauchsenf • 1 Vogelmierezweig • 50 g Trompetenpfifferlinge • 2 Schwarzwurzeln • 1 schwarzer Rettich • 1 Rettich

Pastinaken-Porridge: Pastinaken schälen und in einen Entsafter geben. Die Reste im Dehydrator trocknen und den Saft aufbewahren. Nach 24 Stunden getrocknete Pastinaken zu einem Puder mixen und dann mit dem Saft und Butter kochen, bis eine Porridge-Konsistenz erreicht ist.

Salzig überbackene Rote Bete: Salz mit dem Eiweiß mixen und über die Beten gießen. Bei 200 °C für 1 ½ Stunden backen.

Karottenpüree: Die Karotten in Karottensaft kochen, bis sie weich sind, dann herausnehmen. Butter zum Saft geben und auf ein Drittel reduzieren. Dann alles zusammen zu einem feinen Püree mixen.

Eingelegter Fenchel: Ättika mit Zucker und 300 ml Wasser erhitzen. Fenchel in dünne Scheiben hobeln, in die Flüssigkeit geben und abkühlen lassen.

Salzig geröstete Nüsse: Backofen auf 180 °C vorheizen. Pekannüsse auf einem Backblech ca. 10 Minuten backen. Die Nüsse in einer Pfanne mit dem Salz kurz erhitzen und rösten.

Rote-Bete-Vinaigrette: Die Bete entsaften und mit Zucker und Sherryessig reduzieren.

Anrichten: Rote Bete und Fenchel in einem Streifen platzieren. Nocke von Karottenpüree dazusetzen und den Pastinaken-Porridge verteilen. Geröstete Nüsse darüberstreuen und mit Rote-Bete-Vinaigrette beträufeln. Die restlichen Zutaten nach Belieben roh, mariniert oder gekocht dazu anrichten.

ERSTE HAUPTSTADTLIGA

Man kann sich nicht so recht entscheiden, wofür das Hotel Palace Berlin berühmter ist – für sein kulinarisches oder für sein vinophiles Angebot. Seit 2006 geht es hier einmal im Jahr in sehr ausgeprägter Weise um den Wein, wenn er auf der Big Bottle Party in seiner besten Form und aus großen bis riesigen Flaschen ausgeschenkt wird. Die Tatsache, dass es mit gutem Essen nicht weiter sein kann, wo guter Wein getrunken wird, ruft nicht nur Weinkenner, sondern auch Gourmets auf den Plan der Hauptstadt, denn ausgezeichnete Köche begleiten die Veranstaltungen mit selten köstlichen Kreationen. In aller Regelmäßigkeit ist seit April 2010 Matthias Diether mit von dieser Partie. Doch auch unabhängig von dieser Veranstaltung sorgt er jeden Abend für kulinarische Highlights im Restaurant des Hotels, dem first floor.

Als waschechter Berliner und nach 15 Jahren auf Küchenposten in ganz Deutschland und der Welt war er sehr glücklich, als er 2010 in seine Heimatstadt zurückkehrte. Als Nachfolger von Matthias Buchholz, der das Berliner Publikum mit seiner klassischen Küche erfreute, sollte sich mit dem Antritt des neuen Küchenchefs viel verändern. Seine Lehrjahre verbrachte Matthias Diether unter anderem bei Eiermann, Wohlfahrt, Müller und Elverfeld. Das hatte sich schon damals lange bezahlt gemacht, und so brachte er eine beeindruckende und vielseitige Erfahrung mit in das Restaurant first floor. Schließlich war er schon Küchenchef in Restaurants gehobener Klasse in Dubai und in den Vereinigten Arabischen Emiraten gewesen. Mit allen Wassern gewaschen, was das Küchen-Know-how und die nötige Weltoffenheit angeht, die ein guter Küchenchef mitzubringen hat, war er die beste Wahl für das Hotelmanagement. Das verdankt er vielen seiner ehemaligen Chefs, die ihn die Disziplin lehrten, mit der er heute an jedem Tag in der Küche erscheint. Sich und seiner Mannschaft verlangt er volle Konzentration und kulinarische Hingabe ab. Das Arbeiten im Team ist die einzige Möglichkeit, erfolgreich zu werden und auch zu bleiben. Ganz besonders, wenn ein Küchenchef den Ruf einer gastronomischen Institution, so wie das first floor eine ist, zu verteidigen hat. Dann müssen alle an einem Strang ziehen.

Nachdem Matthias Diether im Anschluss an seinen Amtsantritt die Speisekarte mutig überarbeitet hatte, glänzte sie durch individuelle Modernität und immer noch durch einen Hauch von Klassik. Dafür wird er mit einem Stern des Guide Michelin bedacht. Er selbst beschreibt seine Arbeit als leichte europäische Küche auf der Basis der französischen Haute Cuisine. Gemüse spielt dabei schon länger eine tragende Rolle. Wie bei allen Zutaten muss die Qualität von jeder einzelnen Gemüsesorte stimmen. Gemüse ist eben nicht gleich Gemüse, und alleine der Geschmack und nicht das Aussehen entscheidet über die Verarbeitung in der Küche von Matthias Diether. Entspricht das Gemüse seinen Ansprüchen, ist das Talent des Kochs dafür verantwortlich, durch die Zubereitung und durch das Spiel mit Gewürzen den Charakter der Zutaten zu unterstreichen.

Obwohl Matthias Diether die Vorzüge einer gut bürgerlichen Küche sehr zu schätzen weiß, ist er sich dessen bewusst, was der typische Gast von heute in der gehobenen Gastronomie erwartet. Ebenso muss er auf individuelle Wünsche eingehen können. Flexibilität ist zu einer wichtigen Eigenschaft im Beruf des Kochs in einem Gourmetrestaurant geworden. Um die ganze Bandbreite seines Könnens zu kosten, stehen Menüs mit vier, sechs und neun Gängen auf der Karte des first floor. Voller Vertrauen in seine Kreationen liefern sich relativ viele Gäste dem Überraschungsmenü, in dem immer öfter auch Gemüse die Hauptrolle spielt, aus. Unter Genussgarantie ist das relativ gefahrlos. An jedem Morgen kauft der Küchenchef alles ein, was er an diesem Tag benötigen wird. Der Plan lautet, dass das Kühlhaus am Abend wieder leer ist. So hat Matthias Diether die Möglichkeit, individuell auf die besten Zutaten einzugehen und sich dem Diktat der Lieferanten zu entziehen. Das betrifft nicht nur die typischen Luxusprodukte, sondern auch Gemüse, das schließlich immer mehr in den Fokus der gehobenen Gastronomie wandert. Diese Arbeitsweise, die sich nach dem aktuellen Angebot richtet, ist genauso innovativ wie naheliegend.

MATTHIAS DIETHER FIRST FLOOR

First Floor

Matthias Diether kocht im Restaurant first floor in Berlin. Dafür wird er mit einem Stern im Guide Michelin ausgezeichnet. Ganz untypisch für die hippe Hauptstadt präsentiert sich das Restaurant klassisch-schick. Die Kreationen des Chefkochs finden einen goldenen Mittelweg und sind ein Mix aus traditioneller Haute Cuisine und moderner Kochkunst.

SPINAT MIT ROCHEN UND PARMESAN

MATTHIAS DIETHER

Rezept für 4 Personen

Rochen:
160 g Rochenflügel • Saft von 1 Zitrone • Salz • Pfeffer

Spinatcreme:
700 g Spinat • 50 g Parmesan • Salz • Pfeffer

Spinatblätter:
20 g Nussbutter • 10 g Mix von Pinienkernen, Haselnüssen, Macadamia-Nüssen, Sesam • 20 ml Tomatenessig • 16 schöne Spinatblätter • Salz • Pfeffer

Sonstiges:
100 g Parmesanschaum

Rochen: Rochenflügel auslösen und in vier gleichmäßige Stücke schneiden. Mit Zitronensaft, Salz und Pfeffer würzen und in einer Pfanne anbraten.

Spinatcreme: Spinat blanchieren, in Eiswasser abschrecken und ganz fest ausdrücken, bis keine Flüssigkeit mehr vorhanden ist. In einem Mixer fein pürieren und durch ein Sieb streichen, damit die Spinatcreme sehr fein und geschmeidig wird. Spinatcreme warm rühren und kurz vor dem Anrichten den Parmesan unterrühren. Mit Salz und Pfeffer abschmecken.

Spinatblätter: Nussbutter mit den Nüssen vermischen und mit Tomatenessig, Salz und Pfeffer abschmecken. Kurz vor dem Anrichten die Spinatblätter darin wälzen.

Anrichten: Rochen auf die Spinatcreme setzen und die Spinatblätter wie ein Beet auf den Rochen legen. Mit Parmesanschaum abschließen.

INDEX

A

A Getti Di Napoli	28–29
Ägyptische Plattrunde	52–53
Alberello di Sarzana	72–73
Albina Verdura	52–53
Allium ampeloprasum ssp. ampeloprasum	64–65
Allium vineale	13
Amish Paste	78–79
Andenhorn	76–77
Andine Cornue	76–77
Arctium lappa var. edule	18, 42–43
Asteraceae	30–31, 42–43
Auflauf	102

B

Backen	98
Barbara	56–57
Berner Rose	78–79
Beta vulgaris subsp. maritima	18, 32–33, 50
Beta vulgaris subsp. vulgaris	18, 34–37, 38, 50–53
Beten	32–33, 50–53, 96, 98, 100, 102, 104, 124, 130, 132, 148, 164, 196, 210, 230, 236, 248
Blanc Globe	62–63
Blattbrokkoli	28–29
Blattgemüse	21, 30–37
Blattkohl	26–29
Blattmangold	34, 36–37
Blauer Schwede	56–57
Blumenkohl	10, 28–29
Bohnen	15, 80–81, 96, 102, 122, 130, 132, 232, 248
Bolognese	72–73
Bortfelder Gelbe	62–63
Brassica napus subsp. rapifera	3, 62–63
Brassica napus var. pabularia	17
Brassica oleracea	11
Brassica oleracea convar. capitata var. sabauda convar. fimbriata	28–29
Brassica oleracea var. capitata f. alba	26–27
Brassica oleracea var. capitata rubra	26–27
Brassica oleracea var. botrytis L.	28–29
Brassica oleracea var. gemmifera	24–25
Brassica oleracea var. italica	28–29
Brassica oleracea var. palmifolia DC.	26–27
Brassica oleracea var. sabellica L.	26–27
Brassica oleracea var. viridis L.	28–29
Brassicaceae	11, 24–25, 30
Bremer Scheerkohl	17
Bright Yellow	36–37
Brokkoli	10, 28–29, 96, 210, 240, 248
Brunoise	94
Bullenblut	52–53
Bunium bulbocastanum	40–41
Bunter Radieschen „Ostereier Mix"	19
Burpees Golden	52–53
Buschbohne	15, 80–83
Buschbohne Purple Teepee	128–129
Butterkohl	28–29

C

Calabrese	28–29
Chaerophyllum bulbosum	20
Chateau Renard	26–27
Chenopodium foliosum	30–31
Chiffonade	84
Chinesische Gemüsemalve	32–33
Chutneys	120
Cocozelle von Tripolis	72–73
Colmar	48–49
Colorada	46–47
Costata Romanesco	70–71
Crambe maritima	11, 14
Cucumis	74–75
Cucumis sativus	74–75
Cucurbita ficifolia	66, 68–69
Cucurbita moschata	66–69
Cucurbita pepo	66, 68–69
Cucurbita pepo var. patisson	68–69
Cucurbita pepo subsp. pepo convar. giromontiina	66, 70–73
Cucurbitaceae	66–67, 75
Cyclame	56–57
Cylindra	52–53

D

Dämpfen	88–89
Daucus carota	46–47
Daucus carota L. subsp. sativus	46–49

E

Echte Perlzwiebel	64–65
Echter Erdbeerspinat	30–31
Echter Meerkohl	11
Edzell Blue	56–57
Eiertomate	78–79, 92, 110
Einwecken	112–116
Eiskraut	15
Engelshaar-Kürbis	68–69
Entkernen	86
Enzyme	122
Erdartischocke	60–61
Erdkastanie	40–41
Essenzen	92

F

Fabaceae	15, 80–81
Feigenblatt-Kürbis	66–69
Fermentation	122
Feurio	36–37
Flan	104
Flaschentomate	76–77
Fleischtomate	78–79
Fleurette	78–79
Fond	94–95
Formanova	50–51
Forono	52–53
Französischer Topinambur	60–61
Frittieren	106–109

G

Gartenbohne	15, 80, 122
Gelbe Bete	164
Gelbe Stabtomate	78–79
Gemeine Nachtkerze	40–41
Genovese	70–71
German Queen	78–79
Gföhler Rote	60–61
Glatter Silber	36–37
Gniff	48–49
Gochsheimer Gelbe	46–47
Gold Rush	72–73
Goldberg	28–29
Golden Jubile	78–79
Goldene Königin	78–79
Goldfield	80–81
Gratin	102–103
Grill	100–101
Grüne Tomaten	118
Grüner Blumenkohl	28–29
Grünkohl	10, 24–27
Gurken	74–75, 120, 194, 240

H

Haferwurzel	38–39, 91, 162
Häuten	86
Helianthus strumosus	58–59
Helianthus tuberosus	58–61
Helianthi	58–59
Hirschhornwegerich	32–33
Hokkaido-Kürbis	222, 226, 244
Hülsenfrüchte	80–83

J

Jaune du doubs	46–47
Julienne	84

K

Karotten	38, 46–49, 88, 92, 94, 96, 102, 120, 148, 168, 170–171, 198, 210, 226, 248
Kartoffeln	12–13, 38, 54–57, 94, 98, 102, 104, 106, 124, 130, 132, 140, 148, 186, 198, 210, 214, 248
Kartoffel Rote Emmalie	12
Kerbelrübe	20, 152–153
Klettenwurzel	42–43, 162, 248

254

Knollenkümmel	40–41	
Knollenziest	40–41	
Kochen	88–89	
Kohlgewächse	24–29	
Kohlrabi	10, 94, 188, 240, 248	
Kohlrüben	62–63	
Konservieren	110–111	
Kopfkohl	10	
Kürbisgewächse	66–69, 94, 120, 170–171, 218, 222, 226, 244–245, 248	

L

Lange Rote	56–57
Lerchenzungen	26–27
Lippische Palme	24, 26–27
Lippoldsberger Weiße Perle	82–83
Lobbericher Gelbe	46–47
Lucullus	36–37

M

Magenta	36–37
Mais	8–9, 100, 248
Malva verticillata var. crispa	32–33
Mammut Rosa	52–53
Mangold	34–37, 96, 244, 248
Marmande	78–79
Maronenkürbis	68–69
Maruschka	46–47
Meerkohl	11, 14
Melothria scabra	74–75
Mesembryanthemum crystallinum	15
Mexikanische Mini-Gurke	74–75
Moneymaker	78–79
Moonglow	78–79
Muskatkürbis	68–69, 94, 120

N

Nero di Toscana	26–27
Neuseeländer Spinat	32–33
Noire de Crimée	78–79
Non Pomme	28–29

O

Ochsenherz	48–49, 78–79
Ochsenhorn	52–53
Oenothera biennis	40–41
Ortolana di Faenza	70–71
Oxalis tuberosa	40–41

P

Pala Verde	28–29
Palla di Neve	28–29
Palla Rossa	52–53
Palmkohl	26–27
Pariser Markt	48–49
Pastinaca sativa	44–45
Pastinake	44–45, 248
Patate	60–61
Patisson-Kürbis	68–69
Petersilienwurzel	94, 180
Phaseolus vulgaris	15
Phaseolus vulgaris ssp. vulgaris var. vulgaris	80–83
Pickles	120–121
Pink	36–37
Plantago coronopus	32–33
Portulaca oleracea	32–33
Portulak	32–33, 148, 194
Pürees	104
Purple Dragon	48–49
Purple Golden Beet	19
Purple Queen	82–83

Q

Quedlinburger Speck	82–83

R

Relishes	120
Rhizome	38–39
Rollschnitt	86
Romanasalat	202
Romanesco	176
Rosara	56–57
Rosenkohl	10, 24–25, 160, 174
Rosinentomaten	202
Rote Bete	19, 50–53, 100, 102, 104, 130, 148, 164, 196, 210, 230, 236, 248
Rote Emma	56–57
Rote Stabtomate	78–79
Roter Sizilianischer	28–29
Roter Spitzkohl	26–27
Roter Vulkan	36–37
Rotkohl	24, 26–27, 124, 178, 248
Rouge de Rennes	60–61
Rouge sang violette	48–49
Rübchen	142
Rubine	24–25
Russischer Blattkohl	26–27

S

Säfte	92
Sakhalinski	60
Salate	124
Salatgurke	74–75, 194
Salzkruste	98
Sauerkleeknollen	40–41, 166
Schälen	86
Schalottenwürfel	84
Scheerkohl	17
Schlangengurke	74–75
Schlangenkürbis	66–67
Schmoren	98
Schnittwerk	86
Schwarzwurzeln	168, 248
Solanum lycopersicum	76–79
Solanum tuberosum	13, 54–57
Sonnenblumenwurzel	162
Sonnenwurzel	58–59
Sous-vide	91
Spargel	96, 139, 140, 154, 206
Spinat	130, 244, 252
Spiralen	86
Spitzkohl	26–27, 96
St. Valery	48–49
Stachys affinis	40–41
Stangenbohne	80–83
Steckrübe	3, 62–63
Stielmangold	34–37
Stielmus	108
Striato D'Italia	72–73
Suppe	94

T

Temprano de Argelia	70–71
Tempurateig	108
Terrine	102
Tetragonia tetragonioides	32–33
Tomaten	76–79, 92, 98, 100, 110, 118, 156, 202, 210, 230, 232, 248
Tonda di Chioggia	52–53
Tondo Chiaro Di Nizza	70–71
Topinambur	58–61, 150, 168, 218
Tragopogon porrifolius	18, 38–39
Trombetta D'Albenga	66–67

U

Ulmer Ochsenhorn	62–63

V

Viola	54–55
Violet	60–61
Vysoke	26–27

W

Waffeln	86
Wautomagurke	74–75
Weinberglauch	13
Weinländerin	82–83
Weiße Bete	52–53, 164
Werkzeuge	84
Wiener Schwarze	52–53
Wilde Bete	32–33
Wilde Rübe	50–51
Wildkartoffel	13
Wildkohl	10, 11
Wok	96
Wurzelgemüse	38–41, 94

Z

Zea mays	9
Zucchini	66, 70–73, 96, 98, 100, 102, 210, 240, 248
Zuckerrübe	19, 182

IMPRESSUM

Autor: Thomas Ruhl
Texte: Katrin Roland, Thomas Ruhl, Hanjo Wimmeroth
Fotografie: Thomas Ruhl; außer auf den Seiten 7 (Album Benary, Alte Gemüsesorten, Jürgen Dahl, Manuscriptum Verlag); 217 (r. Simon Hofmann, Hotel/Restaurant Bilder: Jörg Sackmann); 235 (r. Kristof Vrancken 2013); 250–251 (Portraitbild: Wolfgang Stahr, Restaurant Bilder: Hotel Palace Berlin)
Art Direction: Petra Gril
Umschlag und Layout: Edition Port Culinaire, Köln

ISBN: 978-3-7716-4545-8

© 2014 Fackelträger Verlag GmbH, Köln
Alle Rechte vorbehalten

Edition Port Culinaire
Werderstraße 21
D-50672 Köln
www.port-culinaire.de

Fackelträger Verlag GmbH
Emil-Hoffmann-Straße 1
D-50996 Köln
www.fackeltraeger-verlag.de

Gemüsebezug:
Marko Seibold
Henstedter Straße 1
D-28857 Syke / Henstedt
info@feldfrucht.net

Dieses Werk einschließlich aller seiner Teile ist urheberrechtlich geschützt. Jede Verwertung außerhalb der Eigennutzung ist ohne Zustimmung des Verlages sowie des Autors Thomas Ruhl nicht erlaubt. Das gilt insbesondere für die Vervielfältigung, Übersetzung, Mikroverfilmung oder die Einspeisung ins Internet oder die Erstellung von elektronischen Medien wie CD-ROM und Video.
Alle in diesem Buch enthaltenen Angaben, Rezepte etc. wurden vom Autor nach bestem Wissen erstellt und von ihm und dem Verlag mit größtmöglicher Sorgfalt überprüft. Gleichwohl sind – wie wir im Sinne des Produkthaftungsrechts betonen müssen – inhaltliche Fehler nicht vollständig auszuschließen. Daher erfolgen die Angaben etc. ohne jegliche Verpflichtung oder Garantie des Verlages oder des Autors. Beide Seiten übernehmen deshalb keinerlei Verantwortung und Haftung für etwaige inhaltliche Unstimmigkeiten.

Wir danken für die Unterstützung der Köche und Mitwirkenden:
Mike Süsser: www.mike-suesser.at
Schloss Ippenburg: www.ippenburg.de
Thomas Bühner: www.restaurant-lavie.de
Johannes King: www.soelring-hof.de
Christian Scharrer: www.christian-scharrer.de
Volker Drkosch: www.restaurant-victorian.de
Andree Köthe & Yves Ollech, Essigbrätlein:
essigbraetlein@web.de
René Redzepi: www.noma.dk
Tanja Grandits: www.stuckibasel.ch
Thomas Dorfer: www.landhaus-bacher.at
Heinz Hanner: www.hanner.cc
Eneko Atxa: www.azurmendi.biz
Christian Hümbs: www.resort-a-rosa.de/sylt
Jörg Sackmann: www.hotel-sackmann.de
Kobe Desramaults: www.indewulf.be
Eric Werner & Erik Arnecke: www.hotel-residence.de
Jonnie Boer: www.librije.com
Gert de Mangeleer: www.hertog-jan.com
Sergio Herman: www.sergioherman.com
Massimo Bottura: www.osteriafrancescana.it
Daniel Lindeberg & Björn Frantzén:
www.restaurantfrantzen.com
Matthias Diether: www.palace.de